得到"中央高校基本科研业务费专项资金"资助

(supported by "the Fundamental Research Funds for the Central Universities")

监察法律制度的改革与完善

JIANCHA FALÜ ZHIDU DE GAIGE YU WANSHAN

屈新◎著

中国政法大学出版社

2025·北京

图书在版编目（CIP）数据

监察法律制度的改革与完善 / 屈新著. -- 北京 ：中国政法大学出版社，2025. 5.
ISBN 978-7-5764-1622-0

Ⅰ. D926.4

中国国家版本馆 CIP 数据核字第 2024Z9U210 号

出　版　者	中国政法大学出版社
地　　　址	北京市海淀区西土城路 25 号
邮寄地址	北京 100088 信箱 8034 分箱　邮编 100088
网　　　址	http://www.cuplpress.com（网络实名：中国政法大学出版社）
电　　　话	010-58908285(总编室) 58908433（编辑部）58908334(邮购部)
承　　　印	固安华明印业有限公司
开　　　本	720mm×960 mm　1/16
印　　　张	13.75
字　　　数	220 千字
版　　　次	2025 年 5 月第 1 版
印　　　次	2025 年 5 月第 1 次印刷
定　　　价	65.00 元

前　言

党的十八大以来，在党中央的集中统一领导下，我国监察法律制度的改革和发展迈入了全新的阶段。通过扩大监察范围、增强监察权能、健全监察组织架构、整合监察力量、建设监察人才队伍、完善法法衔接机制等，全面覆盖的国家监察体系已基本形成。

新时代坚定、稳妥地推进全面从严治党和反腐败斗争，需要完善国家监察法治体系、提高反腐败的科学化水平、推动国家监察与反腐败法治化发展。为在监察法治的轨道上全面推进监察工作的顺利进行，监察法律制度的改革和完善势在必行。监察法律制度的改革是纪检监察工作高质量发展的根本动力，应当从监察法律体系、监察权力运行与对监察机关的监督等多个方面对监察法律具体制度进行完善。

监察法律制度的改革和发展，应当明确坚持监察法律制度改革和发展的正确方向，持续优化监察法律规范体系，不断推进监察权运行机制法治化，加快完善对监察权的再监督机制。

逐步完善监察官制度，应当优化监察官的选任制度，设立监察官职业资格考试；规范政治、理论、业务培训制度；加强监察官的人身安全、履职豁免、工资福利等职业保障制度；健全对监察官的监督制约机制等。

构建监察调查管辖异议制度，应当规范监察机关管辖裁量权，赋予监察对象管辖异议权，设定管辖异议提出主体、方式，明确管辖异议审查机关，设立程序性法律后果等。

完善人大对监察机关的监督与制约制度，应当强化人大监督的理念，增强人大监督的手段，合理协调人大与监察机关的关系。对监察机关进行司法监督与制约，应当厘清监察监督与司法机关独立行使职权的界限，完善检察机关提前介入机制，注重对监察机关非罪化处置权的司法监督与制约，建立监察录音录像调取移送制度。

完善被调查对象的权利保障和权利救济体系，有利于依法监察，优化权力制衡体系，加强人权保障。在国家监察体制改革中，引入被调查对象辩护权是必要的，应为被调查对象的辩护权留出适用空间，将辩护权延展至监察机关的调查阶段、移送检察机关提起公诉和审判阶段。完善被留置人员权利救济制度，应当明确赔偿归责原则和事项范围；完善留置申诉程序，在案件监督管理部门内部增设临时性申诉委员会、将被留置人员及其近亲属的申诉作为启动留置必要性审查的材料来源等；打破内部救济封闭性，规范监察机关内部监督机制、发挥外部监督效能等。

建立健全监察赔偿制度，应当适用以违法归责为主、结果归责为辅的归责原则；详细规定监察赔偿的范围，根据不同情形的行为确定监察赔偿的义务机关；明确监察赔偿的具体程序，如先行处理程序、复议程序、最终救济程序等。

监察法学教育的不断发展，应当建立健全学科建设的体制机制，加强学科平台、人才队伍建设等；立足于我国监察法治实践，不断推进学科、教材体系建设，彰显监察法学的跨学科性和实践性，建设具有中国特色的监察法学教材体系；创新学科人才培养模式，建立学术型与实务型相协同的本硕博培养模式和校地联合培养模式等。监察法学案例教学的综合改善，应当推动监察法学案例库的建设，突出案例的系统性教学，创新校内外监察案例实践教学机制，改进教师教学的方法、手段。

目　录

第一章

新时代监察法律制度的改革与发展*

中国的监察法律制度发展源远流长，自战国、秦汉时期起，监察法律与制度就在传统中国社会中发挥着重要的作用。中国共产党自 1921 年成立以来，坚定不移地推进廉政建设和反腐败斗争，开启了监察法律发展的新篇章。为适应革命、建设与改革时期的不同形势，监察法律的改革也一直同步进行着，取得了一些成效和发挥了一定的作用，但也同样遇到过一些挫折和失误。立足于新时代，为了进一步推进监察法律的全面发展与监察工作的顺利进行，我们既需要审视中国共产党成立以来监察法律制度的改革历程，也需要针对新时代面临的新形势、新任务与新要求，为当前监察法律制度中存在的一些重要问题提供新的理论指导与完善对策。

第一节　建党以来我国监察法律制度的发展历程

中国共产党自建党以来就十分重视监察法律制度的构建，在其百年奋斗历程中，监察法律制度随之不断地发展变化。勇于自我革命是中国共产党最鲜明的品格，监察法律制度在党的领导下不断革新，为党和国家的伟大事业作出了巨大贡献。在新民主主义革命时期，为保持党的先进性与纯洁性，党内纪律检查成为重点工作，监察法律制度多是在党内监察体制的框架下发展。自新中国成立以来到党的十八大前，为了加强对政府机关及其工作人员

---

* 与万姝彤合作。

的监督，行政监察制度逐渐受到重视。在此期间，监察法律制度在行政监察体制下得以进一步完善。十八大后至今，纪检监察工作已融入党和国家治理体系中，集中统一、权威高效的国家监察体制已初步形成，监察法律制度在改革进程中焕然一新。

一、新民主主义革命时期的党内监察

在新民主主义革命时期，中国共产党一方面面临着残酷复杂的生存与发展环境，另一方面深受马克思列宁主义监督思想的影响，在此背景下，中国共产党开创了党内监察法律制度。党内监察的开山之作可以追溯到《中国共产党第三次修正章程决案》。其中，既明确规定了监察机关是为巩固党的一致与权威而设立的，又明确了监察机关的独立地位，同时还赋予了监察委员会相应的监督措施等手段，以保障监察权力的彻底实现，这为党内监察的具体规定打下了一定的基础。其后，监察委员会先后被改为审查委员会和党务委员会。在1938年的六届六中全会后，地方监察的建设同样逐渐得到重视与加强，监察机关的双重领导体制也得以被确定。在1945年党的七大上通过的《中国共产党党章》中，审查委员会被取消，同时在"党的监督机关"一章中具体规范了纪检监察机关的产生及其职能，使得党内监察的建设更加制度化。

纵观新民主主义革命时期监察法律制度的发展，可以看出中国共产党对于保持党内先进性与纯洁性、建设党内纪检监察制度的重视程度。这种思想上的高度重视被后来监察法律制度的改革一以贯之，为监察法律制度的发展奠定了坚实的基础。然而，由于初建时期存在理论不健全、经验不充足、样本不完善等问题，即便党内对于监察法律制度建设的重要性有着高度的认识，早期的党内监察仍然面临着机构设置不顺利的问题。除此之外，受到时局的影响，早期的监察法律制度虽在纸面上已经有了初步的成果，但是却没有实际发挥其真正的效用。

二、新中国成立以来的行政监察

随着1949年中华人民共和国的成立，监察法律制度迈入了一个全新的阶段，开启了行政监察法律制度的发展之路。确切来讲，行政监察事实上发端于新中国成立以前，其中最值得注意的是在革命根据地相继建立起的鄂豫皖工农监察委员以及华北人民监察院。当时的行政监察工作不断地吸取经验教训，为新中国成立以后的行政监察法律的发展打下了一定的基础。新中国成立以后的行政监察制度发展大抵可以分为三个时期：1949~1954 年的创设时期、1954~1978 年的调整时期与 1978~2012 年的重组时期。

（一）创设时期

1949 年《中国人民政治协商会议共同纲领》第 19 条第 1 款规定："在县市以上的各级人民政府内，设人民监察机关，以监督各级国家机关和各种公务员是否履行其职责，并纠举其中之违法失职的机关和人员。"该条款明确规定了新中国新型监察机关的设立。而在 1949 年《中华人民共和国中央人民政府组织法》中则更明确地规定在政务院下设人民监察委员会，以此来监督政府机关和公务人员。其后，中央人民政府政务院人民监察委员会正式成立，为保障监察工作的顺利进行，相关法律法规具体规定了相应的监察程序、原则以及监察机关的权限。

人民监察委员会作为新中国成立初期的监察机关，虽然在法律制度方面仍然存在着不成熟、不完善的问题，但是大体上而言，这一时期的监察法律制度能够有效发挥其应有的作用，为新生政权的巩固发展提供了良好的环境保障。

（二）调整时期

1954 年，《中华人民共和国国务院组织法》出台，监察部取代了原先的人民监察委员会，而在地方上则根据层级设了监察厅、监察局与监察处。次年，国务院常务会议批准的《监察部组织简则》设立了更多明确具体的规定：其一，监察部的监察对象主要是"国务院各部门、地方各级国家行政机关，国营企业、公私合营企业，合作社"；其二，监察部具有检查、审查、建议等职权。该简则同样明确了监察部的机构设置、人员配置与内部领导关系。总体而言，这段时期的行政监察法律制度在法治化与正规化的道路上大步向前迈进。

然而，在当时的大背景下，监察部由于实行"垂直领导"与"事先审查"制度受到了一定的指责与批评。1959 年第二届全国人大第一次会议上，《关于撤销司法部、监察部的决议》被宣布通过，监察部自然被随之撤销，其业务与人员则被纳入了中共中央监察委员会。此后，监察法律的发展陷入了长久的停滞时期。

综上所述，在调整时期监察法律制度的发展虽有进步，但在当时党和国家的政治生态和社会环境的影响之下，监察法律制度的进一步发展无疑受到了影响，在很大程度上处于停滞状态，这使得既有监察工作面临着很多的限制。

（三）重组时期

1978年12月，党的十一届三中全会揭开了党和国家历史新篇章，会议上选举产生了中央纪律检查委员会，这标志着纪检监察工作迈入全新的时期。

1982年《中华人民共和国宪法》（以下简称《宪法》）的颁布象征着中国的法治化建设重新步入正轨，在此基础上行政监察法律制度的发展也得以复兴并走上了恢复重建之路。同年，党的十二大党章第43条明确规定了双重领导体制，即纪检监察机关要同时受到同级党委与上级纪检监察机关的领导。1986年，国务院向全国人大常委会提出设立国家监察部的议案。次年7月，中华人民共和国监察部正式成立。此阶段行政监察体制得以恢复并确立。相应地，纪委的职能则被缩减，呈现出了"强监察—弱纪检"的关系格局。[1]

监察法律法规的建设在监察工作恢复之后开始同步推进。1990年《中华人民共和国行政监察条例》（已失效，以下简称《行政监察条例》）正式颁布并实施，其中明确规定了监察机关的监察对象是"国家行政机关及其工作人员和国家行政机关任命的其他人员执行国家法律、法规、政策和决定、命令的情况以及违法违纪行为"；监察部门的监察权限包括检查权、调查权、建议权和一定的行政处分权。该条例有效推进了我国行政监察工作在法治化轨道上的进一步发展。

1993年，中央纪委与监察部正式合署，实行"一套班子，两个职能"的模式，而1997年5月通过的《中华人民共和国行政监察法》（已失效，以

---

〔1〕 参见吴美满、王延延：《纪检监察学的历史沿革、学科建设与发展路径》，载《青少年犯罪问题》2023年第1期。

下简称《行政监察法》），作为中华人民共和国成立以来的第一部行政监察法律，在吸取了既往监察工作经验教训的基础上，总结了监察部门的性质、领导体制与职权职责，形成了较为系统化的法律规范，保障了监察部门能有效维护行政纪律、提高行政效能，顺应了行政监察工作法治化发展的形势需求。

重组时期的监察法律制度贯穿着反腐败的目标，其发展状态是积极的、进步的。在改革开放的背景下的监察法律制度维护了党中央的权威与社会主义制度的健康发展。但既往的行政监察体制及其相关的法律法规不能全面、有效地回应在新时代背景下国家治理体系和治理能力现代化的现实需求，新一轮监察法律制度的改革势在必行。

三、新时代的国家监察

党的十八大以来，建立权威高效、覆盖范围广阔、职权职能统一的监察机构成为重要的政治议题，国家监察体制改革被提上重要的议事日程。

2016 年，中共中央办公厅印发了《关于在北京市、山西省、浙江省开展国家监察体制改革试点方案》，开始在三个试点省、市设立各级监察委员会，开启监察体制建立的探索。由于该项试点工作取得了较为理想的效果，从 2017 年年底开始，国家监察体制改革工作开始在全国推广。与此同时，《中华人民共和国监察法》（以下简称《监察法》）的制定工作也同步推进。

2018 年 3 月，《宪法》正式确立了监察委员会的宪法与法律地位。《监察法》在第十三届全国人大第一次会议上被表决通过。作为第一部反腐败的国家监察法律，其将过去的行政监察擢升至国家监察，这标志着在中国共产党领导下的监察法律制度迈入了国家监察的新阶段，揭开了国家监察体制改革的新篇章。

此后，《中华人民共和国政务处分法》（以下简称《政务处分法》）、《中华人民共和国监察官法》（以下简称《监察官法》）、《中华人民共和国监察法实施条例》（以下简称《实施条例》）相继出台并实施。通过法律法规的逐步扩充与完善，具有中国特色的监察法律规范体系初步形成，国家监察法律制度稳步向前发展。至此，国家监察体制改革的第一阶段的任务基本实现。

第二节　新时代监察法律制度改革取得的成效

党的十八大以来的监察法律制度改革是对我国监察工作从体制到制度的整体革新，在诸多方面都有着显著的完善与提高。这对于构建起集中统一、权威高效的中国特色国家监察体制，实现改革与立法的衔接，确保反腐败治理能够在法治轨道上稳步前进，意义重大、影响深远。[1]具体而言，监察法律制度改革的成效大致可以划分为以下几个方面。

一、监察法律规范体系初步建立

在国家监察体制改革以前，存在着大量"双规""双指"措施[2]。虽然其本身源于1990年《中华人民共和国行政监察条例》与1997年《行政监察法》，但在监察工作中，上述的两项措施在事实上成为了强制措施的等功能替代物。[3]针对过去的监察法律法规中存在法律约束缺位以及立法正当性不足的问题，《监察法》及其配套规定作出了相应的回应，彰显出监察工作在宪法与法律的框架内活动的精神，有助于规则之治意义上的监察法治的实现。

《监察法》及《实施条例》以法律法规的形式将国家监察体制改革的理论成果、实践经验与制度优势充分地转化为反腐败治理效能，有效地推进了监察工作的法治化与规范化，为纪检监察工作具体化、程序化、规范化提供了坚实的制度基础。与过去的"双规""双指"相比，《监察法》规定了法定的留置措施。该规定在参考了《中华人民共和国刑事诉讼法》（以下简称《刑事诉讼法》）有关规定的基础上，考虑到了职务犯罪本身的特性，力求在"打击犯罪"的同时，通过法律给予监察工作有效的约束。《监察法》作为一般法，针对其精准度不足的问题，《实施条例》对其中的内容进行了一

---

〔1〕 参见陈光中、兰哲：《监察制度改革的重大成就与完善期待》，载《行政法学研究》2018年第4期。

〔2〕 "双规"是一种党内调查手段，适用对象为党员，即"要求有关人员在规定的时间、地点就案件所涉及的问题作出说明"；"双指"是一种行政调查手段，适用对象为违反行政纪律的人员，即监察机关有权"责令有违反行政纪律嫌疑的人员在指定的时间、地点就调查事项涉及的问题作出解释和说明"。国家监察体制改革后，用"留置"取代"双规""双指"。

〔3〕 参见刘忠：《读解双规侦查技术视域内的反贪非正式程序》，载《中外法学》2014年第1期。

定的细化与完善。[1]其中一系列切合纪检监察工作实践经验的规定，无疑对加强监察机关规范化、法治化的建设提供了更有效的指导作用。在监察法规规范体系中，《政务处分法》同样占据着重要的地位。其前承党纪党规，发挥惩治职务违法行为的合力，后接刑事法律，提高对职务犯罪的惩治效率。[2]其作为"中轴"促进了"法法衔接"与"纪法贯通"，为监察法律的实现提供更强的法治保障。2021年8月通过的《监察官法》同样引人注目。其以宪法和监察法为依据，坚持"责任法"的定位，加强对监察官的监督与制约，推进高素质专业化的监察官队伍的建设。从监察官员的角度，《监察官法》总结了监察法律改革的成果，促进了纪检监察工作的高质量发展。

综上所述，通过监察法律、监察法规等规范性文件的制定与完善，监察活动的基本规范依据得以被明确，监察法律规范体系已经初具规模、初成体系，在此基础上向法治化的更高层次迈进。

二、国家监察职能高效权威彰显

在世界范围内，为了实现惩治腐败的目标，各种模式的监察制度都极度重视监察机关的独立地位。在过去行政监察体制下，监察机关需要向同级政府汇报工作，对同级政府负责，导致其独立性较低，而《监察法》的最大的改革之一，就是将监察机关的法律地位提升到了一个新的高度。

根据2018年《宪法》的规定，各级监察委员会是行使国家监察职能的国家监察机关。就人大与监察委员会的关系而言，根据宪法文本可以推断出，监察机关是由人大产生、对人大负责、受人大监督的。在这种"人民—人民代表大会—其他具体机关"的权力赋予与监督的链条上，[3]宪法将国家监察机关置于全国人民代表大会直接领导之下，这种安排确保监察工作受

[1]　例如针对调查时限，《实施条例》第185条第2款规定："调查职务违法或者职务犯罪案件，对被调查人没有采取留置措施的，应当在立案后一年以内作出处理决定；对被调查人解除留置措施的，应当在解除留置措施后一年以内作出处理决定。案情重大、复杂的案件，经上一级监察机关批准，可以适当延长，但延长期限不得超过六个月。"

[2]　参见刘艳红、刘浩：《政务处分法对监察体制改革的法治化推进》，载《南京师大学报（社会科学版）》2020年第1期。

[3]　参见翟志勇：《监察委员会与"八二宪法"体制的重塑》，载《环球法律评论》2017年第2期。

到了最高权力的授权与监督，并且将人民的意志贯彻在监察工作中，无疑也体现出国家监察机关对人民负责的精神，从而维护了人民主权的宪制要求。而就监察委员会同其他国家机关之间的关系，通过解读《宪法》的体例编排可以认定，监察机关与行政机关、检察机关及审判机关并列于国家机构中，这种安排将中央和地方的监察委员会从原先的"一府"中分立成具有"新增权力"的一"委"，形成了独立于行政与司法的监察体系。由此，无论是中央还是地方都形成了人大领导下"一府一委两院"的新格局与"新四权"结构（分别为立法权、行政权、司法权和监察权），这种尝试为构建结构合理、配置科学、程序严密、制约有效的理想型权力运行机制提供了新的方向指引。

对于监察机关与其他机关的关系，《监察法》第 4 条给出了明确的规定，要求在具体办理案件的过程中，监察机关与审判机关、检察机关与执法部门互相配合、互相制约，该条规定与审判机关和检察机关独立行使职权的规定相似，同样也体现出了监察机关的相对独立地位，一改过去行政监察机关缺乏独立性的问题。与此同时，该条款中规定监察机关在行使监察权时不受行政机关、社会团体与个人的干涉，更加彰显出监察机关的独立特性，提高了纪检监察工作的效率与权威。

三、监察机关监察权能具体明确

国家监察体制改革下监察委员会的设立，"新四权"结构的形成，这为增强监察权的主动性、独立性、专业性和权威性提供了可能。在主动性方面，随着反腐败理念的更新，监察的方向从"重惩治"转化为了"重预防"，国家监察权的行使更加注重日常监督与长期监督工作，不再要求特定的触发条件。在独立性方面，当前监察委员会独立的法律地位赋予了监察权独立性。在专业性方面，伴随着监察法律的完善，各级监察委员会的工作能够得到更明确的指导，加强了纪检监察工作的规范化与专业化。在权威性方面，监察权已然成为国家权力结构的重要组成部分，其体现了国家意志并由国家强制力保证实施，权威性自然毋庸置疑。从具体层面看，通过对相关法律规定的解读，可以发现国家监察权的改革成效体现在以下几个方面。

　　（一）扩大了监察对象的范围

　　在以往的行政监察制度之下，监察对象仅限于行政机关及其工作人员，导致了"监察对象失之过窄、权力监督存在盲区"的问题。[1]面对这个问题，《监察法》将"国家监察全覆盖"作为立法目标，加强对所有行使公权的公职人员的监督。

　　通过多个条款的规定，《监察法》体现出"全覆盖监察"与"全方位监督"，其具体体现在《监察法》第1条、第3条及第15条当中。通过"总分结合"的方式，上述三个条款明确了纳入监察范围的对象。第1条明确规定了实现国家监察全覆盖、加强对公职人员监督的目标。第3条以定性式规定的方式，明确规定了监察机关对所有行使公权力的公职人员进行监察。该条款依据是否行使"公权力"以及是否具有"公职人员"身份这两个要件来认定是否属于监察对象。第15条规定了具体的六类人员范围，对监察对象进行了具体的定量列举。[2]同时，为防止出现纰漏，弥补监察对象列举不完整的缺陷，第6项进行了兜底性的规定。《实施条例》在"监察对象"一节中对《监察法》第15条规定的六类人员逐项作出了进一步的细化。

　　目前，学界对于监察对象的认定标准存在着多种观点，笔者认同"多要素新公权力说"。根据该观点，认定监察对象的要素包括公权力的行使、公职人员的身份、履行公务、管理公共事务与提供公共服务和管理公共财产等方面，其中的"公权力"是囊括了公权、公职、公务、公财四个基本要素的新型公权力，[3]以此最大程度地实现国家监察全覆盖的目标。当然，无论采取何种观点，总体而言，监察法律的规定是较为完善的。通过层层递进、逐层细化的方式，其既有统领性的规范，又有精细化的规定，有利于协助监察

---

　　〔1〕　参见秦前红、刘怡达：《监察全面覆盖的可能与限度——兼论监察体制改革的宪法边界》，载《甘肃政法学院学报》2017年第2期。

　　〔2〕　《监察法》第15条规定："监察机关对下列公职人员和有关人员进行监察：（一）中国共产党机关、人民代表大会及其常务委员会机关、人民政府、监察委员会、人民法院、人民检察院、中国人民政治协商会议各级委员会机关、民主党派机关和工商业联合会机关的公务员，以及参照《中华人民共和国公务员法》管理的人员；（二）法律、法规授权或者受国家机关依法委托管理公共事务的组织中从事公务的人员；（三）国有企业管理人员；（四）公办的教育、科研、文化、医疗卫生、体育等单位中从事管理的人员；（五）基层群众性自治组织中从事管理的人员；（六）其他依法履行公职的人员。"

　　〔3〕　参见谭宗泽：《论国家监察对象的识别标准》，载《政治与法律》2019年第2期。

工作人员确定具体的监察对象。

(二) 明确了监察机关的权限

有学者指出，区别于改革前的"行政监察权"，国家监察机关是行使政务监察权与刑事监察权的国家机关，政务监察权是指对行使公权力的公职人员的监督、调查和处置等方面的职权，刑事监察权则是指对因职务违法行为而犯罪的公职人员，通过调查取证，将其移送检察机关审查起诉的权力。[1]为了更好地履行其职能，《监察法》对监察机关的监察权限作出了明确规定，主要包括监察监督权、监察调查权与监察处置权三大权限。

监察监督权旨在事前预防。其主要法律依据规定在《监察法》第11条第1项当中，具体体现在三个方面，分别是廉政教育，监督公职人员依法履职、秉公用权、廉洁从政从业情况以及监督公职人员的道德操守情况。该条款将监督职责作为国家监察机关的首要职责，概括性地列举了监督权行使的范围与监督检查的行使方式，完善了事前预防的反腐败机制，以前端预防作为重点，将违纪违法行为扼杀在萌芽中。

监察调查权的行使是为了事中发现。针对涉嫌贪污贿赂、滥用职权、玩忽职守、权力寻租、利益输送、徇私舞弊以及浪费国家资财等职务违法和职务犯罪，监察机关有权进行调查，为了调查职责的有效履行，《监察法》赋予了监察机关调查权，作为一项与侦查机关的侦查权相似的权力，监察调查权包括了谈话、讯问、询问、强制到案、责令候查、管护、留置、查询、冻结、搜查、调取、查封、扣押、勘验检查、鉴定、技术调查、通缉、限制出境等调查措施。赋予这样的权力极大地提升了国家监察机关打击腐败、惩治职务违法、犯罪行为的能力，但这种权力也并非无边无界，《监察法》及《实施条例》都对各项措施作出了严格的规定，在移送相关材料时也注重与《刑事诉讼法》的有效对接，使得有关调查证据能够符合刑事审判的标准，在加强反腐败工作力度的同时确保程序上的公正。

监察处置权的行使在于事后惩治。监察处置权是依据相关法律法规，对监察调查的违法、犯罪问题予以审查定性并决定给予何种处分和处理的权力。作为《监察法》第11条第3项所规定的监察机关的重要职责，监察机

---

〔1〕 参见陈瑞华：《论国家监察权的性质》，载《比较法研究》2019年第1期。

关能够"对违法的公职人员依法作出政务处分决定；对履行职责不力、失职失责的领导人员进行问责；对涉嫌职务犯罪的，将调查结果移送人民检察院依法审查、提起公诉；向监察对象所在单位提出监察建议"。具体的监察处置手段包括谈话提醒、批评教育、责令检查、予以诫勉、政务处分、问责、移送审查起诉与监察建议等。这种轻重兼备的阶梯式处置方法，将监督执纪既做到了"惩治极少数"，也做到了"管住大多数"，有利于更好地实现"不敢腐、不能腐、不想腐"的目标。

四、监察官的履职要求依法规范

权力是通过具体的人来行使的，如果监察人员不能尽到其职责，再好的制度规范也形同虚设。为了有效落实监察权行使的专业化，《监察官法》作为国家监察体制改革的重要成果，于 2021 年 8 月 20 日在第十三届全国人大常委会第三十次会议被通过。

《监察官法》出台的一个重要原因就是确保监察官能够正确行使国家权力。监察官权力大、责任重，在监察工作中往往更容易受到种种诱惑，带来滥用权力、贪污腐败的风险。为了防止"灯下黑"，《监察官法》在许多方面都进行了相应的制度安排。

首先，《监察官法》对监察官履职提出原则要求，尤其在第 4 条中提出监察官应当"忠诚坚定、担当尽责、清正廉洁，做严格自律、作风优良、拒腐防变的表率"。

其次，《监察官法》第 9 条第 1 款对监察官的法定职责作出了明确规定："监察官依法履行下列职责：（一）对公职人员开展廉政教育；（二）对公职人员依法履职、秉公用权、廉洁从政从业以及道德操守情况进行监督检查；（三）对法律规定由监察机关管辖的职务违法和职务犯罪进行调查；（四）根据监督、调查的结果，对办理的监察事项提出处置意见；（五）开展反腐败国际合作方面的工作；（六）法律规定的其他职责。"通过条文的比对可以看出，《监察官法》对于职责的规定与《监察法》授予监察机关的职责是相呼应的，这种规定能够有效保障监察机关职责的具体落实。

再其次，《监察官法》第 10 条明确了监察官的义务，将"严格执行中国共产党和国家的路线方针政策、重大决策部署"等明确为监察官的法定义务，进一步强化对监察官的履职要求，实现权力、责任、义务、担当相统一。[1]

最后，《监察官法》专章规定了"监察官的监督和惩戒"以强化对监察官执行职务和遵守法律情况的监督，同时建立监察官责任追究制度，真正做到"将权力关进制度的笼子里"。《监察官法》的一系列规定加强了对监察官的管理和监督，明确了监察官应依法履行的职责，维护了监察官的合法权益，推进了高素质专业化监察官队伍建设，提升了监察工作规范化、法治化的程度。

五、国家监察配套机制已具雏形

监察配套制度是指与《监察法》相衔接的相关法规制度。我们需要明确，要想形成系统完备、科学规范、运行有效的法规体系，需要制定同《监察法》配套的相关规范，将《监察法》中原则性、概括性的规定具体化。[2]一方面，在纪检监察机关合署办公的体制下，纪检监察工作需要构建起规、纪、法贯通的制度体系；另一方面，考虑到监察机关的工作内容与工作性质，监察也应与司法衔接，实现《监察法》与《刑事诉讼法》的衔接，完善反腐败国家立法，推进反腐败斗争法治化。

（一）实现党纪与国法相贯通

国家监察体制改革后，纪检监察工作在一定程度上实现了党纪与国法相贯通。具体而言，纪检监察机关通过纪法双施双守，既审查党员违纪现象，又调查公职人员涉及的职务违法、职务犯罪问题，同时兼顾纪的问题与法的问题，统筹纪律思维与法治思维，促进执纪审查与依法调查有序衔接、互相贯通。这种工作方式一改过去"纪法分离"的状态，将执纪与执法相贯通，体现了依规治党与依法治国的相统一。

"纪法贯通"要求党纪国法在具体内容方面的完善。党的十九大以来，党中央与时俱进，不断完善党纪党规，先后出台和修订了《中国共产党纪律

---

〔1〕 参见徐航：《监察官法：构建中国特色监察官制度》，载《中国人大》2021年第17期。

〔2〕 参见中国特色社会主义国家监察制度研究课题组：《国家监察制度学》，中国方正出版社2021年版，第359页。

检查机关监督执纪工作规则》（以下简称《监督执纪工作规则》）、《中国共产党问责条例》、《中国共产党纪律处分条例》等党内法规。与监察法律一样，这些党内法规都贯彻了"四个意识"，彰显了"四个自信"，保持了在政治思想上的高度一致性。

"纪法贯通"还要求党纪国法在具体程序上的契合。目前，一些党内法规规范了执纪与执法各个环节衔接中的问题，以促进执纪与执法同向发力、精准发力。针对监督职责，《中国共产党党内监督条例》（以下简称《党内监督条例》）比《监察法》中"开展廉政建设和反腐败工作"的主体更为广泛。在监督内容上，《党内监督条例》具体规定了党内监督的八大重点内容，为监察工作提供了更加完善的思路对策。

（二）推进监察法与刑事诉讼法相衔接

"法法衔接"主要是指在监察法与刑法、刑事诉讼法等法律之间，监察机关与司法机关之间在法治理念、法治原则、工作职责、案件管辖、权限措施、工作程序、证据要求、处置政策以及反腐败国际合作等各方面的衔接。随着《监察法》的出台，《刑事诉讼法》的修改以及相关规范的制定，监察与司法的衔接有了具体法律规定的依据，法法衔接机制已经初具雏形。

在案件管辖方面，针对互涉案件，《监察法》第 37 条第 2 款规定："被调查人既涉嫌严重职务违法或者职务犯罪，又涉嫌其他违法犯罪的，一般应当由监察机关为主调查，其他机关予以协助。"这为职务犯罪互涉案件的办理提供了明确的法律依据。

在证据方面，通过列举证据种类的方式，《监察法》第 36 条第 1 款的规定实现了监察证据和刑事证据在类型上的衔接。[1]第 36 条第 2 款规定了对监察证据的要求应当与对刑事审判的有关证据的要求相一致。该规定提出了监察与司法在证据标准上的贯通，这是对刑事诉讼"审判中心主义"理念的具体贯彻。

在办理具体监察职务犯罪案件过程中，"相互配合，相互制约"原则要求公安机关为监察工作提供必要的配合与协助，检察机关可以应商请提前介

---

〔1〕参见姚莉：《〈监察法〉第 33 条之法教义学解释——以法法衔接为中心》，载《法学》2021 年第 1 期。

入监察调查;[1]在审查起诉阶段,检察机关有权对移送的案件直接依法审查、提起公诉;在审判阶段,监察机关与审判机关同样存在着从实体到程序上的衔接配合。这种较为完善的法法衔接机制有力促进了监察机关与司法机关共同实现法治化反腐败的目标。

第三节　当前监察法律制度亟待解决的问题

国家监察体制改革以来,监察法律制度虽然得到了充分的发展,但仍存在着一些亟待解决的问题。由于监察法律制度本身属于中国"独创",相比其他部门法来说域外可借鉴的经验较少,本土的实践经验也不够充分。在这种立法经验不足的情况下,国家监察立法没有像过去国家机关立法那样兼备程序法、组织法、官员法、行为法,而是采取了"宜粗不宜细"的综合立法模式。另一个不容忽视的情况在于,国家监察机关与党的纪检机关合署办公的模式使得监察委员会本身具有很强的政治性特点。同时,监察机关内部大量的党内法规在密度和数量上也远超监察法律。这使得监察法律制度的发展面临一些独有的问题。

一、监察法律规定呈现粗放化与分散化

（一）监察法律规范精准性不足

《监察法》中存在着诸多难以确定意涵的用语,如第 11 条第 2 项中的"权力寻租""利益输送""徇私舞弊"等。面对重大、疑难、复杂的事实时,这种原则性、概括性的词语往往难以满足案件办理的实际需求,这就给滥用裁量权、规避法律法规等情形的出现留下了发挥的空间,很容易产生"同案不同处理"等不公平、不公正的现象。虽然《实施条例》通过补足和细化,在一定程度上解决了《监察法》中的部分问题,但不容忽视的是,监察法律中的概念整体上同时继受了纪检监察和刑事诉讼中的法律法规,这就导致其整体上在逻辑方面存在着一定的缺陷。如"调查"的概念在《监察

---

[1] 参见朱全宝:《论检察机关的提前介入:法理、限度与程序》,载《法学杂志》2019 年第 9 期。

法》出台以后已经被严格界定，已经具有了特定的时空边界，即在"立案"之后、"审理"之前。然而，《实施条例》第 55 条第 1 款仍规定省级以上监察机关有权在初核阶段采取技术调查措施。在立案之前的初核程序中就已存在技术"调查"，这就导致了时空逻辑上的错乱。[1]

（二）监察法律体系化程度不够

国家监察体制改革之后亟需实现纪检监察机关办理职务违法、职务犯罪案件程序的法治化，这就要求具备完善的法律法规体系。监察法律虽然目前已有一定的数目，但体系化程度仍然不够，大体上表现在以下两个方面。

第一，监察法律规定的碎片化。监察法的法律渊源包括了宪法、法律、法规、规章等。但是，体系化并不意味着数量上的堆积。从某种意义上来说，较多的法律规范反而可能会对体系化的构建起到反作用。例如，有关监察证据的相关规定，被分散在《监察法》《实施条例》《国家监察委员会移送最高人民检察院职务犯罪案件证据收集审查基本要求与案件材料移送清单》中，这给案件办理人员适用法律法规造成了极大的不便。

第二，监察法规之间的矛盾与冲突。法律规范之间的融洽是法治化的要求之一。监察法本身的相关解释与实施机制仍然不健全，加上数量繁杂的党内规范被大量适用，使得监察法律法规难以实现其形式理性。这种问题出现在监察法规当中。如对于职务犯罪的证据类型，监察法规之间的规定没有保持一致，导致其适用时的不确定性。这种问题同样也出现在监察法规与党内法规的衔接之中。当前，在有关监察的党内法规体系下，存在着针对同一事项规范名称不一、内容重复冲突、性质和效力不明的情况。[2]同时，监察机关办理案件的性质存在着职务违法与职务犯罪的二元化，这种二元属性的背后涉及对监察法规与党内法规的适用。这两类法规的制定主体不完全相同，由此产生了适用上的问题。比如，《监督执纪工作规则》中的"暂扣"没有在《实施条例》中有相对应的监察措施。[3]由于"党内监督和国家监察具

---

〔1〕　参见贾志强：《整合与回应：〈监察法实施条例〉对监察法制困境的纾解》，载《中外法学》2023 年第 3 期。

〔2〕　参见秦前红主编：《监察法学教程》，法律出版社 2023 年版，第 4 页。

〔3〕　参见贾志强：《整合与回应：〈监察法实施条例〉对监察法制困境的纾解》，载《中外法学》2023 年第 3 期。

有高度的内在一致性"〔1〕，为深化国家监察体制改革，更需要完善"纪检立规"与"监察立法"，才能实现监察法律制度体系化、规范化。

二、监察与司法的衔接机制有待完善

国家监察体制改革以来，随着《宪法》的修改与《监察法》的出台，监察权被重塑成"一种高位阶独立性的复合性权力"〔2〕。虽然这种改造能够保障监察权对公权力的运行进行有效的监督，但是在高压反腐败政策的影响下，监察权较之以往强势性有所增加，使得在权力行使的过程中极易侵犯到其他权力。特别是在监察与司法的关系当中，这种强势性使得监察与司法的衔接机制受到了一定程度的影响。

根据《实施条例》的相关规定，监察委员会管辖的案件包括贪污贿赂、滥用职权、玩忽职守、徇私舞弊、重大责任事故以及公职人员的其他犯罪案件。这几类案件共涉及 101 个职务犯罪罪名。由此可见，监察机关管辖的职务犯罪案件所涉罪名广泛。这种权力的赋予可以说加强了监察与司法之间的衔接，但同样也可能会导致监察权侵犯司法权。

就案件管辖而言，《监察法》第 37 条第 2 款体现了"监察机关为主调查"的原则。《实施条例》第 51 条也规定："公职人员既涉嫌贪污贿赂、失职渎职等严重职务违法和职务犯罪，又涉嫌公安机关、人民检察院等机关管辖的犯罪，依法由监察机关为主调查的，应当由监察机关和其他机关分别依职权立案，监察机关承担组织协调职责，协调调查和侦查工作进度、重要调查和侦查措施使用等重要事项。"由此可见，在互涉案件中，一般是"监察优先"，但是在实际案件办理过程中，极易产生监察机关"一刀切"的做法，以"监察优先"取代了公安机关等其他机关的合法管辖权。

就监察调查而言，尽管《监察法》将"监察调查"与"刑事侦查"相区分，但是事实上调查活动与侦查活动在措施、目的、程序等方面基本上是一致的。考虑到监察与司法在案件的办理上具有同一性，即监察与司法在案

---

〔1〕 李建国：《关于〈中华人民共和国监察法（草案）〉的说明——2018 年 3 月 13 日在第十三届全国人民代表大会第一次会议上》，载《中华人民共和国全国人民代表大会常务委员会公报》2018 年第 2 期。

〔2〕 参见徐汉明：《国家监察权的属性探究》，载《法学评论》2018 年第 1 期。

件办理过程中被移送审查起诉的被调查人或被追诉人同一，所涉犯罪事实同一，[1] 这种近似于侦查的调查活动应当受到必要的司法约束。然而，职务犯罪调查活动具有高度的封闭性，在具体的调查活动中，法院难以进行相应的司法审查。除此之外，根据监察法的相关规定，监察机关在开展相关调查活动过程中，基本采取内部审批的方式，这使得外部的监督和制约更加难以介入。

就监察证据而言，在刑事诉讼中有关监察证据资格的认定已经规定在《监察法》第 36 条第 1 款中："监察机关依照本法规定收集的物证、书证、证人证言、被调查人供述和辩解、视听资料、电子数据等证据材料，在刑事诉讼中可以作为证据使用。"就证据能力的审查，有学者认为该条款意涵监察证据进入刑事诉讼后仍需要接受证据能力和证明力两个方面的审查，才能最终作为定案的根据。[2] 也有学者认为，该条并没有对证据能力进行限制，从而为监察机关的调查影响审判奠定了基础。[3] 监察机关的政治地位往往较高，在反腐败高压政策的影响之下，在实践过程中可能会影响法院审查认定相关的证据，从而对审判结果产生预断性的影响。

三、监察案件中权利保障不足

《监察法》中留置措施取代"双规""双指"，规范对证据的收集，施加对监察人员的责任，这体现了《监察法》对权利保障的特点。

但是，监察机关本身对打击职务违法、职务犯罪有着强大的动力，同时监察机关办理案件往往效率高、涉密性强。权利保障不足主要体现在调查、留置期间辩护律师的缺位。目前的监察法律对律师参与没有明确的规定，实践中也并不主张、不支持律师介入。这导致在调查过程中，被调查人无法获得应有的法律帮助。虽然律师的介入可能会影响案件办理的进展，但是在惩治犯罪的同时也应当注重保障人权，这是现代法治国家的应有之义。联合国《保护所有遭受任何形式拘留或监禁的人的原则》第 11 条规定："被拘留人

---

〔1〕　参见张建伟：《刑事诉讼法通义》，北京大学出版社 2016 年版，第 185 页。

〔2〕　参见董坤：《监察与司法的衔接：理论、制度与机制》，北京大学出版社 2022 年版，第 74 页。

〔3〕　参见褚福民：《以审判为中心与国家监察体制改革》，载《比较法研究》2019 年第 1 期。

应有权为自己辩护或依法由律师协助辩护。"我国《刑事诉讼法》也明确犯罪嫌疑人有权自被侦查机关第一次讯问或者采取强制措施之日起委托辩护人。尽管调查并不完全等同于侦查，留置本身也并不等同于刑事诉讼中的强制措施，但是这种限制被调查人人身自由和财产的措施可能会侵犯公民的权利，有必要加强对其的监督制约。

四、对监察机关的监督难度较大

不受监督的权力往往会产生更大的腐败。监察对象通常为国家行政机关、司法机关乃至立法机关中的工作人员，这些人员本身就拥有公权力。要想对其进行制约，就需要抬出更大权力。由于监察委员会的权力本身过大，监察监督难以与其他监督力量进行协调，在行使国家监察权的过程中，监察委员会监察权能过强，如何对其进行监督成为一个需要高度重视的问题。

从党内监督的视角来看，各级监察委员会是在党的领导下建立的，也必然要接受来自党的监督。由于纪检监察机关合署办公的现状，对监察委员会的党内监督与上级监督的方式是内部监督，难以对监察权进行实质上的牵制。虽然 2020 年的《中国共产党党员权利保障条例》规定了党员的"党内监督权利"以及相应的"保障措施"，但是这种纸面上的规定缺乏系统的配套制度，较难转化为现实的监督力量。

从国家监督的视角来看，依据我国的权力制约与监督机制，人大及其常委会本应承担起监督监察委员会的职责，但在实践过程中人大监督往往饱受诟病，其柔性过重及人大代表积极性不足等问题使得其很难发挥实际的效用。在办案过程中，监察机关在与检察、审判机关的关系中减少了"相互配合"的成分而增加了"相互制约"的成分。在监察机关与行政机关的关系中，监察机关对行政机关有着法律规定的强有力的监察手段来实现制约，但是行政机关则没有相对应的手段进行"反制"。上述的情形都容易导致监察机关成为新一轮的腐败的源头。

从民主、社会、舆论监督的视角来看，这一类监督方式更是难以做到全面化、规范化与常态化。其中一个重要的缘由就是监察活动公开程度不足。为此，监察工作理应做到"公开为常态、不公开为例外"，让监察权在人民群众的监督之下行使。这一点在监察法律中已有一定的体现。《监察法》第 61 条的核心要义在于通过信息公开制度推进监督民主化建设。《实施条例》第 255 条也明确了监察工作信息公开的范围。但是，对于信息公开的具体范围、方式、程序、救济等仍然没有明确的规定，这就导致监察工作的透明度与公开度仍然不足，阻碍了民主监督、社会监督及舆论监督的实现。

五、监察法学学科和人才建设重视不够

监察法律制度的改革与发展并非仅局限于法律文本本身，同样也需要丰富的理论对其指导。理论深度与广度的加强通常离不开学科建设与人才培养。作为一个新兴的学科，监察法学本身目前存在着诸多问题：研究者研究视角的单一化、思维的惯性化和理论的碎片化等。[1] 在人才培养上，目前由于监察法学学科归属不明确，没有形成集合效应，这使得人才培养中具体方向不明确、专业化程度不够。虽然当前理论界与实务界已逐渐认识到监察法学发展的重要性，但当前对监察法学的发展重视程度仍有不足。监察法学的发展有其必要性与可行性。

从必要性的角度来看，党的十九届四中全会中强调要推动纪检监察工作规范化与法治化。监察法学学科建设的一个重要理念就是实现法治化反腐，这与国家监察体制改革的要求与目标是相呼应的。监察法律制度的发展在很大程度上受制于监察法治实践。监察法律制度的落实离不开具体的人，为此专业化的监察队伍也成为影响监察法律制度落实的关键，这就更需要提高纪检监察队伍专业化的建设，这与监察法律方向的人才培育是挂钩的。

从可行性的角度来看，监察法学本身不是其他学科（如宪法学、行政法学、刑事诉讼法学等）的杂糅，而是具备独立的品格和特殊的性质。监察法学本身在研究对象与研究方法上都具有特殊性。正因如此，其本身能够建立起专门的基础理论体系。综上所述，对监察法学的学科建设与人才培育不仅是必要的，也是可行的。

---

〔1〕　参见封利强：《监察法学的学科定位与理论体系》，载《法治研究》2020 年第 6 期。

第四节　监察法律制度的不断发展

中国特色社会主义进入了新时代，监察法律制度也同样需要进行革新以适应社会的新发展。第二十届中央纪委二次全会上曾提出："反腐败斗争形势依然严峻复杂，遏制增量、清除存量的任务依然艰巨。必须深化标本兼治、系统治理，一体推进不敢腐、不能腐、不想腐。……要把不敢腐、不能腐、不想腐有效贯通起来，三者同时发力、同向发力、综合发力，把不敢腐的威慑力、不能腐的约束力、不想腐的感召力结合起来。"这一论断充分表明了党中央对于纪检监察工作的殷切期望。新一轮监察法律制度的改革与完善需与时俱进，为新时代纪检监察工作实现高质量发展保驾护航。

一、明确坚持监察法律建设政治方向

在某种意义上说，党的领导与监察法律制度建设相互促进。一方面，党的全面领导中的一个重要的环节就是加强党的建设。其具体要求上就是深入推进党的自我革命，推动全面从严治党向纵深发展，持之以恒惩治腐败行为。中国共产党持续推进监察法律制度改革与完善，正是无产阶级政党加强权力运行制约与监督的必然要求，也是实现中国共产党长期执政的政治保障。另一方面，在监察法律制度发展的各个时期，其改革的进步与成就都是在中国共产党的集中统一领导下不断探索所取得的。所以，只有坚持党的领导这一基本原则，监察法律制度才能在正确的道路上不断发展。

坚持党的领导是解决当前反腐败问题的重要政治保证，这是监察机关作为"政治机关"的特性所决定的。监察法律制度的改革会涉及多方利益，往往牵一发而动全身，需要一个权威的力量来进行系统上的统筹与协调，实现反腐败力量的整合，为监察法律制度的未来发展破除道路上的阻碍。引领监察法律制度改革与发展的正确方向，中国共产党作为指引方向的指南针、凝心聚力的主心骨、社会稳定的压舱石自然最能承担起这份职责。

二、持续优化监察法律规范体系

法治思想本身具有"可进化性"，随着经济基础和上层建筑的发展变

化，法律制度从低位阶逐步走向高位阶。法治化反腐是一个动态的发展变化过程。当前，法治反腐的规范体系是由党纪与国法共同组成的。在全面推进依法治国新的历史条件下，反腐法律规范呈现出国家法与党内法规两个系统的局面。但无论是哪一套系统均需要增强运用法治思维和法治方式进行反腐败的能力。[1]

《中共中央关于全面推进依法治国若干重大问题的决定》中曾指出："法律是治国之重器，良法是善治之前提。建设中国特色社会主义法治体系，必须坚持立法先行，发挥立法的引领和推动作用，抓住提高立法质量这个关键。"我国当前的监察法律已经基本实现了"规则之治"，相关配套的法律法规、党规党纪丰富了监察法律规范体系。但监察法律制度仍然存在着不完善的地方，为实现"良法之治"，亟需在监察组织法、程序法、行为法、监督法和救济法五个方面对监察法律制度进行进一步的优化。[2]

除此之外，针对职务违法、职务犯罪案件中把握政策、看重态度等主观色彩相对较重的变量，应尽可能地实现客观化与证据化，[3]让既有的监察法律法规能够得到有效的贯彻与实施。以良法推动善治，保证监察工作中在形式上的合法律性（legality）与实质上的正当性（legitimacy）相结合，[4]实现法治反腐的层次进化。

三、不断推进监察权运行机制法治化

国家监察体制改革提出的"分权—控权"模式及形成的"新四权"结构，是对国家权力结构更新的又一次挑战。[5]为实现治权与法治化的双重目标，监察权的运行应当进行一定程度上的变更，一方面促进监察权与其他权力之间的良性互动，另一方面加强监察工作中的权利保障。

---

〔1〕 参见刘峰：《十八大以来反腐败国家立法研究的回顾与展望》，载《法学评论》2017年第5期。

〔2〕 参见曹鎏：《论监察法治的核心要义及发展图谱》，载《行政法学研究》2022年第5期。

〔3〕 参见徐小庆：《完善党和国家监督体系的创举——国家监察体制改革的回溯与展望》，载《政治学研究》2021年第4期。

〔4〕 参见刘毅：《"合法性"与"正当性"译词辨》，载《博览群书》2007年第3期。

〔5〕 参见周佑勇：《监察权结构的再平衡——进一步深化国家监察体制改革的法治逻辑》，载《东方法学》2022年第4期。

第一，需要实现监察权与司法权的动态平衡。《宪法》与《监察法》中明确规定了监察机关与司法机关之间是"互相配合、互相制约"的关系，但在实践中司法权对监察权配合多而制约少。为了实现"监察—司法"关系的法治化，可以从以下几个方面着手进行：其一，完善监察法律与刑事法律之间的衔接。通过明确的法律规范，减少出现衔接问题规定不明时监察权对于司法权的过度侵犯。2021年6月15日颁布的《中共中央关于加强新时代检察机关法律监督工作的意见》中，专门提及要"加强检察机关与监察机关办案衔接和配合的制约。健全衔接顺畅、权威高效的工作机制，推动刑事司法与监察调查的办案程序、证据标准衔接。落实检察机关与监察机关办理职务犯罪案件互相配合、互相制约的原则"。为了实现这一目标，相关的衔接意见、办案细则、工作办法相继发布实施。但是，部分规定并不契合实际，对有关规定的实证研究、未来优化等基础工作需要同步推进。其二，坚持审判中心主义，推进符合监察法治要求的监察法律制度的改革与完善。对于监察机关而言，由于《监察法》中明确规定监察机关的调查活动需与司法审判的证据要求与标准保持一致，监察机关有必要遵循《刑事诉讼法》中有关侦查和证据的相关规定，避免出现不同法律系统下证据规定的割裂。对于审判机关而言，应当摆脱"卷宗中心主义"的影响，保证对职务犯罪案件审判的独立性。

第二，需要加强纪检监察工作中对权利的保障。由于《监察法》未对职务违法与职务犯罪进行明确的区分，在案件的办理过程中存在着一定的恣意与专横，从而给当事人与社会公众带来"不公正"感。为了实现惩罚犯罪与保障人权在监察体制内的平衡，有必要将比例原则纳入监察法律中。目前越来越多的部门法都引入该原则，以此来规制一些裁量性规范，因为其本身的逻辑起点就在于保障人权。当比例原则突破以权利为基础，扩展到"权力—权力"结构时，其实际上被赋予了在所有权力（利）义务框架中适用的可能性。[1]除此之外，对于被调查人的辩护权、申诉权、获得国家赔偿权等权利也有必要进行探索并建立配套的相关程序制度。

---

〔1〕 参加蒋红珍：《比例原则适用的范式转型》，载《中国社会科学》2021年第4期。

四、加快完善对监察权的再监督机制

为确保党和人民赋予的权力不被滥用，纪检监察机关也要接受最严格的约束和监督，做到"清理好门户""防止灯下黑"，坚持刀刃向内，囊括了对监察机关的再监督和对监察人员的监督。

对监察机关的再监督，应完善监察工作权力规范机制。第一，努力做到监察工作公开透明，公开透明是开展有效监督的前提条件。在很多情况下，出于排除干扰、秘密调查的考量，调查工作的信息公开力度并不充足。但是，为了防止监察工作中存在滥用职权的行为，公开部分监察工作信息，使得监察工作在阳光下进行很有必要。第二，要加强上级监察机关对下级监察机关的领导与监督。根据《宪法》的规定，监察机关上下级的关系属于领导与被领导的关系，这有助于科学设定合署办公模式，保障纪委、监委独立履行管理权限和实施调查手段，是上级监委对下级监委履职尽责进行监督与领导的法治保障。[1]为此，针对案件调查情况、证据获取方式及其结果等信息，上级监察机关理应通过听取和审查报告等合适的方式进行监督。同时，如果因"关系网""保护伞"等情况，案件办理受到阻碍与干涉，上级监察机关通过领导与监督的方式为下级监察机关提供坚实的后盾，扫除监察工作中遇到的障碍，营造良好的内部办案环境。

《监察官法》强调了对监察官的严格监督。《监察官法》采用专章的形式规定了"监察官的监督和惩戒"。《监察法》和《实施条例》通过列举与概括的方式，规定了监察法律责任的主体、事由与类型，以强化对监察机关及其工作人员的履职约束。为加强纪检监察权力运行内控机制的建设，打造一支高质量的纪检监察队伍，未来仍然有必要推进纪检监察人员队伍教育整顿。通过内部规定，监督检查各级监察机关人员的执法情况，督促监察人员依法用权、廉洁用权、为民用权。

五、注重加强监察法学的学科和人才建设

监察法学的学科和人才建设是监察法律制度不断发展、趋向完善的动力

---

[1]　参见郑智超：《国家监察委自身监督与制约的内外途径——兼论香港廉政公署的自身监察与制衡机制》，载《广东开放大学学报》2018 年第 2 期。

源泉。监察法学的学科建设促进监察法律制度向体系化、规范化发展，人才培养则为监察法律制度的发展提供源源不断的知识保障和智力支持。因此，在监察法律制度的进一步完善过程中，应重视监察法学的学科和人才建设。

加强监察法学的学科和人才建设的前提是明确监察法学的学科独立性及其归属。监察法学已成为一门独立的学科。第一，监察法学有自己特定的研究对象。目前，学界大多认为监察法学的研究对象主要包括监察法学理论、监察法律规范和监察法律实践等。第二，监察法学逐步形成了自己独特的研究方法。在遵循法学基本研究方法如历史分析方法、比较分析方法等的基础上，监察法学形成了阶级分析方法、实证分析方法、交叉学科方法等较为独特的研究方法。第三，监察法学产生了专业的研究团体和高质量的研究成果。如多所高校成立了监察法学研究院、研究中心等，同时，学者们还举办了多场监察法学学术研讨会。因此，监察法学目前的建设现状应已达到了作为一门独立学科的要求。

监察法学的学科建设促进人才的培养，人才的培养反过来又推动学科的发展，两者相辅相成、互相促进。加强监察法学的学科与人才建设，具体来说：首先，应加强监察法学学科的平台建设。如探索建设监察法学的理论研究平台、实践培训平台等，通过平台促进监察法学理论界与实务界达成理论共识、形成统一认识。其次，应推进监察法学学科的教材体系建设。在建设中坚持正确的政治方向，并立足于我国监察实践，传承我国优秀监察法律思想。最后，应创新监察法学学科的人才培养模式，探究契合监察法学学科实践性、交叉性、综合性特征的培养方式。如构建学术与实务双导师制度、建立学校与地方纪委监委的联合培养机制等。

结　语

建党以来我国的监察法律制度发展历经了多个时期，每一时期既有对过去监察法律制度的继承，又有对新阶段监察工作实际需求的回应。党的十八大以来，在党中央的集中统一领导下，我国监察法律制度迈入了全新的阶段。通过扩大监察范围、增强监察权能、完善衔接机制、整合监察力量、健全监察组织架构、加强监察人才队伍建设等方面的改革，全面覆盖的国家监察体系基本形成。

　　改革是纪检监察工作高质量发展的根本动力，监察法律不应止步不前，而应对所面临的新问题、新挑战作出回应，从监察法律体系、监察权力运行与对监察的监督多个方面进行完善与加强，以此坚定稳妥推进全面从严治党、党风廉政建设和反腐败斗争，在监察法治的轨道上继续前行。

第二章

监察官制度的优化[*]

第一节　监察官制度的中国特色

　　党的十八大以来，党中央始终坚持以深化改革推进党风廉政建设和反腐败工作，一体推进党的纪律检查体制改革、国家监察体制改革和纪检监察机构改革，不断完善反腐败体制机制。其中，加强反腐败队伍的专业化建设是反腐败体制机制创新的重要战略部署。[1]2018 年 3 月 20 日第十三届全国人民代表大会第一次会议通过了《监察法》，《监察法》第 14 条规定："国家实行监察官制度，依法确定监察官的等级设置、任免、考评和晋升等制度。"这促进了我国反腐败队伍的专业化建设。

　　对于广大纪检监察干部，我们要求其做到坚定理想信念，提高政治能力，强化自我约束，不断增强业务能力，强化纪法思维尤其是程序意识。2021 年 8 月 20 日，第十三届全国人民代表大会常务委员会第三十次会议通过了《监察官法》，自 2022 年 1 月 1 日起施行。《监察官法》是落实党中央深化国家监察体制改革的重大决策部署，是不敢腐、不能腐、不想腐一体推进的又一重要制度性成果，进一步丰富了国家反腐败立法，标志着我国监察官制度初步形成。《监察法》对于监察机关的政治机关定位、纪委监委合署

---

　　[*]　原载《辽宁公安司法管理干部学院学报》2022 年第 4 期，与张淇合作，有改动。

　　[1]　参见周磊、焦利：《构建中国特色国家监察官制度：背景与建议》，载《北京行政学院学报》2019 年第 3 期。

办公的特殊设置，以及《监察官法》对于监察官选任、考核、培训时突出政治素质的规定，使得我国监察官制度具有了不同于其他国家的中国特色。

一、中国特色监察官制度的特点

（一）坚持党的领导

《监察法》规定，国家监察工作需要坚持中国共产党的领导，历史和实践表明，坚持党的领导是监察工作顺利进行的根本保障。在党的统一领导下，纪委监委合署办公，实行"一套工作机构，两个机关名称"，纪检监察机关全面覆盖了党和国家的自我监督，实现了党的纪律检查与国家监察的有机统一。

（二）政治素质过硬

《监察官法》规定"选用监察官突出政治标准""注重工作实绩""重点考核政治素质"，主要体现在监察人员要以维护党中央权威和领导地位为己任，将贯彻履行党章和宪法作为根本政治任务，在思想和行动上落实"两个维护""四个意识"，实现政治和业务的高效结合，紧跟中央的设计与规划，坚定政治立场，推动全面从严治党向纵深发展。[1]

（三）执纪执法相贯通

在我国进行监察体制改革之前，党员的违纪行为由纪委负责审查，行政机关工作人员的违法违纪行为由行政监察机关进行监察，国家工作人员的职务违法犯罪行为则由检察机关进行查处。监察委员会与党的纪律检查机关合署办公，实现了党内监督对党组织和党员干部的全面覆盖，同时也实现了国家监察对所有行使公权力的公职人员的全面覆盖，体现了监察机关的全面性。监察官既是纪检监察干部，也是国家监察人员，是代表党和国家行使监督权和监察权的重要人员，担负着监督执纪问责和监督调查处置双重职责，我国监察体制改革整合了之前的反腐力量，使执纪执法相贯通，开创了反腐新局面。

---

〔1〕 参见中共中央纪律检查委员会法规室、中华人民共和国国家监察委员会法规室编写：《〈中华人民共和国监察法〉释义》，中国方正出版社 2018 年版，第 104 页。

二、完善新时代中国特色监察官制度的必要性

深化国家监察体制改革是党中央作出的事关全局的重大政治体制改革，是强化党和国家自我监督的重大决策部署。[1] 监察体制改革之前，我国反腐力量分散，且纪检监察干部的选拔培养模式多重视思想政治素质，而忽视了专业能力的培养，这导致传统纪检监察干部的综合素质已经不能胜任新时代反腐工作的需要。

当前，国家监察体制改革不断深化，监察官承担着依据《监察法》监督所有行使公权力的公职人员，实现国家监察全覆盖的任务。在这一过程中，立足中国国情，借鉴我国历代及域外监察官制度的有益经验，明确监察官的选任标准、培训模式、职业保障，建立健全监察官监督制约机制，从而完善适应新时代全面从严治党、党风廉政建设和反腐败斗争新形势新要求的中国特色监察官制度，全面推进政治过硬、本领高强的专业化监察官队伍建设，显得尤为迫切和重要。[2]

第二节　我国监察官制度的历史沿革

一、我国古代监察官制度

中国古代最早有记载的监察官是《周礼·天官》中的"大宰"和"小宰"，[3] 秦汉时期，负责监视、督察官吏的官员被称为"御史"或"刺史"，到了西汉，谏官系统初步确立，言谏官也被赋予了监察职能。在唐代，沿用了御史与谏官并行的监察官体制，直到清代，科道合一，我国古代监察官体制臻于完善。在立法方面，我国古代建立了完备的监察法规体系，其中许多规定都涉及监察官制度，汉初颁布的《监御史九条》、汉武帝时期颁布的

---

〔1〕　参见丁方旭、任进：《国家监察体制改革视域下中国特色监察官制度的构建》，载《行政管理改革》2021年第1期。

〔2〕　参见丁方旭、任进：《国家监察体制改革视域下中国特色监察官制度的构建》，载《行政管理改革》2021年第1期。

〔3〕　参见赵昕：《中国特色监察官制度构建研究》，河北大学2021年硕士学位论文。

《刺史六条》、唐代的《唐六典》、宋代的《御史台仪制》、元代的《设立宪台格例》、清代的《钦定台规》等法规的颁布反映了我国古代监察官法律体系日趋完备的演进历程。[1]

（一）监察官的选任标准

我国古代行使监察职权的主体是御史与谏官，监察权是否能够得到有效发挥与监察官的整体素质有着直接关系，因此，历朝历代都非常重视监察官的选任，多设置严格的选任条件。一是耿直敢言，公正无私。监督百官、弹劾不法是我国古代监察官的主要职责，因此监察官是否具有耿直敢言、公正无私的品格尤为重要。二是通晓律令，博学多才。《册府元龟·宪官部》载："夫宪官之职，大则佐三公统理之业以宣导风化，小则正百官纪纲之事以纠察是非，故汉魏以还，事任尤重，至于选用，必举贤才。"三是出身基层，老成练达。我国古代多从地方县级的丞、尉、主簿等基层官吏中选拔监察官，因为他们具有丰富的从政经验，了解官场陋习，并且熟悉地方的风土人情和民间疾苦，能得到长官的赏识进而举荐也保证了任用的监察官绝非平庸无能之辈，[2]反映了我国古代任人唯贤、务实的选拔原则。

（二）监察官的主要职权

我国古代监察官的监察对象广泛，上可监察中央三公、宰相，下可监察地方州县有品级的官员，覆盖了国家政权的所有部门和领域，[3]总体来看，其主要有以下三项职权。

一是弹劾权。古代监察官最基本也是最重要的权力就是弹劾权。御史若发现有官吏存在违法犯罪行为，就会对其进行弹劾，皇帝则根据御史弹劾的事实和涉及的案由，作出最终裁决。二是司法审判权。从唐代开始，御史的职权由单一的监察权逐渐发展为监察与司法审判权并重的权力结构，皇帝交办的案件多由御史承办或参办，对于重大案件或疑难案件及冤狱复审案件

〔1〕 参见张锐、葛滨：《中国古代监察官制度的背景、沿革及特点》，载《中国机构改革与管理》2019年第9期。

〔2〕 参见张先昌：《惩贪与纠错：中国古代的监察官制度》，载《学习时报》2018年4月30日，第A3版。

〔3〕 参见李雪：《中国古代监察官的权力制约机制及当代启示》，载《行政科学论坛》2018年第2期。

等，御史台可作为司法机关承皇帝特诏，与刑部及大理寺两大司法机关组成临时法庭共同审理案件，史称"三司推事"。[1] 三是检查权。御史有权检查核实朝廷各项文书档案，若发现问题，则及时纠正，以促进国家政令的有效落实。此外，我国古代监察官还具有监军权、荐举权、处置权等权力。

（三）监察官的考核与奖惩制度

对监察官进行考核，可督促其严格履职尽责，因此我国古代十分重视对监察官的考核，并且对监察官的考核多严于其他官吏。早在西周时期，考核制度已初步建立，实施三年一考、三考黜陟的官吏考核制度，后代朝廷大多采取一年一考，三年或四年考满，根据考核结果对官吏予以升降迁转的制度。[2] 一般来说，我国古代对于监察官的考核多将其个人品德与才能、工作实绩结合起来，若考核不合格，则科以降级或调换岗位的处罚，对贪赃枉法的监察官，则科以法律惩罚。但是，若工作出色、功绩卓著，则升迁极快，[3] 如在唐太宗时期，七位御史大夫，有五位升至宰相。[4]

二、南京国民政府的监察官制度

孙中山的"五权宪法"理论是南京国民政府设立监察官制度的理论基础。《训政纲领》《中华民国国民政府组织法》《监察院组织法》是南京国民政府设立监察官制度的法律依据。1931 年 2 月 16 日，独立的监察院正式成立，标志着监察机关的初步形成，至 1932 年 6 月，国民政府对监察组织进行了多次调整，最终形成了由简到繁、由全盘西化到中西合璧的"监察院"，这标志着监察机关的初步完善。[5]

1945 年以后，南京国民政府监察官制度得到了极大发展，各方面都有更完善的规定。一是监察范围扩大，总统、副总统也成为弹劾对象。二是

---

〔1〕 参见张先昌：《惩贪与纠错：中国古代的监察官制度》，载《学习时报》2018 年 4 月 30 日，第 A3 版。

〔2〕 参见张先昌：《惩贪与纠错：中国古代的监察官制度》，载《学习时报》2018 年 4 月 30 日，第 A3 版。

〔3〕 参见艾永明：《古代监察官员的激励制度》，载《人民论坛》2019 年第 32 期。

〔4〕 参见李沛艺：《激励与约束：中国古代监察官管理机制探析》，烟台大学 2019 年硕士学位论文。

〔5〕 参见姚秀兰：《南京国民政府监察制度探析》，载《政法论丛》2012 年第 2 期。

监察官权力扩大，包括视察、调查、弹劾、纠正、同意等职权。三是加强了监察委员的任职保障。《中华民国宪法》、1945 年《加强监察制度之办法》和 1948 年《监察法》中都涉及了有关监察委员保障的内容。四是对监察委员的兼职提出严格限制，即"监察委员不得兼任其他公职或执行业务"。[1]

三、新中国成立后的监察官制度

自 1949 年至今，我国监察体制一直处于不断改革之中，监察官制度也在不断变化。1949 年，《政治协商会议共同纲领》第 19 条规定，人民监察委员会为我国行政监察机关。1954 年，国务院下发了《国务院关于设立、调整中央和地方国家行政机关及有关事项的通知》，人民监察委员会改为监察部，《监察部组织简则》（已失效）相对详细地明确了监察部的职责与权限及行使职权的程序，且规定了监察部的机构设置和人员配备以及内部领导关系。[2]20 世纪 50 年代后期，由于中国国际与国内的地位形势变化，监察部被阶段性地撤销，以至于在特定时期之内，中国没有专门的机关具有行政监察的职能。1987 年，改革开放之后，监察部重新恢复。1993 年 1 月，中国监察部与中央纪律检查委员会两个机构正式合并，党内监察部门与监察部的工作实现高效融合。

2018 年至今，国家监察体制改革重新配置了国家权力，形成了"一府一委两院"的国家机构组织架构，监察机关被定位为独立于一府两院的新型政治机关，并且形成了纪委监委合署办公，由纪委进行党内监督、监委进行国家监察的监察体制，陆续出台的《监察法》《监察官法》等监察法律法规，明确了监察官的职责、权利、义务、管理、奖惩等内容，为探索构建具有中国特色的监察官制度指明了方向。

---

〔1〕　参见张晋藩主编：《中国近代监察制度与法制研究》，中国法制出版社 2017 年版，第 166~169 页。

〔2〕　参见张晋藩主编：《中国近代监察制度与法制研究》，中国法制出版社 2017 年版，第 336 页。

四、我国历代监察官制度的启示

（一）监察"以条问事，有法可依"

我国历代监察官行使监察权有法可依，[1]从汉代的《刺史六条》，唐代的《监察六法》，宋代的《考课令》，再到近代的中华民国颁布的《监察院组织法》，以及中华人民共和国成立后制定的《监察部组织简则》等，这些专门的监察法规构成了监察官行使监察权的法律依据，体现了监察官制度从古至今都在不断地进步与完善，不断地与时代发展相接轨。

（二）选任监察官注重德才兼备，强调政治素养

在监察官的选任方面，我国历朝历代无不以高标准选任监察官，大多要求监察官德才兼备、老成练达、通晓行政事务、明晰法律刑名，还需要有一定的从政经历。[2]这些选任标准选出了一大批刚直不阿、秉公执法、学识广博、有深厚政治素养的监察官，为我国历代王朝肃清吏治、惩治腐败作出了重要贡献。

（三）厚赏与重罚并行

我国古代对于监察官实行厚赏与重罚并行的奖惩制度，若监察官功绩卓著，不仅给予丰厚的物质奖赏，而且还设置了晋升的快速通道；反之，若监察官贪赃枉法，则科以比其他官员更加严厉的惩罚。厚赏与重罚并行的奖惩制度，为我国古代监察官规范行使权力起到了重要作用。

第三节　中国特色监察官制度的现实分析

一、中国特色监察官制度的现状

（一）监察官的职责、义务及权利

《监察官法》对监察官的职责、义务及权利作出了全面的规定。在职责

---

〔1〕参见修晓波：《中国古代的监察官》，载《中国社会科学院研究生院学报》1996年第3期。

〔2〕参见张晋藩：《中国古代监察思想、制度与法律论纲——历史经验的总结》，载《环球法律评论》2017年第2期。

方面，规定监察官需要履行对公职人员开展廉政教育、进行监督检查、调查职务违法和职务犯罪、作出处置决定等职责；在义务方面，规定监察官具有坚持中国共产党的领导、维护国家和人民利益、忠于职守、保守国家秘密、自觉接受监督等义务；在权利方面，规定监察官享有履行监察官职责应当具有的工作条件、福利待遇、提出申诉或者控告等权利。对监察官职责、义务及权利的详细规定，保证了监察官权责明晰，依法履职尽责。

（二）监察官的等级制度

《监察官法》通过参考借鉴相关法规制度，对监察官的等级、称谓以及晋升等内容进行了规定，建立起了科学合理的监察官等级制度架构。在等级方面，我国监察官等级制度分为十三级，既与我国现行公务员的职务职级基本对应，也考虑到了与事业单位人员岗位的对应衔接，意在建设一支高效、精简的监察官队伍；在晋升方面，明确了监察官等级依职务职级、德才表现、业务水平、工作实绩和工作年限等为依据进行确定，并采用按期晋升和择优选升相结合的方式，特别优秀或者作出特别贡献的，还可以提前选升。[1] 监察官等级是在原有的职务职级之外增加的一个职业称号，通过设置监察官等级与晋升制度，加强了监察官队伍的正规化、专业化建设，同时也有利于压实监察官责任，强化对监察官的监督和管理。

（三）监察官的监督制度

打铁必须自身硬。做好对监察官的监督是我国监察官制度建设的重中之重。我国《监察官法》明确规定了党组织的监督，即监察官须按照规定请示报告重大事项，在党的领导下开展工作，此外，要求监察官进行严格的自我约束，自觉接受民主监督、社会监督、舆论监督。并且实行地域回避、任职回避制度，加强内部监督制约机制建设，规定违纪违法应承担的法律责任等，这些制度规定从法律上构筑起了对监察官的监督制约体系，体现了强化监督的理念，可促进监察官提高自身对于"诱惑"的免疫力，习惯于每时每刻都接受监督约束。

---

[1]　参见《监察官法》第27条。

二、中国特色监察官制度存在的问题

我国 2021 年出台的《监察官法》对监察官的职责、权利、义务、管理、监督制度等作出了明确规定，是深化国家监察体制改革的又一成果，为规范监察官权力行使，促进监察官依法履职尽责提供了制度保障。但是随着监察官制度在实践中的不断检验，我国监察官制度一些问题也不断浮现。其主要问题表现在以下方面。

（一）监察官选任制度不完善

我国监察机关的定位是政治机关，纪委监委合署办公的特殊设置进一步强化了监察机关的政治性，因此在监察官的条件及选用上，我国《监察官法》在监察官应具备的个人品质方面强调了监察官的政治素质，而在专业知识方面，却只要求"熟悉法律、法规、政策，具有履行监督、调查、处置等职责的专业知识和能力"，[1]并未对监察官所应具备的法律素养作出硬性规定，导致我国监察官选拔制度出现了"重政治、轻法律"的特点。此外，我国目前也未根据监察官的工作特点、内容以及性质合理设置监察官的选任制度，不利于选拔出专业化的监察官。

（二）监察官培训制度不规范

《监察官法》明确规定对监察官应当有计划地进行政治、理论和业务培训。但是培训的具体内容以及培训形式尚未明确，各地开展培训内容及方式不一，导致监察官培训效果参差不齐，严重影响我国监察官工作能力及办案实效。具体培训制度的缺失，不利于监察官的专业化培养，难以建立一支高素质的监察官队伍。

（三）监察官职业保障不到位

纵观世界其他国家和地区的反腐败机构，业务独立是其基本的特征，[2]我国《监察法》也规定，监察委员会独立行使监察权，不受其他行政机关、社会团体和个人的干涉。若要保证监察官依法履职尽责，就要做好对监察官

---

〔1〕 参见《监察官法》第 12 条。
〔2〕 参见周磊：《中国监察官制度的构建及路径研究》，载《国家行政学院学报》2018 年第 4 期。

的履职保障。但是目前在监察官的人身安全保障方面，并未涉及对监察官办公场所的安全保障；在履职豁免方面，《监察官法》并未规定相关内容；在监察官的工资待遇方面，对监察官的工资及福利待遇规定也尚不完善。这些职业保障的缺失，是我国监察官履职情况不佳的重要原因。

（四）监察官监督制约机制不健全

对于监察官的监督与制约，我国《监察官法》规定了组织监督、民主监督、社会监督、舆论监督、内部监督等监督方式，《监察法》规定了监察机关办案时应与审判机关、检察机关互相配合，互相制约。但是由于监察机关办案的封闭性，外部监督方式如组织监督、民主监督、舆论监督、社会监督，对其难以形成有效制约，容易流于形式；内部监督是同体监督，存在监察官自由裁量权过大、缺乏监督实效的弊端；且因检察机关、审判机关重配合、轻制约，存在对监察官调查行为制约乏力的问题。不健全的监督制约机制，将会滋生腐败，违背保障人权的理念，降低监察工作的公信力。

第四节　中国特色监察官制度的完善

针对我国监察官制度存在的问题，可通过借鉴我国历代监察官制度的有益经验，并结合我国监察官制度所具有的坚持党的领导、政治素质过硬及执纪执法相贯通的中国特色，对我国监察官制度进行完善。具体可从以下四个方面进行。

一、优化选任制度

我国《监察官法》第12条规定了担任监察官应当具备的条件，在个人品质上，要求具有良好的政治素质、道德品行和廉洁作风；在专业能力上，要求熟悉法律、法规、政策，具有履行监督、调查、处置等职责的专业知识和能力；除此之外，还须具有正常履行职责的身体条件和心理素质以及高等学校本科及以上学历。[1]《监察官法》第14条规定了监察官的选任标准，即坚持德才兼备、以德为先，坚持五湖四海、任人唯贤，坚持事业为上、公

―――――――――――

[1]　参见《监察官法》第12条。

道正派，突出政治标准，注重工作实绩。[1]

《监察官法》中并未要求监察官须通过法律职业资格考试，学界对于这个问题有很大争议，其中比较具有代表性的观点有以下五种：第一种观点以李鼎楚、曹志瑜、刘明波等学者为代表，认为监察官须通过法律职业资格考试。理由在于：一是法治化反腐需要监察官取得法律职业资格；二是检察人员"持证"启迪"监察官"制度完善；三是政治机关的属性不与法律职业资格要求冲突；[2]四是无论是从国外监察官制度的一般做法，还是我国御史监察制度的成功经验，法律资格考试都是监察官职业准入机制的必要内容。[3]第二种观点是监察官是否需要通过法律职业资格考试应按其所属部门决定，对不同监察部门工作人员的要求应当有所区分，法律职业资格证书是监察机关中执纪调查部门的准入条件，其他部门工作人员的考聘则不强制通过法律职业资格考试。[4]第三种观点是法律职业资格是初任监察官的准入条件，不是原纪委纪检监察人员的准入条件。应以《监察官法》颁布时间为节点，适用"老人老办法，新人新办法"的规则予以区分。现有的纪检监察人员仍需要通过一定的考核才能出任，但考核的难度应当低于法律职业资格考试的水平。[5]第四种观点是法律职业资格不是监察官准入的条件，基于监察机关独特的政治地位以及职权属性，应设置专门的监察官职业资格考试作为其准入的条件。[6]第五种观点是法律职业资格不是监察官准入的条件，无需设置专门的职业资格考试选任监察官。出任监察官的标准只需要参照一般公务员的考聘标准认定即可。[7]

笔者同意第四种观点，认为应借鉴我国古代监察官制度选任严格的经

---

[1] 参见《监察官法》第 14 条。

[2] 参见李鼎楚、刘颖新：《应将初任监察官资格纳入"司考"》，载《民主与法制时报》2018 年 3 月 1 日，第 6 版。参见曹志瑜：《监察官亦当通过法律资格考试》，载《学习论坛》2019 年第 2 期。

[3] 参见刘明波主编：《国外行政监察理论与实践》，山东人民出版社 1990 年版，第 146 页。

[4] 参见周磊：《中国监察官制度的构建及路径研究》，载《国家行政学院学报》2018 年第 4 期。

[5] 参见张元星：《构建科学规范的监察官制度》，载《学习时报》2018 年 8 月 6 日，第 A3 版。

[6] 参见蒋来用：《实现"高效"目标：打造国家监察体制改革"升级版"》，载《河南社会科学》2018 年第 7 期。

[7] 参见刘练军：《监察官立法三问：资格要件、制度设计与实施空间》，载《浙江社会科学》2019 年第 3 期。

验，设立监察官职业资格考试，在该考试中考查监察官所应具备的法律知识及专业能力，并根据我国国情，适用"老人老办法，新人新办法"，即对于之前就已经在纪委工作的监察干部、其他机关转隶人员以及根据《监察官法》第17、18条选拔聘任的监察官，因其监察工作经验丰富或者具有监察理论教学、研究能力，若要求其也通过该资格考试才能开展监察工作，不利于监察工作的顺利进行，可对其采用案例教学、专题讨论等培训方式，促使其快速提升专业能力，而对于初任监察官则要求其须通过监察官职业资格考试，不应因其所处部门而有所区分。原因如下：第一，法律职业资格考试只是对监察官法律知识的考查，并不能考查监察官行使监察权所应具有的其他能力，如我国古代选任监察官需要其具有从政经验，而我国监察机关是政治机关的特殊定位以及监察官工作内容的复杂性，也要求监察官还需要具备一定的政治、纪律、财务、会计、金融等方面的知识，单一的法律知识的考查难以选拔出监察机关需要的监察人才；第二，监察机关具有监督检查、调查、案件监督管理、案件审理等部门，并非只有调查部门需要法律知识，其他部门的监察官也需要具备相应的法律知识及专业能力才能履行好自己的职责，因此是否通过资格考试不应因监察官所处部门而有所区分；第三，我国古代要求监察官通晓律令，当前我国实行具有中国特色的纪委监委合署办公的监察体制，监察官不仅需要调查职务违法行为，而且需要调查职务犯罪案件，这就需要监察官掌握一定的法律知识，而最后一种观点过于强调监察机关的政治性，忽视了监察机关的法律属性，不利于监察官监察工作的高质量进行。

此外，在监察官职业资格考试中，应重点考察监察官以下几个方面的能力：一是知识运用能力。监察官不仅须学习掌握《宪法》、《中华人民共和国刑法》（以下简称《刑法》）、《刑事诉讼法》、《监察法》和《监察官法》等与监察工作相关的法律法规，而且还需要熟练运用解决实际问题，因此监察官的知识运用能力在监察官职业资格考试中至关重要。二是语言表达能力。监察官的监察对象是所有行使公权力的公职人员，被调查人也多是高级知识分子，智商情商都不低，为减少开展监察工作的阻力，监察官在办案过程中需要掌握一定的语言技巧，以最小成本达到监察效果。三是沟通协调、团结协作能力。监察官在办案时，通常组成办案小组进行调查，为领导开展或者参与办案工作，监察官需要具备一定的沟通协调、团队协作能力。

二、规范培训制度

监察官培训制度对入职监察官适应工作形势的变化、坚定理想信念、不断提升业务能力具有重要作用。完善监察官培训制度，不仅可促使参训监察官通过培训深化认识、学习本领、转化运用，为有效履职尽责打下坚实基础，而且还可使得监察官制度更加适合我国国情。具体而言，监察官培训制度可从以下三个方面进行完善。

（一）政治培训

监察机关作为政治机关，政治、思想培训是最重要的培训内容，我国从古至今的监察官制度都需要监察官具有较高的政治素养，因此不仅在选任时应注重政治水平的考察，在入职之后也不能放松对监察官政治思想的培训。一方面，监察官应以深入学习党章党规党纪为主要任务，进一步强化其理论武装、增强政治定力、提高政治能力，为推进监察官队伍教育整顿扫清思想障碍；另一方面，可通过组织监察官学习与党和国家相关的法律、法规、规范性文件深化政治理解，与此同时，还应要求监察官对国家政策、国内国外形势了然于心。为激励监察官主动学习，可设置政治考核，以考带学，促进监察官自发学习，提升政治素养。

（二）理论培训

2018年出台的《监察法》，以及相继出台的《监察官法》《实施条例》等都是与监察官办案密切相关的法律法规，除法律法规之外，监察官的工作内容还涉及多种学科的知识，覆盖面广，有必要对其开展有计划的理论培训。具体可从两个方面提升监察官的理论素养：一是全机关学习，凝聚共识。在新的监察法律法规出台之后，监察机关可通过编印理论知识教材、开展监察理论研讨会发挥"头雁效应"以上率下，将学习监察法律法规与深入推进监察体制改革各项工作相结合，促进全机关凝聚共识，提升理论水平。二是多方式学习，深入理解。监察官工作内容不仅涉及相关监察法律法规，还包括金融、审计、税务等工作内容，因此，为提升培训效果，监察机关有必要邀请高校和专门的纪检监察教育机构中的专家学者对有关理论知识进行系统解读。为保障课堂效率，授课前可收集监察官的问题，以便专家学者有针对性地讲授；课程进行过程中，可组织监察官分组讨论，与授课老师深入交流；课后可通过开展专题研讨、学习成果展示等活动促进参训监察官深入理解课程内容，保障学习效果。

（三）业务培训

对监察官的培训，既要注重提升其理论知识，也要兼顾培养其实践能力，以促使监察官将监察理论与监察实务相结合，提升监察综合素质。在监察实务能力的培训上，可邀请经验丰富、业务能力出色的监察官开展业务讲座，向参训监察官传授办案技巧和监察经验，并且还可在重大案件办结之后开展专题研讨会，将专题讨论与案例培训相结合，总结案件办理中的成败得失，探讨优化监察工作，从而达到"老人带新人，新人促老人"的功效。

三、加强职业保障

建立对监察官的职业保障制度是监察官依法进行监察工作的重要保证，完备的监察官职业保障制度，能够有效减少监察官工作的后顾之忧，大大提高监察官参与监察工作的积极性。笔者认为，根据我国监察官职业安全保障制度的运行现状，可从人身安全保障、履职豁免保障与工资福利保障三方面进行完善。

（一）人身安全保障

监察官人身安全保障主体包括监察官本人及其近亲属，《监察官法》第57条概括规定了监察官及其近亲属的人身安全受法律保护，对其有违法犯罪行为的，应当从严惩治；[1]《监察官法》第59条规定监察官及其近亲属人身安全面临危险的，监察机关、公安机关应当采取必要保护措施。[2]但是《监察官法》并未对监察官办公场所规定保障措施，而办公场所恰恰是监察官最容易出现危险的地方。目前学界及实践中，较为重视通过规范监察官在办公场所的监察程序，对被调查人的人身安全进行保障，却很少涉及对监察官的人身安全保障，导致监察官在办公场所面临许多潜在的危险，然而这些危险通过采取保障措施是完全可以避免的。

---

〔1〕 参见《监察官法》第57条。
〔2〕 参见《监察官法》第59条。

笔者认为，可从以下几个方面保护监察官在办公场所的安全：一是完善监察官办公场所的进出检查及登记拜访制度。通过对进出监察官办公场所的人员进行安保检查、信息排查，将潜在危险分子接近监察官的可能性降到最低，最大限度保护监察官的人身安全；二是将监控覆盖监察官的所有办公区，完善安全预警制度。通过对监察官的办公区进行监控全覆盖，从而在出现危险时及时发现并通过安全预警机制促使安保人员以最快速度对监察官进行救助，可对监察官的人身安全起到较好的保护作用；三是为监察官安排专门的会见室会见知情人员、证人等相关人员。监察官在询问知情人员、证人等相关人员案件情况时，仍有可能遇到危险，因此有必要为监察官安排专门的会见室，询问时配备必要的安保人员，保障监察官的安全，规范监察程序。

此外，还可借鉴我国古代监察"以条问事，有法可依"的经验，通过立法加强对监察官及其近亲属人身安全的法律保障力度，如针对监察官及其近亲属的人身安全制定专门的监察法规、设立相关的罪名，或者将危害监察官及其近亲属人身安全的犯罪作为从重处罚的情节进行规定等。

（二）履职豁免保障

对监察官的履职豁免并不是绝对的豁免，而是相对的豁免，即并不是为了监察工作的顺利进行而豁免监察官的一切监察行为，而是通过设置一定的条件，在对监察官进行监察工作时的失职失责行为进行追责的同时，进行一定的履职豁免，避免对监察官过于苛责。因为监察官履职是否正确，不仅看其是否严格依据法律法规，还与监察官自身的工作能力息息相关，多数情况下监察官自身的价值判断也会影响办案结果，因此为保障监察官依法履职尽责，应对监察官进行履职豁免保障。

对监察官的履职豁免可通过借鉴法官的相关规定进行规范，法官的履职豁免是按照正常的司法程序，对于案件在自身的法律知识、社会认知和价值判断的前提下，对案件作出不枉法裁判的行为。即只要法官不是出于故意或重大过失，均要对其审判行为予以免责。[1]因此对于监察官来说，只要监察官严格依法履职尽责，即使监察官因个人理解、价值判断的偏差出现办案失

---

〔1〕 参见王潇编著：《走向司法公正的制度选择》，中国法制出版社 2005 年版，第 322 页。

误，也应对其适当予以豁免。至于个人理解、价值判断偏差的判断方式，可由监察机关制定详细具体的监察法规予以统一规定，并明确对重大监察失误案件的调查程序，严格保障监察官的申辩权利，防止办案监察官因各种压力遭受不公正的对待。

（三）工资福利保障

监察官工资福利待遇制度还未形成，转隶人员的工资福利待遇尚未明确，完善对监察官的工资福利保障，对于监察官保持职业操守、依法履职尽责具有重要作用。因此有必要从以下两个方面完善监察官的工资福利保障，保持监察官队伍的廉洁性与稳定性，促使监察官的工资福利待遇与其政治责任、工作性质以及工作强度相适应。

1. 完善薪酬制度

监察官的工资福利待遇应与其职级相适应，根据不同的职级适用不同的工资福利待遇，并根据《党政领导干部考核工作条例》对监察官的德、能、勤、绩、廉进行考核，依据考核结果及监察官的工作效率、工作效果，调整监察官的薪酬、奖金。此外，为激励基层一线监察官、派驻到偏远地区以及具有专业技术的监察官顺利开展监察工作，可在薪酬方面对其适当倾斜，提高其进行监察工作的积极性。

2. 优化福利待遇

与国家普通公务员相比，监察官行使监察权这一强大的国家权力，承担着监察所有行使公权力的公职人员这一工作任务，其工作内容必然导致其受到的"诱惑"较普通公务员更大，且一旦出现"思想滑坡"，后果也更加严重，因此可借鉴我国古代监察官制度"厚赏"与"重罚"并行的经验，在住房、医疗、养老、休息等方面根据监察官的工作特点、性质，适当优化其福利待遇，使其在工作时无后顾之忧，不会出现因个人家庭生活的原因而给行贿人可乘之机，相应在监察官的惩罚方面，可通过立法对监察官出现违法犯罪的行为时"从重处罚"。此外，监察官办理重大案件时动辄工作几个月，存在加班常态化现象，可根据监察官的办案时长及工作强度进行调休，并根据监察官的个人意愿适当增加休息时间，以保障监察官有充足的精力投入后续的监察工作。

四、健全监督制约机制

监察机关作为我国独立于立法机关、司法机关、行政机关的新型国家机关，具有强大的国家权力，监察官作为行使监察权力的人员，更容易因其职务影响力成为被行贿人围猎的对象，不健全的监督制约机制势必会增强监察官"钻制度空子"的"侥幸心理"，为我国反腐工作增加困难。笔者认为，应健全对监察官的监督制约机制。具体而言，主要可通过以下两方面进行。

（一）强化人大监督

监察官由人大选举产生，对其负责，受其监督，因此人大对于监察官的监督应是最重要、最根本的监督，也是最具有中国特色的监督。根据中共中央印发的《深化党和国家机构改革方案》（以下简称《改革方案》），全国人大内务司法委员会更名为全国人大监察和司法委员会（以下简称"人大监司委"），人大监司委在原有工作职责的基础上，增加了配合深化国家监察体制改革、完善国家监察制度体系、推动实现党内监督和国家机关监督有机统一方面的职责。根据《改革方案》，可将人大监司委作为人大监督监察官的专门机构，从外部和内部对监察官进行全面监督。

1. 外部监督

《改革方案》的规定较为笼统，可从以下几个方面明确人大监司委的监督职责，实现对监察官的常态化监督：第一，对监察官的工作提出明确的办案期限及质量标准。如将案件按照涉案人员官职高低、涉案人数、涉及罪名等进行复杂程度的分类，复杂疑难案件将调查期限设置为 12 个月，一般复杂案件为 6 个月，不复杂案件为 3 个月。若监察官未在规定期限内保质保量完成监察工作，可对其追究一定的责任。第二，定期对监察官及其家庭进行财产状况查询。监察官是否存在贪污腐败行为，首先体现在其个人及家庭财产状况上，因此，由人大监司委定期对监察官及其家庭财产状况进行查询，对于想要实施贪污贿赂、滥用职权的监察官是一个有力的监督方式。第三，定期听取本级监察官有关预防腐败、廉洁教育的工作进展，并提出建议。预防腐败和惩治腐败同样重要，因此对于监察官进行廉洁教育工作的开展情况也应成为人大监司委监督的内容。

2. 内部监督

根据《实施条例》，[1]监察机关案件监督管理部门负责对监督检查、调查工作全过程进行监督管理。但是案件监督管理部门的监督是同体监督，容易出现内部监督虚置化的情况，为避免这种情况发生，可由人大监司委在案件监督管理部门派驻监督小组，与案件监督管理部门对监察工作进行联合监督。考虑到人大监司委工作人员缺乏专业性，派驻小组可外聘一些资深律师、廉政研究学者以及退休的纪检监察干部等，通过签订保密协议，组成专业的监督队伍。这些人员通常具有丰富的监督办案的理论或实践经验，由派驻小组与案件监督管理部门同时对监察官进行监督，不仅可以避免同体监督的弊端，还可以为案件监督管理部门增加力量，提升监督效果。

（二）重视审判制约

《监察法》第 4 条第 2 款规定："监察机关办理职务违法和职务犯罪案件，应与审判机关、检察机关、执法部门互相配合，互相制约。"然而职务犯罪调查程序较为封闭，检察机关无法对监察官办理的职务犯罪案件进行事前及事中的制约，在事后制约中，检察机关对监察官移送审查起诉的案件也无法发挥实质性把关作用，如"有的地方对检察机关退回补充调查存在抵触情绪，甚至表示拒绝接受退查。"[2]因此，强化审判机关对监察官调查过程的制约至关重要，不仅可以弥补检察机关制约乏力的弊端，而且也是我国"以审判为中心"的应有之义。审判机关对监察官调查阶段的制约在很大程度上是对监察证据合法性的审查，笔者认为，可通过确立人民法院调取监察录音录像制度对监察官调查行为进行有效监督。

职务犯罪案件调查对象特殊，关涉信息敏感，因此《监察法》规定的监察录音录像留存备查制度有其正当性。中央纪委国家监委法规室编写的《〈中华人民共和国监察法〉释义》（以下简称《监察法释义》）中对该条款进行了解释，即调查阶段的录音录像不随案移送检察机关，检察机关认为需

---

[1]　参见《实施条例》第 258 条。
[2]　参见《提高案件审理质量　切实加强沟通协调——〈关于加强和改进案件审理工作的意见〉系列解读之二》，载《中国纪检监察报》2019 年 7 月 17 日，第 5 版。

要调取的，可与监察机关沟通协商后予以调取。[1]但释义中并没有阐释被调查人、被告人是否可以申请调取录音录像，也没有说明人民法院是否可以调取录音录像。若录音录像的最终移送权力牢牢掌握在监察机关手中，势必会增加监察官出现违法调查行为的可能性，也会无形中对被调查人的合法权益造成威胁。因此，确立人民法院调取录音录像制度，不仅是顺应"以审判为中心"的诉讼制度改革的必然要求，而且也可以对监察官调查行为进行有效制约，保障人权。

被调查人、被告人申请调取与审查证据合法性有关的录音录像是被调查人、被告人辩护权的重要组成部分，且法庭审理适用《刑事诉讼法》，根据《刑事诉讼法》及相关司法解释，辩护方具有申请司法机关调取录音录像的权利。因此笔者认为，在审判阶段，若监察官收集证据合法性发生争议或者出现疑义，辩护方可在一定条件下申请调取相关监察录音录像，在辩护方申请调取的前提下，若人民法院也认为确有必要调取录音录像的，应有权要求监察机关移送，若监察机关不同意移送或者没有充分的说明理由，法官应可直接排除该份合法性存疑的监察证据资料，并在裁判文书说理部分予以阐明；若监察机关以涉及国家安全、重大政治安全为由不予调取，人民法院认为确有必要查阅的，可向其提出调阅请求，监察机关应当允许合议庭成员查看，查看者同时承担保密义务，[2]这不仅可促使法院对监察官调查行为进行监督，规范监察官调查行为，而且也符合我国程序正义和人权保障的理念。

此外，还可通过立法，明确民主监督、社会监督、舆论监督的主体与程序，以"激活"这些监督方式，并对监察公开信息范围进行具体界定，从而防止监察官对涉及国家安全、政治安全等特殊情形作扩大解释而对应当公开的监察信息不予公开。

---

[1] 参见中共中央纪律检查委员会，中华人民共和国国家监察委员会法规室编写：《〈中华人民共和国监察法〉释义》，中国方正出版社 2018 年版，第 194 页。
[2] 参见魏小伟：《论刑事审判对监察机关职务犯罪调查的制约》，载《安徽大学学报（哲学社会科学版）》2021 年第 6 期。

结　语

　　监察官制度作为国家监察体制改革的重要内容，是推进我国反腐败工作现代化，进而推进国家治理体系和治理能力现代化的重要制度保证，我国新时代监察官制度运行时间还不长，探索完善具有中国特色的监察官制度，是一个复杂长期的过程，除去本章提到的对监察官完善选任制度、规范培训制度、加强职业保障以及健全监督制约机制外，还需要在监察工作实践中进一步探索，深化认识，不断总结经验，对新时代中国特色监察官制度进行逐步完善。

第三章

监察调查管辖异议的制度构建*

监察体制改革之后，监察机关行使国家监察职能，调查职务违法和职务犯罪，享有职务犯罪管辖权。作为启动案件处理程序的基础，管辖为监察权、侦查权、审判权等公权力的运行提供了合法性前提，[1]其实施正确与否关系到整个刑事追诉的容许性问题。[2]当前监察管辖制度构建已相对健全，与刑事诉讼程序之衔接也日臻完善，但实践中管辖不规范问题仍然存在，被监察对象针对管辖事项提出异议现象亦为常见。管辖错误必须得到纠正，方可保障国家刑罚权的正确行使。[3]然而，作为纠正管辖错误的有效手段，管辖异议制度在我国刑事诉讼立法中一直没有被明确规定，《监察法》与《实施条例》同样没有赋予监察调查对象管辖异议权。但实践中案件争议却往往关涉管辖权问题，这与立法的反差折射出我国建立监察管辖异议制度的紧迫性。

在促进监察法治化规范化发展的道路上，监察调查管辖异议的机制构建确为实践中规范监察权行使的有益探索。因此有必要在学理基础上充分论证其正当性，探讨监察调查管辖异议制度的规划与构建，以增强监察调查的规范性和审查起诉的公正性，担惩贪治腐重任于法治轨道之上。

---

* 与葛思彤合作。

〔1〕 参见叶青、王小光：《监察委员会案件管辖模式研究》，载《北方法学》2019 年第 4 期。

〔2〕 参见王一超：《刑事诉讼管辖的"不确定"危机及矫正——兼对管辖制度价值的检讨》，载《财经法学》2016 年第 1 期。

〔3〕 参见王一超：《刑事诉讼管辖的"不确定"危机及矫正——兼对管辖制度价值的检讨》，载《财经法学》2016 年第 1 期。

第一节　监察管辖制度构成

一、监察管辖范围

根据《监察法》第 3 条规定，监察机关对于监察范围的界定在基本要件上明确了"人"和"事"两个关键要素，即以"公职人员"和"职务犯罪"为职能管辖限定条件。该条通过原则性规定将监察机关与公安司法机关的职责边界进行了区分。2018 年《国家监察委员会管辖规定（试行）》（以下简称《管辖规定》）颁布，进一步细化了监察机关管辖职务犯罪的罪名，共计 88 个。2021 年《实施条例》在此基础上继续进行了调整和补充，新增了4 个罪名，总计 92 个。在《监察法》实施后，《刑事诉讼法》同步进行修改，保留了检察机关的部分侦查权，同时规定监察机关在必要时也可以依法进行调查，使得监察机关与检察机关的管辖范围出现重合。2018 年 11 月《关于人民检察院立案侦查司法工作人员相关职务犯罪案件若干问题的规定》对检察机关保留侦查权的犯罪通过列举方式进行了明确，共计 14 个罪名。除去与前述 92 个罪名重复的 5 个罪名[1]，目前监察机关对职务犯罪的管辖范围共计 101 个罪名。其中，49 个罪名具有犯罪主体为"国家工作人员"的身份要求，由监察机关专属管辖；14 个罪名为"司法工作人员利用职权实施的涉嫌非法拘禁、刑讯逼供、非法搜查等侵犯公民权利、损害司法公正的犯罪"[2]，由监察机关与检察机关共同管辖；38 个罪名公职人员或非公职人员均可作为犯罪主体，由监察机关与公安机关共同管辖。

《实施条例》在《监察法》及《管辖规定》的基础上，进一步明确了监察机关的管辖范围，将职务违法案件以及大量职务犯罪案件划归其中，形成法律对监察机关的整体"授权"。[3]作为国家反腐败工作的主要机构，监察机关必须满足职责定位的要求，通过明确其职能管辖和权力边界，有效划分

---

〔1〕　五个罪名分别为滥用职权罪、玩忽职守罪、非法拘禁罪、虐待被监管人罪、非法搜查罪。

〔2〕　参见《实施条例》第 52 条第 1 款。

〔3〕　参见韦嘉燕：《国家治理现代化之监察委员会案件管辖立法考量——以监察机关获得授权制定监察法规为背景》，载《河南社会科学》2021 年第 1 期。

与其他机关的职责分工，有利于避免管辖冲突或管辖缺位，提升权力运行的规范化和效率水平，[1]确保监察机关的专业性和权力行使的清晰性，保障监察调查权于法治轨道之上高效运行。

二、监察管辖原则

（一）贯彻国家监察全覆盖原则

《监察法》第 1 条中"加强对所有行使公权力的公职人员的监督，实现国家监察全面覆盖"的表述，明确了构建集中统一、权威高效的国家监察体系的立法目的。作为实体性原则，全覆盖原则贯穿于监察活动的总过程，将公权力全部的行使过程及行使公权力的所有公职人员纳入监察范围，为监察机关的职能管辖提供了明确依据。

根据全覆盖原则，监察机关对所有行使公权力的公职人员的职务违法犯罪行为具有管辖权能。"行使公权力"作为实质判断标准，不以特定职务或所在职位本身的管理属性或管理职能为依据，而是以具体行为为准。只要行为人实施了关于公共事务或公有财产的组织、领导、监督、管理等行为，均属原则所涉范围。《监察法》第 15 条以列举方式明确了公职人员的范围，并设置兜底性条款，将"其他依法履行公职的人员"纳入管辖范围。《管辖规定》第 12~17 条将管辖对象范围进行了具体划分，共涉及贪污贿赂、滥用职权、玩忽职守、徇私舞弊、重大责任事故犯罪以及公务人员在行使公权力过程中发生的其他犯罪 6 类 88 个罪名。此外，对于司法工作人员在诉讼活动中利用职权实施的侵犯公民权利、损害司法公正的特殊类型职务犯罪，检察机关仍具有自行立案侦查的权力，以便及时发现处理犯罪、保障法律监督效果。至此，监察职能管辖以"人"与"事"两个基本要件为坐标轴划定了管辖范围界定系统，将国家监察全覆盖的实体性原则贯彻于监察活动的全过程。

（二）落实干部分级管理负责制

监察机关的管辖包括级别管辖、属地管辖、提级管辖、指定管辖和并案

---

〔1〕 参见阳平：《我国监察管辖制度体系的构成及完善》，载《法治研究》2020 年第 6 期。

管辖，[1]其中后三者为普通管辖情形外的例外规定，实质上属于不同情态下监察管辖权的转移，与刑事诉讼管辖权制度具有相同的法理基础，其设置目的在于贯彻程序便利主义，以便于及时、正确处理案件。因此，相对于管辖权转移，普通管辖更能体现出监察管辖的特殊性。

　　普通管辖的基本原则规定于《实施条例》第45条，即"按照管理权限与属地管辖相结合的原则，实行分级负责制"。对该程序性原则的内容可作如下理解：管理权限作为级别管辖的划分标准，是指中央和地方各级党委管理干部的职权范围和职责范围；属地管辖以公职人员所在工作单位隶属行政区划为标准，由相应区划内的监察机关对公职人员所涉监察事项进行管辖；分级负责则是在管理权限与属地管辖相结合的基础之上，由各级监察委员会按照其管理权限的不同，依法负责对同级党委管理的公职人员所涉及的监察事项进行管辖。[2]从国家形式的纵向结构来看，各级党委与各级国家机关存在对应关系，例如各级党委对党员干部的人事管理范围与各级政府职权行使的行政区划范围相对应。投射到监察制度中，则同样一致于各级监察机关的监察权行使范围。所谓"管理权限"，实际为干部管理权限。作为属人管辖的判断标准，这一权限脱胎于党管干部原则。党管干部原则最早可追溯至新民主主义革命时期，在党管干部原则的基础上，1983年中央纪委提出纪检分级负责原则，并进一步明确了地方纪委和机关纪委的分工标准，确立了监察体制改革前纪检案件管辖的基本原则。在2002年《党政领导干部选拔任用工作条例》中明确概念，成为党员干部管理的分级负责制度的核心主旨。因公职人员政治面貌的客观比例，职务违法、犯罪案件通常属于违纪案件。为打击贪腐现象、强化监督能效，纪委监委采取合署办公模式，具有同等主体地位，在案件管辖标准上亦呈现同一化特征。由此可以认为，监察机关的普通管辖是纪检机关干部分级管理负责制的转化形式，作为监察管辖的程序性原则奠定了管辖制度的基础。

三、监察调查管辖异议制度

　　管辖制度规制了诉讼程序中专门机关的分工与参与，管辖异议制度附属

---

〔1〕　参见卫跃宁：《监察法与刑事诉讼法管辖衔接研究》，载《法学杂志》2022年第4期。

〔2〕　参见卫跃宁：《监察法与刑事诉讼法管辖衔接研究》，载《法学杂志》2022年第4期。

于管辖制度，为当事人提供配套的司法救济途径。管辖异议是三大诉讼法中共存的诉讼现象，在民事诉讼与行政诉讼中，法律及司法解释已构建了完整的管辖异议制度，对于异议提出主体、审查机关、程序性法律后果等均作出了明确规定。然而在刑事诉讼中，由于立法未予规范，实务界与理论界对管辖异议的内涵尚未达成较一致的观点，对制度设立正当性与合理性的讨论亦纷争不绝。

与民事诉讼和行政诉讼相比，管辖异议在刑事诉讼领域及监察领域包含的内容更为复杂。民事诉讼及行政诉讼中，管辖制度仅存在于审判阶段，关涉法院系统内部不同级别或不同地域间审判管辖权的划分，而刑事诉讼管辖首先处理的是专门机关在立案及侦查阶段的职能管辖问题。部分观点认为，刑事诉讼管辖权异议不宜作广义理解，而应缩小其外延，仅指当事人就审判管辖问题提出异议。但考虑到异议制度效用的有效发挥及当事人权利的全面保障，作广义理解更为适宜，即按照案件实际所在的诉讼进程，除人民法院外，公安机关和人民检察院也属于提出管辖异议的对象。监察体制改革之后，监察机关行使国家监察职能，享有公职人员涉嫌职务犯罪的刑事管辖权。因此，监察制度内的管辖异议应处于调查阶段中，是指被调查人认为职务犯罪案件或互涉案件中存在违反监察制度有关管辖规定的事由，而在法定期间内依照法定程序向专门机关提出异议，以纠正管辖不规范情形、维护自身合法权益的制度。

第二节　监察调查管辖异议的现状分析

一、监察调查管辖异议的立法现状

管辖错误的纠正是保障国家刑罚权正确行使的必要前提，[1]显然，管辖异议是纠正管辖规范问题的最直接有效途径。2017 年最高人民法院颁布的《人民法院办理刑事案件庭前会议规程（试行）》（以下简称《庭前会议规程》）中第 11 条规定："被告人及其辩护人对案件管辖提出异议，应当说明

---

〔1〕　参见叶青、王小光：《监察委员会案件管辖模式研究》，载《北方法学》2019 年第 4 期。

理由。人民法院经审查认为异议成立的，应当依法将案件退回人民检察院或者移送有管辖权的人民法院；认为本院不宜行使管辖权的，可以请求上一级人民法院处理。人民法院经审查认为异议不成立的，应当依法驳回异议。"该条规定首次赋予了被告人及其辩护人对案件管辖提出异议的权利。但除此外，《刑事诉讼法》及有关司法解释等均未进一步加强或明确刑事诉讼管辖异议权。

监察体制改革赋予监察机关对公职人员职务犯罪的调查权，并在刑事诉讼法内容基础之上制定了监察调查程序规范，同样否定了被调查人的管辖异议权。

虽然管辖异议制度尚未在立法中得以系统规定，但在《最高人民法院关于适用〈中华人民共和国刑事诉讼法〉的解释》（以下简称《刑诉解释》）第 228 条第 1 款第 1 项及《庭前会议规程》第 11 条第 1 款第 1 项中，案件管辖异议作为庭前会议所涉内容得以出现。在我国刑事诉讼程序中，公诉方审查起诉后将案件移送法院启动审判程序，其前提条件即认同该案件管辖情况，由此可见，该规定主要面向辩护方。在庭前会议中，管辖异议是亟待解决的首要问题，主持人可以就管辖异议问题向控辩双方了解情况，听取意见，以保障庭审活动顺利进行。可见在司法实践中，被追诉方提出管辖异议的现象绝非偶然，从案例库中进行类案检索也可得以印证。

二、监察调查管辖异议的实践现状

《庭前会议规程》第 11 条作为既有法律体系中的关于管辖异议的明确规定，已成为受案法院的主要处理依据。通常情况下，法院经审查认为确有争议，会将异议情况报告上一级人民法院处理，上一级法院以指定管辖方式作出更改决定，或直接以案件属于指定管辖情形为由予以驳回。从实践结果来看，法院以指定管辖的名义或者方式予以处理确定最终管辖仍为原审法院为常态情形。此外，审理法院直接驳回被告人及其辩护律师管辖异议的情形约占管辖异议刑事案件半数，裁定异议理由成立的情况则实为罕见。

在职务犯罪监察调查实践中，管辖异议与普通犯罪中呈现分类化现实样态。对于监察机关直接立案调查的 112 种职务犯罪，大部分情况下案件管辖均可依据现有管辖规则与原则予以明确。管辖异议出现在单纯公职人员涉嫌职务犯罪案件中的情形少之又少，主要集中在"互涉"案件中，即被调查对象同时涉嫌职务犯罪和其他普通犯罪的情形。有别于普通刑事"关联"案件采取的"以主罪为主、次罪为辅"管辖原则，《监察法》第 37 条第 2 款明确规定"互涉"案件"一般应当由监察机关为主调查，其他机关予以协助"。该原则性规范明确了监察机关在案件调查阶段的主导地位，但容易导致监察机关对本应由公安机关立案侦查的案件进行越权管辖。特殊情况下，对于公职人员仅涉嫌单一职务犯罪的非互涉案件，监察机关也会出于侦破效率、技术手段、专业人才等实际工作需要规避调查工作的直接开展，将案件交由公安机关立案侦查。在以往实践中，因管辖异议制度的缺失，当事人无法依照法定程序提出异议，只能行使既有程序性权利，变相提出要求，如请求审判人员整体回避、请求异地法院审理等，以达到管辖异议的效果。对此，专门机关的处理方式无外乎以下两种：一是不予回应，二是基于职权主义的立场作出理由和解释后予以驳回。职务犯罪的特殊性本就约束了管辖异议的提出，即使面对被告人提出的合法合理异议，《监察法》第 37 条第 2 款亦可作为普遍使用的兜底理由而予以驳回。[1]

在当前监察调查实践中，对于管辖错误与管辖异议情形，采取的解决途径有所差异。前者因可以依据既有规范确定正确管辖、纠正错误决定，故通常采取移送案件至管辖机关的程序性方法加以解决；后者则通常将管辖争议报上级机关，最终协商解决。因而，管辖机关的确定被看作是"监察和司法机关依职权实施的专属性、排他性的权力，带有浓厚的职权主义色彩"。[2]正是立法层面的缺失造成实务上的混乱与无奈，使得管辖异议基本处于虚置状态，管辖不规范问题也难以通过程序监督途径加以纠正。

第三节　监察调查管辖异议的应然逻辑

一、法律体系的有序构建

完备先进的法律体系要求上下位阶及同阶规范之间内容协调一致、铺排

---

〔1〕 参见湖南省株洲市中级人民法院（2020）湘 02 刑终 75 号刑事裁定书。
〔2〕 参见孟松：《监察法与刑事诉讼法衔接中的监察管辖问题探讨》，载《理论探索》2021 年第 3 期。

整齐划一、逻辑自洽条畅。相对于《刑事诉讼法》与《监察法》,《刑诉解释》与《庭前会议规程》处于较低效力位阶。在上位法管辖异议相关规范缺位的情况下,二者明确管辖异议审查为庭前会议的首要功能之一,突破了两大上位法的规定,实质上映射出我国法律体系之间内部协调性问题。同时,上位法依据的缺失势必降低《庭前会议规程》和《刑诉解释》中关于庭前会议审查管辖异议条款的强制性与执行力,从而导致辩护方管辖异议在实践中基本虚置,难以发挥制度设立之预期作用。

虽然部分司法解释规定了管辖异议,但立法未对法院处理管辖异议的具体应对方式作出规范。司法实践中,法院对管辖异议的处理可以归纳为三种裁判模式:"口头决定""判决理由""中间裁定"。[1]从三种模式的实践现状来看,法院对管辖异议均未予采纳,"口头决定"模式中的程序随意性与结果不确定性则更为明显。可见,法律体系的不协调与既有管辖异议条款的虚置直接造成司法实践中的诸多乱象,辩护方在权利被漠视的情况下当然难以获得正当有效救济。因此,应进一步完善和优化监察领域与刑事诉讼领域的规范衔接,以构建协调有序的法律体系。

法律体系的内在协调性对监察立法的进一步发展提出要求。对我国三大诉讼法体系横剖比较,解决平等主体人身及财产关系问题的民事诉讼与解决行政机关行政行为的合法合理性问题的行政诉讼均设立了管辖异议制度。相较二者,刑事诉讼与监察调查以被追诉人、被调查人的刑事责任问题为解决对象,实体结果直接导致对被追诉人、被调查人财产权以及人身自由权的限制甚至剥夺。因此,监察调查和刑事诉讼程序中管辖异议制度的设立,相较于民事诉讼与行政诉讼更具有必要性及紧迫性,如此才能增进我国法律体系内在逻辑的协调性。

二、程序正义与人权保障的内在要求

(一)遵循程序正义基本要求

正当程序理念是现代刑事诉讼法治的基本要求,指在刑事诉讼的过程中,专门机关须确保公权力在法律的框架内适度合理行使,充分保障当事人

---

[1]　参见桂梦美:《刑事诉讼管辖异议之诉的模式选择》,载《政法论坛》2018年第6期。

的各项诉讼权利不受侵犯。其中，程序法定原则作为现代刑事诉讼法的基石是正当程序的第一要义。[1]相较普通犯罪中专门机关追诉权能，监察权更具有政治性、复合性与强制性，对公职人员涉嫌职务犯罪进行监察调查更应坚守正当程序理念与程序法定原则。程序法定原则要求立法机关制定法律设置刑事追诉中涉及公民重大法益的程序事项，实现立法对国家追诉权的有效规制。[2]依法享有管辖权是展开刑事追诉的前提，亦为进行监察调查之前提。实践中管辖不规范现象并非偶然，管辖异议权的赋予能使被追诉者的救济权利得以最大限度行使，以及时纠正不规范问题，确保监察活动合法有序进行，体现司法公正的应有之义。

（二）贯彻人权保障基本理念

权力具有天然的扩张性，扩张则必然威胁甚至侵犯公民个人权利空间，因此必须采取有效措施加以规制。在刑事诉讼中，被追诉方面对公权力机关处于明显的劣势地位，管辖异议的缺位压制了被追诉人的合法诉求，进一步动摇了控辩审三方间的微妙平衡，使天平进一步向强势的追诉方倾斜，令被追诉方陷入更加艰难的境地。监察实践中，个别仅涉嫌单一职务犯罪的公职人员因不具备留置条件而被监察机关移送公安机关直接以刑事案件立案侦查，易导致对原调查对象的不当追诉，同时因刑事拘留与逮捕的高频应用致使原调查对象被不当羁押。相较于留置措施，羁押期限的延长条件从实体与程序上均相对宽松，使得原调查对象面临更大的羁押期限不当延长之风险。此外，由于监察对象在调查留置阶段无法聘请律师以获得法律帮助，若监察机关立案调查普通犯罪，无疑将导致监察对象应有的律师帮助权被变相剥夺；若公安机关立案侦查由监察机关移交的案件，在实践中亦因涉案主体的特殊性相较普通案件对被追诉人的律师帮助权加以更多限制。因此，无论是职务犯罪还是普通犯罪，管辖异议制度的设置与规范是贯彻人权保障基本理念的体现，确保法治天平得以在打击犯罪与保障人权二者之间保持平衡。

---

〔1〕 参见万毅、林喜芬：《现代刑事诉讼法的"帝王"原则：程序法定原则重述》，载《当代法学》2006 年第 1 期。

〔2〕 参见宋英辉等：《刑事诉讼原理》，北京大学出版社 2014 年版，第 70 页。

三、权力制约与权利保障的辩证统一

（一）修正监察优先主义倾向

监察优先主义以提升腐败治理能力为主旨，其核心在于将反腐败工作置于优先位置，通过整合反腐败权力与相关制度，确保监察权的优先落实、职务违法和职务犯罪行为的优先处理。国家监察体制改革是监察优先主义产生的政策与制度基础，通过充分整合反腐资源和力量，构建党领导下的全面覆盖、权威高效的监察体系，将制度优势转为治理效能。[1]在监察优先主义的作用下，管辖权分配问题不再采取普通犯罪中的"主罪优先"方案，而是赋予监察机关对关联案件的优先管辖权。也就是说，针对共犯案件，监察机关对于法定监察对象享有监察调查权，而对非监察对象享有推定的监察调查权；针对互涉案件，监察机关对其他机关管辖的案件原则上没有管辖权，对于窝案、串案以并案调查的处理方式加以解决。"监察优越"的新型模式有助于实现有效惩治腐败的制度初衷，但过于强大的案件管理能力可能陷入"调查中心主义"泥淖，重回"侦查中心主义"老路。更有甚者，片面强调侦查程序的特殊性和惩罚犯罪的优先性，极易导致有罪推定、冤假错案。[2]鉴于当前监察实践现状，直接改变监察优先主义原则以解决存在弊端并不适应反腐败工作的高压态势，也不契合维护立法稳定性的现实需要，应当在原则基础之上制定具体规则，以澄清意涵、落实精神、消解弊端。因此，在规范层面肯定被调查人管辖异议权，可以从权力制约角度约束畸变程序，以维护被调查人权利，在确保监察制度相对稳定的情况下充分发挥其制度实效。

（二）实现法律效果与社会效果统一

如前所述，长期以来审判实践中被告人提出管辖异议的现象非常普遍，尽管欠缺规则上的肯定与程序，管辖异议在实际上已然成为一种"事实上"的权利。[3]而"事实上"的权利正因基础规范的缺位实际为虚置性权利，

---

〔1〕　参见钱小平：《监察管辖制度的适用问题及完善对策》，载《南京师大学报（社会科学版）》2020年第1期。

〔2〕　参见刘静坤：《以审判为中心的诉讼制度改革之立法思考》，载《中国刑事法杂志》2019年第1期。

〔3〕　参见张曙：《刑事诉讼管辖制度研究》，法律出版社2020年版，第389页。

即使确有管辖错误，实践中也少有纠正的情形。显然，无论是案件当事人还是普通民众，对于案件公平正义的最直接和最优先感受就是来自程序运行过程。因此，面对管辖不规范问题，当事人往往在立案之初即可有所意识。但是鉴于立法未赋予之相应权利，且实践中难获救济，即使案件裁判终结，也会因为程序正义的落实不足而产生对实体裁判结果公正性的怀疑，难以达成服判息讼、案结事了的应有效果，继而引发后续申诉、上访，浪费司法资源、造成无端诉累、影响诉讼效率。申言之，在很多情况下，公正、透明、公开的程序对于司法公信力的强化作用更甚于合理的结果。[1]"以人民为中心"是中国特色社会主义法治体系的核心要义，程序公正则对司法公信力有重要意义。在大数据和全媒体的时代，人们对于公共事务的关注度与参与度不断提升，同时也意味着舆论传播速度加快，负面信息的泛滥传递难以避免。特别是在监察与刑事司法领域，一旦出现违法行为或程序漏洞，将很容易引发公众的不满和质疑，进而酿成舆情危机，削弱公众对程序公正性的信任。因此，赋予监察对象管辖异议权，可以有效提升案件当事人及普通人民群众对于程序经过与实体结果的接受程度与信赖程度，促进法律效果和社会效果相统一。

第四节 监察调查管辖异议的机制构建

一、规范监察机关管辖裁量权

"没有细化的标准和规则，这些权利宣示和道德要求在公安司法机关强势的自由裁量权下形同具文。"[2]同样，在职务犯罪案件特别是互涉案件的调查过程中，《监察法》以原则性条款赋予监察机关过于宽泛的管辖裁量权，其进一步明确与细化是确立监察调查管辖异议机制并保障机制顺利运行的首要前提。

---

〔1〕 参见［美］布雷耶：《法官能为民主做什么》，何帆译，法律出版社 2012 年版，第 58 页。
〔2〕 牟军、张青：《刑事诉讼的立法模式与立法技术批判——以〈刑事诉讼法第二修正案〉为中心》，载《法制与社会发展》2012 年第 6 期。

　　《监察法》在作出"一般应当由监察机关为主调查，其他机关予以协助"的原则性规范的同时，也明确了协助调查的法定事项，即协助配合搜查、协助发布通缉令、协助限制被调查人出境、向监察机关移送职务犯罪的案件线索及协助配合采取留置措施五项。立法采取如此考量，目的在于填补监察队伍在专业技能、实际经验和技术手段方面的不足，实现监察机关与侦查机关的优势结合，从而提升案件调查质效。而实践中，鉴于反腐工作的强大势压与监察机关的政治属性，尽管《实施条例》已对《监察法》第 37 条进一步细化，明确了"监察为主"的适用情形，但"其他机关予以协助"仍成为不规范管辖的兜底理由。立法应进一步明确监察管辖变动条件，若属于监察机关专属调查的职务犯罪或应由公安机关立案侦查的普通案件，不应以协助为由变更管辖。公安系统、检察系统内部应明确本部门协助事项法定情形，与《监察法》保持一致，以妥善处理监警关系及监检关系，恪守监警分工的制度安排，防止"监警合体"造成权力过度集中。[1]调查对象及其他被追诉人亦可依法有据提出更具明确性、针对性的管辖异议，改善管辖异议规定虚置现状，保障自身诉讼权利。

二、赋予监察对象管辖异议权

　　监察体制改革改变了国家权力横向分布的格局，调整了刑事司法领域权力配置。但《监察法》的程序规定相当程度上沿袭了《刑事诉讼法》的有关内容，在管辖异议制度方面亦不例外。实务中被调查人及其他追诉人的异议诉求，本质上是对监察机关及公安、司法机关的管辖规范性的质疑，必然引起公权力机关的抵触情绪，以致其以立法中没有相关规定为由不加考量直接驳回。因此，《监察法》应该明确规定监察对象认为受理案件的机关存在管辖不规范问题时有权依法提出异议。同样，刑事诉讼中管辖异议制度的确立也应被重视，以保障法律体系的协调一致。此外，就实务中发挥的指导作用的明确性与具体性而言，最高人民法院、最高人民检察院以及公安部颁布的司法解释及其他规程显然比上位法更具质效，《实施条例》的颁布同样也对监察系统的规范运行意义重大。无论是为保证上下位阶规范之间的协调一

――――――――――

　〔1〕　参见江国华、张硕：《监察过程中的公安协助配合机制》，载《法学研究》2019 年第 2 期。

致，还是为防止实践中规范空隙的不当利用，《实施条例》及各规定、解释亦应与《刑事诉讼法》《监察法》保持一致，在明确赋予监察对象及其他被追诉人管辖异议权的基础上，进一步细化具体操作规程。

三、设定监察管辖异议提出主体与方式

（一）监察管辖异议提出主体

一方面，被调查对象作为刑事责任的被追究者，处于与国家权力相抗衡的位置，其作为直接提出管辖异议的有权主体，既是出于程序正义的考量，也符合实体公正的要求。另一方面，在案件移送过程中，接受移送的监察机关或公安、司法机关也可以根据具体情形提出异议。此设置不仅与《刑诉解释》中庭前会议审查职能所涉控方范围相协调，也与当今多数国家与地区的立法通例相呼应。如日本、德国、法国和俄罗斯等国的刑事诉讼立法中，均明确赋予了被告人和检察官的管辖异议申请权。[1]

（二）监察管辖异议提出方式

被调查人提出管辖异议时，应当采取书面形式，并提供能够证明管辖错误的材料。第一，关于书面形式的采取，我国民事诉讼实务中管辖异议的提出即以书面形式为通例，相较于民事纠纷关涉的人身权利与财产权利，监察调查所涉当事人权益显然更为重大，所采取的程序条件相应更为严格。现今大多数国家和地区立法均要求在提出管辖异议时采取书面形式，如日本、法国等，以确保管辖异议的明确表达，并为相关方提供合理的程序依据。第二，关于举证责任的承担，职务犯罪相较普通刑事案件具有特殊性，在当前持续的反腐高压态势之下，对于被调查人的权益保障必须与惩罚犯罪、打击贪腐的实体效果与效率进行平衡。因此，为防止管辖异议权滥用影响监察体制的高效运行，同时为避免管辖异议理由过于宽泛影响受理部门裁决效率，立法应该明确规定由异议提出者提出理由并承担举证责任。

四、明确监察管辖异议审查机关

管辖异议的受理机关在不同国家和地区区分不同情形，但总体而言以法

---

〔1〕 参见桂梦美、刘成江：《构建刑事诉讼管辖权异议制度之逻辑展开》，载《河北法学》2019年第5期。

院为限。例如在意大利，在具体情况下当事人可以直接向最高法院提出管辖异议；在日本和德国管辖异议由上级法院审查；在法国等国家和地区则直接由审案法院负责。[1]从我国监察实务现状来看，案件管辖不规范情形往往是基于办案便利而合并处理关联案件，或出于部门利益将无权管辖或不宜受理的案件纳入受理范围。监察调查阶段，当事人向受案监察机关或侦查机关提出异议，显然难以说服其主动纠正管辖问题。因此，为保证监督效果，充分发挥管辖异议制度应有作用，应当由检察机关作为异议审查机关，以法律监督机关的角色介入其中。检察机关提前介入是实践中畅通监检衔接机制、促进监察法治化规范化发展的有益探索。为了实现职务犯罪调查权和审查起诉权的有效衔接，检察院应派员参与监委立案调查的职务犯罪案件，在调查阶段提出关于案件事实、证据认定等方面的意见和建议。而将管辖异议审查职能纳入介入事项范围，是在"以审判为中心"理念指引下以统一、规范的审判标准规范审前程序的有效路径，以防止"调查中心主义"的出现，促进监察调查的法治化与规范化。

五、设立程序性制裁机制

作为典型程序性违法行为，管辖不规范的法律后果在不同国家和地区规定相异。在大多数国家和地区，程序性法律后果根据具体情况进行评估，以不规范轻重程度酌定，并不必然导致判决绝对无效，从而维护程序稳定与诉讼效率。日本、德国等国家和地区即采取此种处理方式。而在法国、我国澳门地区等，管辖作为案件处理的合法性前提，其不规范后果直接导致诉讼程序无效及判决无效。我国刑事诉讼法学界及实务界主流观点则与前者相一致。对于违反诉讼程序的行为，应当依据行为不完善或者瑕疵的严重程度区分，而不应该按照等同划一的方式加以制裁，更不应当都采取宣告无效这种最为严厉的制裁方式。[2]因此，结合我国刑事司法实践现状与学界通说，参考其他国家或地区立法例，管辖不规范的程序性法律后果应区别如下：对于

---

〔1〕　参见桂梦美、刘成江：《构建刑事诉讼管辖权异议制度之逻辑展开》，载《河北法学》2019年第5期。

〔2〕　参见陈瑞华：《程序性制裁理论》，中国法制出版社2017年版，第139页。

管辖规范性确有瑕疵但非恶意造成的情形，在确认前期程序有效及对实体结果影响较小的前提下，应按照法定管辖规则移交案件于有权机关后继续推进。如《实施条例》规定的司法工作人员实施的 14 种侵犯公民权利、损害司法公正的犯罪，若非属规定由监察机关管辖的"必要时"情形，应当由检察院直接立案侦查。此时监察机关直接受案进行调查属于具有瑕疵情形，办案机关以及办案人员主观过错较小，案件实体处理结果负面影响较轻，应确认前期程序效力同时纠正瑕疵，按照规定推进后续程序。对于监察机关、侦查机关及工作人员主观上存在较大过错、明显违反管辖规定的情形，已经严重影响程序公正、威胁实体公平，则从审查管辖异议成立之日起，此前采取的调查及侦查行为均属无效。如对于恶意越权管辖，故意架空其他管辖机关法定管辖权、剥夺被追诉人获得律师辩护权等违法行为，造成严重后果的，应采取严格程序制裁措施，裁定管辖错误，取得证据自始无效。[1]

结　语

国家监察体制改革塑造了高阶独立的复合性监察权，明确了监察管辖制度构成，确立了国家监察全覆盖的实体性原则与干部分级管理负责制的程序性原则，为集中统一、权威高效的监察体制有序运行奠定了基础。然而，实践中管辖异议现象的普遍性与现实立法的制度缺位，引起了实务之中被调查人程序性权利虚置的现状。管辖异议制度在规范层面、实践层面和价值层面均具有合理性与正当性，立法应在进一步明确和规范监察机关管辖裁量权的前提下赋予监察对象管辖异议权，明确规定提出管辖异议的方式、审查机关以及相应程序性法律后果，以增强监察调查的规范性和审查起诉的公正性。

---

[1] 参见阳平：《中国特色监察管辖制度：生成逻辑与法治化发展》，载《暨南学报（哲学社会科学版）》2023 年第 1 期。

第四章

对监察机关的监督与制约

第一节　人大对监察机关的监督与制约[*]

阿克顿勋爵曾在其书《自由与权力》中指出"权力使人腐败，绝对的权力绝对使人腐败"。监督是治理的内在要素，在管党治党、治国理政中居于重要地位。在国家监察体制改革之前，我国的权力监督体系存在着诸多的问题。为此，一场从理念到实践、从程序到实体、从形式到内容的全方位的监察体制改革成为历史的必然选择。

国家监察体制改革是事关全局的重大政治体制改革。作为行使监察职能的新设监察委员会，与政府、法院、检察院具有平等的法律地位。这一举措深刻地影响了国家权力的格局，形成了以权力机关为中心的"一府一委两院"的格局。在这种架构之下，国家权力也形成了由立法、行政、司法、监察"新四权"所组成的新结构。作为一种新设的国家权力，监察权具有独立的宪法地位，与立法权、行政权、司法权在法律上平等。同时，作为一种新型的国家权力，监察权具备高位阶的优势地位，其"位高权重"的特点更加有助于纪检监察工作运行的法治化，确保公权力依法行使，防止权力异化。

国家监察体制改革是中国特色社会主义民主政治发展实践的重大创新，是建立中国特色社会主义政治权力监督体系的创智之举，它具有迫切的现实

---

　　[*]　与万姝彤合作。

需求、坚实的政治基础、扎实的实践来源与充分的法理支持。[1]然而，作为一种新型国家公权力，监察权如同其他公权力一样，是一把"双刃剑"。监察权必须遵循法治逻辑与法治理念，在法治的轨道上运行。如果失去制度约束，缺失边界控制，那么利用监察权开展权力寻租、大搞特权腐化、暗箱操作等不当风气与现象就会滋生蔓延，产生不可估量的后果。为此，亟需对监察权进行监督与制约，以实现权力之间的结构性平衡，防范"一权独大"的现象。与其他监督主体相比，人大具备更高的地位、更大的权威。对保障纪检监察工作法治化、完善坚持人民当家作主制度和发展社会主义民主政治，加强人大对监察机关的监督与制约具有重要的现实意义。

一、人大对监察机关监督与制约概述

在讨论人大对监察机关的监督和制约之前，首先需要厘清在国家监察体制改革背景之下人大与监察机关之间的关系。一方面，在党和国家监督体系下，人大及其常委会与监察委员会承担着不同的监督责任，二者存在一定的区别，在具体的监督工作中会产生不相一致和难以协调的情形。另一方面，在当前的宪法体制下人大与监察委员会之间又存在着密切的联系。通过明晰人大与监察机关的关系，能够寻找到人大对监察委员会进行监督的合法依据，更好地应对人大及其常委会在对监察机关进行监督与制约过程中可能出现的问题。

（一）人大监督与监察监督的职能分工

1. 作为权力机关的人大对国家机关的监督

我国的政权组织形式是人民代表大会制度，由人民通过民主选举产生全国人民代表大会和地方各级人民代表大会行使国家权力。其本质与核心在于国家的一切权力属于人民，具有广泛的民主基础，从制度上保障人民能够当家作主。人民代表大会作为国家权力机关，在与其他国家机关的关系上，人民代表大会居于主导地位，其他国家机关由其产生，对其负责，受其监督。由此可见，人民代表大会对由其产生的"一府一委两院"的监督与制约来源

---

[1] 参见陈尧：《从"三位一体"到"四位一体"：监察体制改革对我国政体模式的创新》，载《探索》2018年第4期。

于宪法的授权，体现了人民主权的本质要求，也同样体现出人大监督在国家监督体系中的核心地位。人大及其常委会对监察委员会的监督与制约具有以下特征。

第一，权威性与单向性。依照宪法的规定，作为通过选举产生的代表民意的国家权力机关，人民代表大会是国家机关体系合宪性的基石，其对"一府一委两院"的监督实际上是人民对行政机关、监察机关与司法机关的监督，被监督机关不存在反向制约的权力，否则有违人大监督的法律效力。

第二，强制性。《宪法》第 3 条、第 62 条、第 67 条、第 104 条分别规定了各级人大及其常委会的监督职权。例如，"在全国人民代表大会闭会期间，审查和批准国民经济和社会发展计划、国家预算在执行过程中所必须作的部分调整方案""监督国务院、中央军事委员会、国家监察委员会、最高人民法院和最高人民检察院的工作"等。其表现出人大及其常委会的监督权是以宪法规定为依据，以国家权力为后盾。在人大监督的过程中，人大可以依法采取相关的措施，从而使得监督权具备了强制性的特征。

第三，程序性。2006 年通过的《中华人民共和国各级人民代表大会常务委员会监督法》（以下简称《监督法》）对人大及其常委会监督工作的内容和程序作出了具体的规定，明确了人大监督的法律依据与法定程序。依照《监督法》的规定，各级人大及其常委会对各级各类国家机关行使监督权的方式主要有：听取和审议本级人民政府的工作报告，包括对有关工作进行视察或者专题调查研究；审查和批准国家重要事项；检查法律法规实施情况；备案审查政府规章、决议和决定；询问和质询；特定问题调查；审议与决定撤职案等。

2. 作为监察机关的监察委员会对国家机关工作人员的监督

国家公权力需要具体的个人去行使。依据《宪法》和《监督法》的规定，人大及其常委会享有重大人事任免权，其主要表现为选举、决定、任免三种形式，人大监督具备一定程度上人事监督的职能。然而，一方面，人大及其常委会对于机关所享有的人事监督权仅限于宪法规定的部分领导人员，而不能涉及更多的公职人员，这使得其监督对象严重受限。另一方面，国家权力机关的监督主要表现为选举和罢免两方面的抽象性监督，其通常属于非个案监督，不能针对被监督人员的行为作出及时有效的反应，因此需要将对公职人员的监督权转隶给专门的监察机关来行使。

监察委员会在权力格局之中行使二级权力监督，其监察对象为具体行使国家公权力的个人，实行个案监督制，其具体规定在《监察法》第3条和第15条中。第3条明确规定了我国各级监察委员会是行使国家监察职能的专责机关，监察对象包含"所有行使公权力的公职人员"。依据该规定，监察对象首先应当具备"行使公权力"的特征，同时应当具备"公职人员"的身份。第15条通过列举的方式明确规定了监察人员的范围，这是对第3条规定的细化。虽然当前有学者对该法中的条文关系与相关概念提出质疑，但总体而言，监察法的规定尽可能地扩充了监察对象的外延，体现出了公职人员全覆盖的治理导向，扩大了监察范围，解决了既往监察对象不明确的问题。

（二）人大对监察机关监督与制约在法律中的体现

现行《宪法》第3条第1、2、3款规定："中华人民共和国的国家机构实行民主集中制的原则。全国人民代表大会和地方各级人民代表大会都由民主选举产生，对人民负责，受人民监督。国家行政机关、监察机关、审判机关、检察机关都由人民代表大会产生，对它负责，受它监督。"这种产生与被产生的关系使得人大对监察委员会具有宪法上的抽象性监督权能。《宪法》第126条更加明确地提出"国家监察委员会对全国人民代表大会和全国人民代表大会常务委员会负责。地方各级监察委员会对产生它的国家权力机关和上一级监察委员会负责。"同样的规定也见于《监察法》中。《监察法》第8条第4款规定："国家监察委员会对全国人民代表大会及其常务委员会负责，并接受其监督"。《监察法》第9条第4款规定："地方各级监察委员会对本级人民代表大会及其常务委员会和上一级监察委员会负责，并接受其监督"。由此，人大及其常委会对监察委员会的监督有明确的法律规定。具体而言，人大对监察机关的监督可以从三个角度进行进一步的分析。

第一，监察委员会的权力是人民代表大会赋予的。我国实行的是议行合一的政治结构，人民代表大会是我国的代议机关，人民代表大会制度是我国的根本政治制度。在这种制度之下，国家的一切权力来自人民，人民选举产生的人民代表大会在国家政权体系中处于主导和中心地位，统一行使国家的权力，成为行政权、监察权、检察权、审判权等其他国家权力的权力来源。

第二，监察委员会需对人民代表大会负责。可以明确，根据《监察法》第 8 条和第 9 条的规定，这种负责既包括监察机关作为一个整体对同级人大及其常委会负责，也包括监察委员会主任、副主任及其委员等对选举他们的人大及其常委会负责。

第三，监察委员会应接受人民代表大会的监督。根据权力授予与权力监督相统一原则，人大及其常委会将权力授出后，也需对这些权力行使的合法性与有效性进行检查与监督，以此避免授予的权力被滥用。人大的这种监督权是宪法和法律所赋予的，其依法展开的监督是以国家和人民的名义进行的。《监察法》第 60 条第 2 款规定了人大常委会对监察机关进行监督的两种方式，包括听取和审议专项工作报告与组织执法检查两种。《实施条例》第 252 条细化了有关两种监督方式的规定，这尽可能地使人大的监督能够落到实处。

（三）加强人大对监察机关监督的重要意义

想要把权力关进制度的笼子里，需要依法设定权力、规范权力、制约权力、监督权力。与过去的监察体制相比，当下将原来相互独立的多个监督机构合并成一个监督机构，这无疑加强了监察委员会这一监督主体的独立性、权威性和专业性。但是，监察委员会的监察权能相对较强，其监察对象通常为国家行政机关、司法机关乃至立法机关中的工作人员，这部分群体本身就拥有公权力。要想对其进行制约，就需要有更大权力去监督。不能否认的是，监督权事实上也是一种权力，不受监督的监督权更需要引起警惕。由于监察委员会本身"位高权重"，有可能出现监察委员会"单兵作战""一权独大"的现象。同时，由于纪检监察机关合署办公，对监察委员会的党内监督与上级监督的方式往往受限于内部监督机制，无异于是"左右管右手"，难以对监察监督进行实质上的牵制。民主监督、司法监督、社会监督和舆论监督等外部监督方式难以做到全面化、规范化与常态化。针对如何对监察机关进行监督制约的问题，基于法治国家的权力运行经验，同时考虑到《宪法》与《监察法》中的规定，人大及其常委会可以说是处在对监察机关进行监督的"最核心的环节"。[1]为防止监察机关陷入"自我监督"的困境，

---

〔1〕参见张杰：《〈监察法〉适用中的重要问题》，载《法学》2018 年第 6 期。

人大有必要加强其监督效力，以便对监察委员会的权力进行有效监督和制约。

综上所述，人大及其常委会对监察机关的监督不仅于法有据，而且也确有必要。根据目前的法律规定，人大及其常委会具备多样的监督手段与方式。在法律监督层面，人大及其常委会有权对监察委员会实施宪法和法律的行为进行监督。一方面，人大应当监督宪法的实施，监察委员会同其他与其同级的国家机关一样需要通过合宪性审查制度接受人大的宪法监督，接受人大对其制定的相关法规和其他规范性文件进行审查。另一方面，监察委员会在行使监察权的过程中，针对其行为是否符合宪法，有无失职渎职与越权的行为，也应当由人大及其常委会对其监督并予以纠正。在工作监督层面，人大对其产生的监察机关的日常工作有权进行监督，具体表现为：各级人大常务委员会听取和审议本级监察委员会的工作报告，了解其依法履职的情况，对其工作安排与进展提出意见与建议，必要时采用质询和询问、视察和调研、组织特定调查委员会等方式督促监察委员会的工作。与此同时，各级人大及其常委会有权罢免由其选举或决定产生的官员，进行干部人事工作方面的监督。如此看来，人大对监察机关进行监督与制约，不仅必要，而且可行。

二、人大对监察机关的监督面临着诸多挑战

人大对监察委员会的监督与制约已经有了初步的规定，但是这些规定多较为原则与抽象，在实际的监督过程中仍然存在着一定的问题。一方面，监察权过于强力而人大监督相对乏力，监察权作为"二级监督权"较难受到钳制，使得人大监督机制走向了形式化。另一方面，人大监督与监察监督在具体工作过程中可能会出现部分交叠，使得人大及其常委会的部分监督工作需要与监察机关进行衔接与配合，从而可能会影响人大本身对监察机关的监督与制约的效果。

（一）人大监督在实践中难以发挥实效

1. 人大监督陷入"柔性较重"的困境

就人大及其常委会而言，由于人大监督职权来自宪法和法律的明确规定，同时依据中国特色社会主义监督体系的必然要求，人大监督本身应当具

备"刚性"的特征。[1]但在法治化建设的过程当中，人大监督往往陷入"柔性较重"的现实困境。

在法律规定方面，《宪法》和《中华人民共和国地方各级人民代表大会和地方各级人民政府组织法》中对人大监督权的规定表现出宣示性、原则性和赋权性的特点，而对监督范围、监督程序等方面的具体规定较少，这与宪法规范本身的特点有关。虽然《监督法》对监督权的行使进行了补充，但是由于缺乏法律后果的相关规定，人大监督缺乏一定的强制力，容易导致被监督对象弄虚作假、不按照法定程序配合监督，抑或是人大及其常委会不履行法定职责的问题。

在监督实践方面，人大的"刚性"监督方式如质询和询问、特定问题调查、撤职和罢免等在实践中普遍存在着以下问题：一是相关概念和内容的缺失，如法律对于特定问题调查中的"特定问题"概念不清，导致调查难以启动。二是规范制度的实际可操作性较差，与现实存在一定的脱节。人大监督的机制往往启动条件较高，同时缺乏一定的变通性，导致实践中启动困难。在没有配套的协调机制的情形下，人大的单向性监督难以产生实际的法律后果而达到制约的目的，往往流于形式，难以发挥真正的效用。由此可见，人大对监察机关的监督措施表现得较为抽象，自然人大对监察机关的监督也难以保证质量，难免使得人大的监督"乏力"。

人大对监察机关的监督措施过于具体和强硬也并非就是正确的处理方式。这是因为监察机关本身行使国家监察权，负责处理职务违法与职务犯罪的案件，这类工作往往涉密性较高。如果此时其他机关进行过多的干预，很容易产生"以监督之名，行干涉之实"的现象，这将极大影响纪检监察工作的顺利进行和反腐败工作的平稳推进，影响监察委员会本身的独立地位。

2. 监察委员会本身的独特性质令人大的监督难以落实

一方面，纪检监察工作往往具有很强的涉密性，在监督执纪执法中，多涉及党和国家的秘密，在一定时间内只允许一定范围内的人员知悉。监察法

---

〔1〕 参见刘一纯：《人大监督的实效考察与优效机制研究》，中国社会科学出版社 2014 年版，第 180 页。

律法规对此有相应的明确规定，足见保密规则的重要性。如《监察法》第18条第2款规定："监察机关及其工作人员对监督、调查过程中知悉的国家秘密、工作秘密、商业秘密、个人隐私，应当保密。"《监督执纪工作规则》第67条〔1〕也规定了监督执纪工作人员在工作中应当执行保密制度的要求。基于此，在纪检监察工作中，如果人大及其常委会出于对纪检监察工作保密制度的尊重而较少地进行监督与制约，极易滋生监察机关借口"保密"而滥用职权的现象。但若人大及其常委对监察机关工作的监察与制约过度，则有可能会导致泄密，从而造成严重的后果，有的会使涉案人员获得串供、外逃的机会，有的则会可能牵涉重大的商业秘密，对经济社会产生不利的影响。综上所述，如何把握"监督"与"保密"之间的平衡是人大监督中亟需解决却难以破解的难题。

另一方面，纪检监察工作同样具有高度的专业性。随着社会分工越来越细，政府组织内部专业化分工成为趋势，〔2〕这种专业化的分工在监察组织中也有着明显的体现。根据《监察法》的规定，监察机关承担监督、调查、处置三大职权。以调查为例，由于其本身与刑事案件中的侦查具备高度的相似性，调查职权的行使需要专业化程度高的人员和高度的技术条件。《监察官法》出台的一大目标是为了"推进高素质专业化监察官队伍建设，推进监察工作规范化、法治化"。监察工作的专业化与监察官员的职业化是相互依存的，这就令人大及其常委会对监察工作较难介入。在我国，人大代表采用兼职制，部分人大代表并非公职人员，对监察工作中可能出现的问题较难理解，更不必说进行监督。同理，人大常委会的工作人员未必具有相关的专业知识，过多的干预可能会造成"外行监督内行"的情况，反而对推进反腐败工作稳健发展不利。

---

〔1〕《监督执纪工作规则》第67条规定："监督执纪人员应当严格执行保密制度，控制审查调查工作事项知悉范围和时间，不准私自留存、隐匿、查阅、摘抄、复制、携带问题线索和涉案资料，严禁泄露审查调查工作情况。审查调查组成员工作期间，应当使用专用手机、电脑、电子设备和存储介质，实行编号管理，审查调查工作结束后收回检查。汇报案情、传递审查调查材料应当使用加密设施，携带案卷材料应当专人专车、卷不离身。"

〔2〕参见孙健：《政府组织规模的内涵及其扩张》，载《西北师大学报（社会科学版）》2007年第6期。

3. 纪检监察机关合署办公制度与领导机制使人大监督难以落实

根据相关规定，党的中央纪律检查委员会与国家监察委员会合署办公，党的地方各级纪律检查委员会与地方各级监察委员会合署办公，实行一套工作机构、两个机关名称，履行党的纪律检查和国家监察两项职责，实现纪委监委领导体制和工作机制的统一融合，集中决策、一体运行，坚持纪严于法，执纪执法贯通。在这种合署办公的制度之下，监察委员会除却国家机关的地位，还具备党的机关的属性，行使党内所享有的权力，根据当前的法律法规，各级监察委员会无须向同级人大报告工作，导致人大及其常委会很难对监察机关进行有效的监督与制约。

同时，《实施条例》第 10 条第 1 款则明确地提出了监察委员会采用双重领导体制，即"国家监察委员会在党中央领导下开展工作。地方各级监察委员会在同级党委和上级监察委员会双重领导下工作"。虽然纪委和监察委员会的权力来源、权力行使的依据和程序存在着差异，但是在实践中二者的关系较为模糊。在这种体制下，监察机关本身具有"政治机关"的属性，纪检监察机关的工作无疑会受到党委和"高压反腐"政策的影响。在这种背景下，人大的过度监督可能会有碍党的路线、方针和政策的实现。就监察委员会的领导机制而言，根据《监察法》第 10 条的规定，国家监察委员会领导地方各级监察委员会，监察系统中上下级之间是领导与被领导的关系。这种领导体制意味着，各级监察机关是"国家的机关"，而非"地方的机关"。这种定位让监察机关具有更强的"国家性"，即尽管设置在地方，但仍然代表国家行使其监察职能。监察机关的领导体制使得其本身"国家性"的特性更强。相对应的是，地方人大及其常委会本身虽然兼具了国家的权力机关和地方的权力机关双重身份，但在其组成方式与日常工作方面更多的是代表地方进行自我管理，这使得地方人大具有更强的"地方性"。在这种境遇下，监察机关的"国家性"退化，这种"国家性"与"地方性"关系的协调[1]也是人大对监察机关监督制约过程中面临的难题。

（二）人大对监察委员会配合多而制约少

基于人大监督与监察监督之间的职能分工，在行使监督权时不免需要在

---

[1] 参见伊士国：《论人大监督监察委员会的合理界限》，载《中南民族大学学报（人文社会科学版）》2023 年第 4 期。

对人员监察的过程中延伸至对机关的监督，反之亦然。同时，针对特定的案件，人大及其常委会与监察委员会会产生一定程度上的竞合。针对由人大选举和决定产生的公职人员，人大和监察机关都享有一定的监督权限。在当前党和国家监督体系下，为顺利推进反腐败工作，在具体处理公职人员职务违法、职务犯罪的过程中多强调人大监督与监察监督之间进行一定程度的衔接与配合。这种"合作"关系在某种意义上会影响到人大对监察机关的监督与制约，从而在实践中会造成人大及其常委会监督不到位甚至无从监督的局面。

其一，在人大监督与监察监督之间存在衔接与配合的可能。人大监督与监察监督的结构性关联主要表现在两个方面：第一，在人大及其常委会对国家机关进行监督的过程中，如果发现有关人员涉嫌职务违法或者职务犯罪，理应将问题线索移送至有管辖权的监察机关，由监察机关对其进行调查和处置。第二，在各级监察委员会开展对公职人员的监察过程中，如若发现其所在的机关、单位在廉政建设、履行职责等方面存在问题，同时如若该机关属于人大监督对象，也应当向其所属的人大或常务委员会提交调查结果与监察建议以启动人大的监督。对于上述的两种情况，人大与监察机关之间会存在更多的衔接与配合。但是换一种角度来看，过多地强调二者"同向发力"削减了人大对监察机关的制约效力，甚至在后一种情形中可能会出现监察机关"督促"人大及其常委会的现象。

其二，在人大监督与监察监督之间存在矛盾主要表现在两个方面：第一，针对由人大选举和任命的官员的监督，由于人大具备一定人事监督的权能，所以对这类人员进行监督的过程中，人大及其常委会与监察委员会之间存在一定的张力。当前，对于这类较为特殊的监察对象，《监察法》中并没考虑其与普通公职人员在调查与处分上的差别。虽然根据《政务处分法》第50条第1款的规定，针对该类对象应当先由人大依法对其进行罢免、撤职或者免去职务，再依法作出政务处分的决定。但是这种规定并没有体现出具体的程序衔接。在处置的过程中，如何平衡二者的监督以及如何确保人大监督发挥实效，都需要进一步地推敲与实践。第二，针对人大及其常委会中的公务员和人大代表的监督，《监察法》第15条第1项明确将人民代表大会及其常务委员会机关中从事公务的人员列为被监察对象。《实施条例》第43条第

1 项规定："履行人民代表大会职责的各级人民代表大会代表"属于监察机关的监察对象。《政务处分法》第 50 条第 3 款中亦规定监察机关对各级人民代表大会代表给予政务处分的，应当向有关的人民代表大会常务委员会，乡、民族乡、镇的人民代表大会主席团通报。根据上述法律可以推定，人大代表既接受原选区选民或者原选举单位监督，又接受监察机关的监察。诚然，监察机关的监督是"对人监督"而不是"对机关监督"，但是不能否认人大及其常委会中的许多工作，包括对其他机关进行监督与制约的工作也是由这些人员来完成的。这种监督模式下，很难发挥人大对监察机关监督的效力，甚至可能会出现"权力对冲"的局面。同时，在程序方面，监察委员会未能与人大及其常委会的工作机构进行问题线索处置，人大及其常委会也未对其调查处置权能和程序配置进行完善。由于程序不明确，人大及其常委会在行使职权时会面临"不知所措"的情况，使得人大监督难以启动，或者启动后难以行使，抑或在行使后得不到真正的落实。

三、完善人大对监察机关监督与制约制度

人民代表大会及其常委会作为人民行使国家权力的机关，对监察机关的监督与制约能够确保人民赋予的权力不被滥用。在党和国家的监督体系当中，人大监督具有最高法律效力，人大对监察机关的监督与其他监督主体相比理应具备着更高的权力、更多的手段与更强的效力。如前文所言，当前人大对监察机关的监督还存在一些不足，其产生的原因是多方面的。从主观方面来看，长期以来在"和为贵"的传统思想的影响之下，人大及其常委会存在着监督意识淡化、监督手段软化、监督实效弱化的问题。从客观方面来看，人大监督与监察工作独立性、专业化、国家性的特点之间的平衡较难把握。同时，监察机关作为新设的机关在监察监督中可能会与人大之间形成"对冲"，因而在制度设计方面还有待完善和提高。根据有关法律规定，结合当前人大监督的工作实践，新时代下加强人大对监察机关的监督需要更多的对策措施。

（一）强化人大监督的理念

人大是公权力产生的源头，也是对公权力进行监督制约的机构，人大监督本身作为监督体系中的核心，通过对机关的整体性监督来建立合法的权力

运作机制。这种监督需要用到权力，尤其是在监察机关的职权越来越大时更需要加强人大的监督。为改变这一格局，需要国家权力机关转变工作职能，将监督工作摆到重要的位置上，同时强化监督意识、硬化监督手段，本着对宪法负责、对人民负责的态度开展监督工作。

针对人大及其常委会监督力度较弱的问题，有必要对《监督法》进行一定的调整。通过明确规范人大监督过程中的程序，补全监督的法律后果等规定，增强人大监督的强制效力。同时，针对实践中监督职能较多都没有发挥其应有作用的情况，有学者主张重启刚性问责的机制，即在各级地方人大及其常委会在行使监督权的过程中，督促监察机关及其公职人员依法履行职责，依法对因其职务违法或者职务犯罪的行为造成的不良后果追究责任，以此来加强人大监督的"刚性"，使其更好地承担监督职责。

同时，人大对监察委员会的监督需要在程序监督与结果监督两种监督模式间进行协调。结果监督是指人大及其常委会对监察机关办理案件结果的合法性与正当性进行监督，而程序监督是指人大及其常委会对监察机关办理案件程序的合法性进行监督。[1]如果人大过于注重结果监督，则会因为过度干预而侵犯监察机关本身的独立地位。假若人大过于注重程序监督，则不利于掌握案件的整体情况，难以发现案件办理中可能出现的结果不公正的现象。

人大对监察委员会的监督还需要在整体监督与个案监督两种监督模式之间进行协调。个案监督是指人大常委会依照法定权限和程序，对其认为必须监督的涉嫌违法而未依法纠正的具体案件办理工作实施的监督。[2]个案监督主要适用于人大对司法机关的监督。笔者认为，考虑到纪检监察机关同样对职务犯罪案件具有管辖权，所办理的部分案件具有较大的社会影响力，为此也可以对监察机关办理的部分重大、疑难、复杂的案件开展个案监督。但是个案监督会极大地影响案件办理的进程，对监察机关的独立性产生一定的影响，故也应当对人大的个案监督进行一定的控制，以整体监督为主，以个案

---

〔1〕 参见伊士国：《论人大监督监察委员会的合理界限》，载《中南民族大学学报（人文社会科学版）》2023年第4期。

〔2〕 参见黎赐锦、郑毅生：《关于人大"个案监督"的专题研究》，载《人民之声》2002年第5期。

监督为辅。

（二）增强人大监督的手段

1. 人大及其常委会应当听取和审议监察委员会的专项工作报告

《监察法》第 60 条第 2 款规定："各级人民代表大会常务委员会听取和审议本级监察委员会的专项工作报告，组织执法检查"。当前，省级人大常委会开展对监察机关的监督工作主要为审议专项工作报告，且主题多为反腐败国际追逃追赃、扫黑除恶以及群众反映较为强烈的问题。[1] 然而该条款未将人大纳入其中，也就是说，目前监察机关无需向人大报告工作。对此，有学者认为：第一，监察委员会不向同级人大报告工作，可以缓和权力机关与监察机关存在的"权力对冲"状态；第二，该规定照顾到了监察委员会与党的纪律检查委员会合署办公的特殊性；第三，该规定实质上并不影响监察委员会接受人大的监督。[2]

笔者认为仍需要各级监察委员会向产生它的人大报告工作。其原因在于：第一，虽然人大代表中存在部分兼职公职人员的代表，但也还存在部分本身不具有公职人员身份的代表。人大通常一年仅召开一次会议，具备严格的程序性特点。其听取报告的内容通常较为宏观和全面，很难说监察委员会对部分公职人员的监督就一定会受到来自部分人大代表的牵制。第二，监察委员会具有"政治机关"的属性，它属于专门的监察机关，其权力本质上来自人民，依照宪法的规定更应当受到人大的监督。第三，听取和审议专项工作报告是人大对其所产生的国家机关进行总体监督的基本形式。如果监察委员会不向同级人大进行工作报告，很难说监察委员会受人大监督的原则不受影响。第四，人大常委会作为人民代表大会的常设机关，其工作内容应当受到人大会议的影响。人大通过听取和审议本级监察委员会的工作报告，人大常委会在进行经常性监督的过程中能够更好地发现关系改革发展稳定大局和群众利益、社会普遍关注的重大问题。

---

〔1〕 参见杨留强：《人大监督监察工作的实践和思考》，载《公民与法治》2023 年第 5 期。

〔2〕 参见秦前红：《人大监督监察委员会的主要方式与途径——以国家监督体系现代化为视角》，载《法律科学（西北政法大学学报）》2020 年第 2 期。

2. 人大及其常委会应开展常态化监督

完善人大监督工作机制，首先是要用好用足《监督法》规定的监督形式。[1] 针对监督过程中出现的特定问题，人大及其常委会依据《监督法》的规定，具备多种手段，这些手段都是人大及其常委会开展常态化监督中必不可少的。诚然，《监督法》目前并未将监察委员会列入监督对象，但依据其立法目的，监察委员会作为国家机关的一部分，理应受到人大常委会的监督。

首先，人大及其常委会应当组织相应的执法检查。执法检查是指人大常委会就某些重大问题，设立执法检查组，检查某些法律法规的执行状况，包括法律法规的实施情况、实施效果、法律法规实际运行过程中出现的问题等。[2] 执法检查作为人大监督中最为"刚性"的措施，能够很好地监督监察法律的实施情况以及监察委员会在执法过程中出现的问题，既能够对监察委员会进行整体性监督，也能够对监察机关工作人员进行个别化监督，较为容易达成防止冤假错案出现的监督目的。

其次，人大代表或常委会组成人员可以开展询问和质询。根据《监察法》第60条第3款规定："县级以上各级人民代表大会及其常务委员会举行会议时，人民代表大会代表或者常务委员会组成人员可以依照法律规定的程序，就监察工作中的有关问题提出询问或者质询。"询问和质询是人大常委会组成人员对国家机关工作中不清楚、不理解、不满意的方面提出问题，要求有关机关作出说明、解释的一种活动。通过询问和质询，人大代表能够了解到真实情况，避免以"假大空"的汇报使得人大的监督工作流于形式。

最后，人大及其常委可以开展特定问题调查。需要注意的是，现行法律当中并没有明确规定人大在监督监察机关履职过程中可以采取"特定问题调查"的方式。现行《宪法》第71条第1款规定："全国人民代表大会和全国人民代表大会常务委员会认为必要的时候，可以组织关于特定问题的调查委员会，并且根据调查委员会的报告，作出相应的决议。"据此，针对特定社

---

〔1〕 参见栗战书：《在第十三届全国人大常委会第四次会议上的讲话》，载《中国人大》2018年第14期。

〔2〕 参见中国特色社会主义国家监察制度研究课题组：《国家监察制度学》，中国方正出版社2021年版，第119页。

会影响重大的问题，在必要时人大及其常委会可以组织特定问题调查委员会，提出建议和意见，这为人大及其常委会监督监察委员会提供了有力的手段，提高了人大监督过程中解决重大和疑难问题的能力。综上所述，在人大及其常委会对监察工作进行监督的过程中可以采取上述的几种手段来行使其监督权，了解监察委员会的工作情况，从而发挥事中与事后监督的作用，避免监察机关玩忽职守、滥用职权。

3. 人大及其常委会应充分发挥人事监督权

人事监督权是人大监督最为有力的手段之一。《监察法》第 8 条、第 9 条规定了国家监察委员会主任及其组成人员和地方监察委员会主任及其组成人员的任免。当出现监察委员会的组成人员滥用权力、玩忽职守或有其他违纪违法的行为时，同级人大及其常委会可以依法对其进行调整或者罢免。这种人事监督权只牵涉由人大及其常委会选举选任产生的人员，在监督范围方面不够全面，且在党政机关合署办公的制度下这种措施也显得过于强硬。为此有学者提出，在纪检监察机关合署办公，两个机关的领导同属一人的情况下，可以考虑将监察机关的人事监督纳入纪检监察机关人事监督体系下，以组织纪律加以严格要求，配合人大对监察机关领导人的监督，以此形成更为全面的人事监督体系。[1]这样的制度设计可以加强人大的监督力度，通过对监察委员会人员的选任以确保监督行为与后续结果的相衔接，提升了人大的监督效果，避免人大监督的人事监督权落空。

（三）合理协调人大与监察机关的关系

如前文所述，纪检监察机关合署办公的特性使得人大难以进行监督，为加强人大对于监察机关的监督，同样需要正确处理人大在对监察机关进行监督中的各种关系。

1. 全面坚持党的领导

全国人大及其常委会是在党中央领导下的重要政治机关。在 2017 年、2018 年常委会工作报告中对人大的"正确监督"的解释中就包括了"坚持党的领导"。因此，在人大的监督工作中，同样需要坚持党"总揽全局、协

---

〔1〕 参见刘艳红：《〈监察法〉与其他规范衔接的基本问题研究》，载《法学论坛》2019 年第 1 期。

调各方"的原则。其中，协调各方自然包括协调好各个国家机关之间以及党和国家机关之间的关系。具体在人大监督监察委员会的工作中，就需要协调好人大与党委、纪委和监察委员会之间的关系。

2. 正确处理纪委和监察委员会之间的关系

就如何正确处理党的纪律检查机关与国家监察机关之间的关系，有学者提出应当坚持"业务上以监察委员会为主"的原则，实行"有合有分"的工作机制。此处的"合"指办公上的合作，而"分"则意指二者各司其职，各尽其责。[1]笔者认为，纪检监察机关虽合署办公，但并不影响监察委员会本身独立开展工作。党的纪律检查机关与国家监察机关之间在性质、权力来源、监督对象与职权等方面多有不同，采用"有合有分"的机制无疑更加有利于双方各自工作的开展，更加有利于人大这一监督力量的介入。从本质上来讲，党委的政治领导与监察委员会独立办公之间并没有冲突。

3. 协调人大监督与监察监督之间的关系

部分监督对象的交叠导致人大监督与监察监督之间难以协调，致使国家监督资源浪费的同时削弱人大对监察机关的监督与制约。但人大监督与监察监督之间的冲突是非对抗性的。为保障统一高效的监督体系，有必要完善人大监督与监察监督之间衔接配合的具体程序。具体程序的完善可以化解人大与监察机关之间不协调的地方，促进人大在与监察机关的衔接配合过程中加强对监察机关的监督与制约。这样既能够更加高效地对公职人员进行监督，也有利于人大对监察机关进行一定的牵制。

针对人大代表的监督。人大代表由于其身份和地位的特殊性，在受到监察监督的同时，也受到其原选举单位的监督。为此，必须处理好原选举单位与监察委员会处置人大代表权能的分界与交接，准确识别人大代表是基于何种身份做出的职务违法、职务犯罪行为，以及依据案件事实应当由谁来进行处理的问题，避免人大监督与监察监督之间出现混同、取代的现象，尤其是要避免监察机关对人大监督进行过多的干预。

考虑到我国人大代表实行兼职代表制，监察委员会对人大代表的监督应

---

[1] 参见李红勃：《迈向监察委员会：权力监督中国模式的法治化转型》，载《法学评论》2017 年第 3 期。

当考虑其身份的特性。在褪去人大代表身份的情况下，针对党员代表、公职人员代表和基层群众代表不同的身份，对人大代表的监察应当充分考虑其本职的身份与兼职的身份，判断其行为与人大代表的身份之间是否具备关联性。

基于《中华人民共和国全国人民代表大会和地方各级人民代表大会代表法》中对于人大代表的行为规范具有层级化的规定，监察委员会在监督的过程中应当保持一定的谦抑态度，即针对人大代表的忠实勤勉义务等一般的道德性规范，建议应当由原选举单位及相关的人大进行监督调查。人大代表在日常中违反行政法律、民事法律导致的违法行为和侵权行为，更适合由人大对其进行处置而不宜由监察委员会插手。只有针对人大代表执行职务过程中的职务行为，监察委员才有权予以调查和处置。

对人大代表的监督也离不开监察委员会和相关人大及其常委会的相互配合，即原选举单位对人大代表作出的调查处置应当与监察委员会的调查处置之间进行程序衔接，避免出现程序之间的冲突。如监察机关认为需要对人大代表采取留置措施时，应当向有关的人大及其常委会履行报请手续，使其暂停人大代表的职务。针对人大代表的失职行为，应扩充人大监督的方式和手段。当前人大及其常委会主要采取责令代表辞职的方式履行其职责。但这样单一的方式只是为方便监察机关履行其职责而"走个过场"，不能进行实质上的监督和制约。所以，需要设计出符合人大监督逻辑的体制机制，使得人大能在监督过程中有更多的参与。

针对由人大选举和决定的公职人员的监督。考虑到人大选举和决定的公职人员在身份上与政治上具有特殊性，在监察委员会对其进行监督、调查和处置的过程中更应当坚持监察权运行的法治原则与正当程序原则。监察委员会在处理时应当恪守权力范围的边界，与人大进行充分的协商，确保监督在法治的轨道上运行，实现"1+1>2"的效果。同时，依照当前的法律法规并不能明确监察委员会与人大在处理上的程序问题，故应当遵循正当程序原则，保障监督权的合理运行。具体而言，在监察委员会作出政务处分之前，应当主动接受人大的监督，让人大提前介入形成事中监督。与此同时，人大作为权力机关而非监察机关，不具有监察职能，而且基于效率原则的考虑，对于监察委员会的报告和决定不宜再次进行监督调查，而是直接进入审议与

监察法律制度的改革与完善

表决的程序。这样通过人大的介入，加强了人大对于监察机关的监督实效。

结　语

　　国家监察体制改革创设了国家监察权这一高位阶、独立性、复合性的权力。这无疑是新时代法治化反腐的重要成果，但同时对国家权力结构也有一定的挑战。监察机关拥有着较广泛的监察范围与较丰富的监察权限。正是由于其权力过大，更不能忽视对监督者本身进行监督这一重要主题。人大监督是监察监督机制中最主要、最核心的环节。一方面在于人大监督本身具备着坚实的法理与宪法基础，另一方面在于人大监督与监察监督二者有着密切的联系。当前人大对监察委员会的监督已经有了初步的规范。但是，由于各种因素的影响，人大监督仍存在着一定的缺陷。为加强人大对监察机关的监督与制约，理应更新人大监督的理念、完善人大监督的手段、加强人大监督的效力、化解人大监督与监察监督之间的不协调之处。因此，应进一步坚持和完善党和国家监督体系下的人大制度，实现对监察权运行的监督与制约，有序推进国家监察体制改革与发展，在反腐败治理能力与治理体系的现代化道路上前进。

第二节　对监察机关的司法监督与制约*

　　国家监察体制改革是我国政治体制的重大改革，是实现党内监督和国家监督、党的纪律检查和国家监察、依规治党和依法治国有机统一的关键举措，也重构了国家权力配置和运行的宪制结构。在国家监察体制改革过程中，通过组建监察委员会、制定《监察法》，以及配套调整《宪法》《刑事诉讼法》等关联性法律规范，初步形成了以监察权为中心的法治反腐体系。[1]然而，在监察机关对反腐权力集中行使，实现了对事监督的全流程、

　　* 原载《青少年犯罪问题》2023年第1期，与张淇合作，有改动。
　　〔1〕 参见周佑勇：《监察权结构的再平衡——进一步深化国家监察体制改革的法治逻辑》，载《东方法学》2022年第4期。

·078·

对人监察的全覆盖时，如何保证监察机关及监察人员在行使监察权这一新型国家权力的过程中受到严格的监督和制约，受到了社会的普遍关注。在中央纪委的历次全会上，"谁来监督纪委"的问题也被多次提出。

《实施条例》对这一问题作了回应，设专章规定了对监察机关和监察人员的监督，并在其中首次明确了对监察机关和监察人员的司法监督。除此之外，《监察法》第 4 条第 2 款也明确规定，监察机关办理职务违法和职务犯罪案件时，应当与司法机关互相制约。但是我国现行法律并未规定对监察机关进行司法监督的方式与程序，实践中监察机关办理案件时，与司法机关也有"重配合，轻制约"之虞，而对监察机关进行司法监督与制约恰恰是对监察机关进行异体监督、制约的核心所在，原因在于司法权是与监察权联系最为密切的公权力，也是现行权力体系下对监察权实施异体监督最具潜力的公权力。〔1〕

学界对于如何对监察机关进行司法监督与制约的问题展开了诸多研究，既包括宏观制度设计〔2〕，也包括具体问题探讨〔3〕，周佑勇教授在《监察权结构的再平衡——进一步深化国家监察体制改革的法治逻辑》一文中，从中观层面对司法权如何对监察权进行监督进行了理论建设，是解决如何对监察机关进行司法监督与制约这一问题的重大突破，但是目前学界对于"司法监督"与"司法制约"的内涵仍有争议，对于司法监督与制约的正当性仍有分歧，对于如何对监察机关进行司法监督与制约的问题，仍未形成实践层面较为详细的体系化解决方案。基于此，本节拟在明确"司法监督"与"司法制约"内涵的基础上，厘清对监察机关司法监督与制约的法理逻辑，为对监察机关进行司法监督与制约提供正当性依据，并针对如何对监察机关进行司法监督与制约进行探讨，激活对监察机关的司法监督与制约机制，以深化国家监察体制改革，推动体制改革的纵深化发展。

---

〔1〕　参见周佑勇：《监察权结构的再平衡——进一步深化国家监察体制改革的法治逻辑》，载《东方法学》2022 年第 4 期。

〔2〕　参见龙宗智：《监察与司法协调衔接的法规范分析》，载《政治与法律》2018 年第 1 期。

〔3〕　参见朱福惠：《检察机关对监察机关移送起诉案件的合法性审查——〈人民检察院刑事诉讼规则〉解读》，载《武汉大学学报（哲学社会科学版）》2020 年第 5 期。

一、对监察机关的司法监督与制约的界定

(一)"司法监督与制约"的含义

随着监察体制改革在我国的全面铺开,对监察权力进行监督与制约逐渐成为深化监察体制改革的下一目标。"所有使人类腐化堕落和道德败坏的因素中,权力是出现频率最多和最活跃的因素。"[1]若权力不受约束必然导致权力的滥用,其所引发的危害不可估量,这是历史朝代更迭的经验也是法治实践的教训。然而,在研究如何对监察机关进行司法监督与制约时,学者们往往混用"监督"与"制约"两个概念,如有学者认为,两者是包含关系,即检察机关对监察机关的"制约"就属于"司法监督";[2]有学者从内外部监督的层面考虑,认为检察机关的制约具有"外部监督"的性质;[3]还有学者从应然与实然的角度出发,认为两者是"应然"与"实然"的关系。[4]

因此,要界定对监察机关的司法监督与制约的概念,就必须先对"监督"与"制约"两个基础概念进行辨析。第一,两者权源基础不同。"监督"基于对专门机关的授权,[5]其监督范围仅限于授权范围,监督效果要服从、服务于授权主体;[6]"制约"则以分工为基础,其核心在于"互相制衡",即将权力交由不同主体行使,各权力主体既通力合作、协调一致,又建立和维系良性且有效的制约与配合关系,防止权力专断。[7]正如有学者所说"制约是分权的当然延伸,有分权必有制约"。[8]第二,两者含义不同。

---

〔1〕 [英]阿克顿:《自由与权力:阿克顿勋爵论说文集》,侯健、范亚峰译,商务印书馆2001年版,第342页。

〔2〕 参见陈伟、郑自飞:《监察机关职务犯罪调查案件的检察衔接及其制约》,载《湖北社会科学》2020年第6期。

〔3〕 参见朱福惠:《论检察机关对监察机关职务犯罪调查的制约》,载《法学评论》2018年第3期。

〔4〕 参见左卫民、唐清宇:《制约模式:监察机关与检察机关的关系模式思考》,载《现代法学》2018年第4期。

〔5〕 参见蒋德海:《法律监督需要一部〈法律监督法〉》,载《求是学刊》2010年第4期。

〔6〕 参见慕平主编:《法律监督原论》,法律出版社2007年版,第4~5页。

〔7〕 参见孙远:《"分工负责、互相配合、互相制约"原则之教义学原理 以审判中心主义为视角》,载《中外法学》2017年第1期。

〔8〕 张书铭:《制约与监督辨析——以刑事诉讼为视角》,载《河南社会科学》2012年第1期。

若将"监督"与"制约"置于权力主体之间,"监督"意为"监视、督促",而"制约"则意指"限制、约束"。[1]有学者认为,监督关系是单向的,监督者有权对被监督者行使权力的过程进行单方的监察、督促,但其并不直接参与被监督者的权力行使过程,只能中止其行使权力或者对其进行事后追究;而制约关系则是双向的,权力主体之间可以相互约束牵制,共同参与到特定的权力过程之中,且监督关系与制约关系往往交织存在。[2]笔者赞同这一观点,即"监督"与"制约"在权力主体之间,都意指对权力行使的限制、约束和控制,往往"你中有我,我中有你",共同作用于权力行使,但是监督是单向的、高效率的,制约则是双向的、稳定的。因此,司法监督与制约,是指司法机关基于授权或者国家权力间的相互制衡,以一定的方式和程序对监察权的运行过程进行监视、限制与约束。

(二)"司法监督与制约"的主体

司法监督与制约的主体,顾名思义,应是司法机关,虽然《宪法》规定执法部门也可以对监察机关进行制约,但在具体权力运行过程中,两者之间更强调"相互配合",因此,这里的司法机关主要指检察机关和审判机关。基于权力运行的法理依据与现实基础,笔者认为,司法监督的主体应主要为检察机关,司法制约则检察机关与审判机关均可。

第一,检察机关具有丰富的监督经验。在监察体制改革之前,检察机关就是《宪法》确定的法律监督机关,其不仅可以全程参与刑事诉讼,代表国家和社会提起公益诉讼,而且还承担着对民事、行政诉讼活动进行监督的法定职责,如《中华人民共和国人民检察院组织法》(以下简称《人民检察院组织法》)规定了检察机关法律监督八个方面的职责权限,同时规定了检察机关行使法律监督权可采取的相关措施。这些权限和措施,不仅为检察机关进行法律监督提供了前提与基础,而且其通过行使法律监督职责,也积攒了丰富的监督经验。要实现对职务犯罪调查权的司法监督的常态化、有效性监督,具有丰富监督经验的检察机关无疑较为合适。第二,检察机关对监察机

---

〔1〕　参见谭世贵:《论对国家监察权的制约与监督》,载《政法论丛》2017年第5期。

〔2〕　参见陈国权、周鲁耀:《制约与监督:两种不同的权力逻辑》,载《浙江大学学报(人文社会科学版)》2013年第6期。

关进行司法监督具有现实性。涉及职务犯罪的案件，监察机关的处置结果很可能是将案件移送检察机关提起公诉，因此，在"监察调查—刑事诉讼"程序中，直接与监察调查相衔接的就是检察机关的审查起诉阶段，两者联系紧密，如果检察机关在审查起诉过程中发现相关线索，可以及时对监察调查活动进行监督。

由此可见，无论是普遍性监督还是对某一职务犯罪案件的针对性监督，从权力衔接以及运行的机理来看，与监察调查相邻的检察机关都具有天然的监督优势，理应作为司法监督的主体。至于审判机关，因其在职务犯罪案件办理过程中属于最终救济机关，很难越过检察机关的审查起诉阶段对监察调查活动直接进行监督。并且从性质上来看，与检察机关作出对监察案件是否提起公诉的决定一样，审判机关对监察调查更多的是一种实体上的制约，其主要表现为可以通过最终救济程序中的司法裁判对监察调查结论进行否定或部分否定。因此，司法制约主要在监察调查案件的后端通过检察机关的审查起诉和审判机关的审判活动发挥作用。

（三）"司法监督与制约"的范围

由于"司法监督"与"司法制约"的含义、主体不同，两者范围也具有较大区别。"司法制约"指检察机关和审判机关通过对监察案件进行审查起诉、审判，以规范监察机关监察权的行使，因此其范围较为明显，也较为具体，即监察机关移送起诉案件的调查结论。而"司法监督"不仅包括常态化、普遍性的抽象性监督，还包括某一案件的具体性监督，其范围较为复杂，需专门对其进行讨论。

我国《实施条例》第251条规定，监察机关必须依法接受司法监督，确保权力受到严格的约束和监督。[1]由此可知，"司法监督"的范围就是监察机关监察权运行的活动范围。然而，监察机关的监督、调查、处置活动都属于监察机关监察权运行的活动，那么三者都应当纳入司法监督的范围吗？笔者持否定态度，认为司法监督的范围应仅包括监察机关对于职务犯罪的调查及处置活动，原因主要有以下三个方面。

首先，对于监察机关的监督活动，《监察法》第11条第1项规定，监察

---

〔1〕 参见《实施条例》第251条。

委员会对公职人员开展廉政教育，对其依法履职、秉公用权、廉洁从政从业以及道德操守情况进行监督检查。可见，监察机关的监督活动，不仅可以在某种程度上预防职务违法和职务犯罪行为的发生，也是进行后续调查、处置活动的重要基础。然而，监察机关监督职能的内容及地位，决定了司法机关很难在这一过程中发现监察机关滥用职权的行为。因此，若对监察机关的监督活动进行司法监督，不仅浪费司法资源，而且还可能干扰监察机关监督职能的正常行使。

其次，对于监察机关的调查活动，《监察法》第 11 条第 2 项规定，监察委员会对涉嫌贪污贿赂、滥用职权、玩忽职守、权力寻租、利益输送、徇私舞弊以及浪费国家资财产等职务违法和职务犯罪进行调查。由此可知，监察机关的调查权包括职务违法调查权和职务犯罪调查权。但是，笔者认为，为节约司法资源，应仅对职务犯罪调查权进行司法监督。理由在于，一方面，监察机关的职务犯罪调查权行使的结果在很大程度上是职务犯罪案件司法活动的开端，与司法活动的衔接更为紧密，司法机关对于职务犯罪调查权的监督具有天然的便利；另一方面，职务犯罪调查权一旦滥用，对被调查人的人权侵犯更为严重，更有对其监督的必要。无论是从权力运行角度还是从人权保障角度来看，对于职务犯罪调查权的司法监督都是较职务违法调查权更为优先的监督内容。

最后，对于监察机关的处置活动，根据《监察法》第 11 条第 3 项的规定，监察机关的处置包括政务处分、问责、将调查结果移送检察机关审查起诉以及向监察对象所在单位提出监察建议四种方式。其中，除移送审查起诉之外的三种处置方式都是监察机关内部在政治上对监察对象或其所在单位作出的处置，而司法监督更强调在法律层面对监察机关的权力运行进行监督，因此，政务处分、问责、监察建议不宜纳入司法监督的范围；将调查结果移送检察机关审查起诉，不仅是监察案件进入司法活动的重要环节，而且是对监察机关的职务犯罪调查活动进行司法监督的必然延续，关系到被调查人在法律层面上的最终处理结果。因此，对将调查结果移送审查起诉这一处置过程进行司法监督是进一步规范监察机关权力运行的应有之义。

由此可见，虽然《实施条例》中规定，应对监察机关运行监察权的活动进行司法监督[1]，但是从法理及现实性的角度考虑，此处的监察权应作狭义解释，即监察机关对于职务犯罪行为的调查权和处置权，并且其中最为核心的是职务犯罪调查权。

综上分析，对监察机关的司法监督与制约是指，检察机关基于授权，采用一定的方式和程序，对监察机关行使职务犯罪调查权和处置权的过程进行单向的监视、督促，并与审判机关一起通过刑事诉讼程序中的审查起诉、审判活动影响监察案件的调查结果，从而对监察权进行限制、约束。

二、对监察机关的司法监督与制约的理论渊源

（一）权力监督理论

权力犹如一把双刃剑，用得好可造福于民，权力异变则会祸乱丛生。若要保障社会的公平正义，就必须对权力加以限制。由此，出现了权力监督的基本理论。

古希腊时期已经有了西方权力监督和制约思想的雏形。亚里士多德提出政体划分与分权制衡的思想，认为政体的核心由行政、议事与审判（司法）三大要素组成。随后，古希腊历史学家波里比阿进一步提出，执政官权力、人民大会权力与元老院权力，是罗马国家真正拥有的三大权力，并率先提出了三种国家权力彼此制衡的观点。17 世纪~19 世纪后，大量资产阶级启蒙思想家传承并延续了古罗马、古希腊提出的民主政治思想。洛克最早提出了权力分立理论，孟德斯鸠在洛克的权力分权理论基础上进一步主张把国家的权力分为立法权、行政权和司法权三个部分，由不同的机关分别掌管这些权力，并且强调对这三种权力的平衡与制约也同样重要。

在我国国家体制建设过程中，国家权力因各部门的职责不同开始分化，对于各个部门权力的监督与制约也随之产生。并且，随着现代社会的不断发展，权力种类增多，权力之间的关系更加复杂，权力之间的联系也愈加频繁，对权力运行过程进行监督与制约变得尤为重要。2018 年《监察法》出台后，监察权成为了独立于立法、司法、行政权的"新型权力"，监察机关成为监督行使公权力的公职人员的专责机关，"监督者"的腐败后果较"监

---

[1] 参见《实施条例》第 251 条。

督对象"更为严重，对监察机关进行有效的司法监督与制约，无疑是践行权力监督理论，促进反腐败工作规范化的重要途径。

（二）程序正义理论

程序是法治的构成性要素，最终也是社会整合的构成性要素，现代社会的法治以程序为中心，亦可称之为程序法治。[1]程序正义与实体正义紧密相关，但程序正义并不依赖实质正义，其自身也具有独立价值。有学者将其独立价值总结为追求价值合理性、减少人为随意性、增加结果确定性以及实现社会正义性。[2]可以说，"如果没有程序正义作后盾，法律或规则本身所追求的公正、平等、人权等价值就难以实现。"[3]

程序正义理论反映到监察权这一权力的运行中，就是要求监察机关必须严格按照法律规定的程序开展调查活动，通过减少调查过程中人为运作的空间，使得被调查人能够被最大程度地平等对待，并获得较为确定的处理结果，以此提高公众对于处理结果的认可度，最终保障社会正义的实现。因此，若不能对监察程序进行有效的监督与制约，就存在因忽视程序而导致监察权被滥用的可能，对监察机关进行监督与制约势在必行。刑事司法程序与监察程序紧密相连，借助司法机关对监察程序及刑事诉讼程序较为熟悉的衔接优势对监察机关进行司法监督与制约，可通过保障监察程序正义，最大程度地实现监察结果的实质正义。

（三）人权保障理论

人权，是人之所以为人的权利，是社会对人的价值的一种认可，也是人最基本、不容侵犯的权利。[4]近现代的人权理论形成于 17 世纪~18 世纪的欧洲资产阶级启蒙运动时期，法国的思想家卢梭、英国的思想家洛克是这场启蒙运动的主要代表人物，洛克认为，如果每个人都是平等和独立的，那么任何组织和任何人都不得侵害他人的生命、健康、自由以及财产。[5]《世界

---

〔1〕　参见雷磊：《法律程序为什么重要？反思现代社会中程序与法治的关系》，载《中外法学》2014 年第 2 期。

〔2〕　参见仇赟：《程序正义：理论、内涵与独立价值》，载《学理论》2021 年第 12 期。

〔3〕　Albert Weale, *Political Theory and Social Policy*, Macmillan, 1983, p. 142.

〔4〕　参见曾涛：《监察委员会职务犯罪调查权监督机制研究》，南华大学 2018 年硕士学位论文。

〔5〕　参见［英］洛克：《政府论（下篇）》，瞿菊农、叶启芳译，商务印书馆 1982 年版，第 7页。

人权宣言》《公民权利和政治权利国际公约》《经济、社会及文化权利国际公约》三个文件的出台，标志着尊重和保障人权已成为国际社会的普遍共识，人权逐步成为衡量各国法治文明进步程度的重要标尺。

新中国成立以来，我国形成了既符合马克思主义基本原理，又具有中国特色的人权基本理论，在 2004 年将"国家尊重和保障人权"写入宪法，这一价值目标随着制度的发展愈发清晰。《刑事诉讼法》确立了惩罚犯罪与保障人权并重的理念，并将"尊重和保障人权"作为刑事诉讼的基本任务之一。除此之外，在具体的刑事诉讼程序设计中也有诸多彰显，如"不得强迫自证其罪""非法证据排除"。

2018 年《监察法》出台后，监察委员会享有监督、调查、处置权力。其中，职务犯罪调查权、处置权与被调查人的人权密切相关，其不仅直接影响刑事诉讼的顺利进行，关系监察案件的最终结果，也决定着我国最终能否实现宪法中人权保障的价值目标。因此，以人权保障为逻辑出发点，对监察权进行有效的监督与制约尤为重要，而检察制度肩负着保障人权的天然使命以及刑事诉讼对人权理念的重视，为司法机关对监察机关的监督与制约奠定了坚实的理论基础，并使司法监督与制约逐渐成为在监察调查案件中保障人权的有力手段。

三、对监察机关的司法监督与制约的法理逻辑

尽管当前监察机关的"政治机关"定位使得监察权被蒙上了鲜明的政治色彩，但是作为其核心权力的职务犯罪调查权仍难以掩饰其司法权属性。[1] 肯定检察机关和审判机关可对监察机关的职务犯罪调查活动进行司法监督与制约，顺应监察机关职务犯罪调查权的权力本质，符合《宪法》对检察机关法律监督机关的职能定位，属于实现审判中心主义改革目标的必然要求。

（一）职务犯罪调查权的司法属性

前已述及，职务犯罪调查权是司法监督的核心内容，而司法制约的具体案件也大多是监察机关行使职务犯罪调查权的结果。因此，探究对监察机关

---

〔1〕 参见陈伟、郑自飞：《监察机关职务犯罪调查案件的检察衔接及其制约》，载《湖北社会科学》2020 年第 6 期。

进行司法监督与制约的司法逻辑，首先应确定职务犯罪调查权的性质。

1954 年《人民检察院组织法》第 10 条规定，检察机关在发现并确认有犯罪事实时，应依照法律规定的程序进行侦查或者交给公安机关侦查。[1] 1979 年《人民检察院组织法》第 11 条延续了这一条的立法精神，同样规定检察机关可依程序自己侦查或交给公安机关侦查。[2] 该条款不仅明确了检察机关自身具有侦查权，而且还体现了其对侦查权享有分配的权力，即可将侦查权分配给其他机关。

笔者认为，1954 年和 1979 年《人民检察院组织法》之所以赋予检察机关分配侦查权的权力，一方面是因为检察机关是我国的公诉机关，对一切犯罪具有侦查权，承担着追诉犯罪的专门与全部责任，而侦查活动实质上是在为提起公诉作准备，因此将侦查权的完整权能赋予检察机关，符合检察机关对追诉犯罪承担全部责任的法律地位；另一方面，规定检察机关可以授权公安机关行使侦查权，可以分担检察机关的侦查任务，提高案件的侦查效果与效率。据此，检察机关享有对所有犯罪案件的侦查权以及对侦查权行使的分配权。此后的 1979 年、1996 年《刑事诉讼法》有关职能管辖的规定贯彻了《人民检察院组织法》关于侦查权专属检察机关的精神，只是除公安机关之外，新增了国家安全机关、军队保卫部门、监狱作为侦查机关，2018 年《刑事诉讼法》新增了中国海警局作为侦查机关。这些新增的侦查机关在性质上与公安机关一样，都是检察机关侦查权的分配机关。

在国家监察体制改革过程中，《宪法》增设监察委员会作为履行国家监察职能的专责机关，不仅将检察机关的职务犯罪侦查权转移给了监察机关，负责职务犯罪侦查的检察官也部分转隶到了监察委员会，基本实现了职务犯罪侦查职能与侦查人员的双转隶。由此看来，监察机关对职务犯罪的调查活动与国家监察体制改革之前检察机关对职务犯罪的侦查活动在实质上是一致的。在这个意义上，监察机关与公安机关、国家安全机关、军队保卫部门、监狱、海警局一样，都是检察机关侦查权的分配机关。

有学者提出，2018 年《刑事诉讼法》修改了"侦查"的概念，并将

---

[1]　参见 1954 年《人民检察院组织法》第 10 条。
[2]　参见 1979 年《人民检察院组织法》第 11 条。

"调查"适用于监察委员会对案件的收集证据、查明案情工作，可见"监察调查"不同于"侦查"。笔者对此持有不同意见，虽然 2018 年《刑事诉讼法》区分了"监察调查"与"侦查"的概念，但是监察调查是一个广义的概念，将监察机关对职务违纪违法、职务犯罪等取证活动统称为"调查"是可行的，若针对监察委员会的职务犯罪调查活动，其与"侦查"并无二致；同时，尽管职务犯罪调查活动并不属于刑事诉讼过程，但是在监察委员会调查结束后与侦查机关一样，都需要将案件提交检察机关审查起诉，为检察机关行使公诉权作准备，也即职务犯罪调查阶段作为国家犯罪追诉机制的重要组成部分，其实践运行最终要实现"对接公诉"并"承接审判"，[1]遵循司法程序注重公平的基本原理。正如学者提出，职务犯罪调查权，在实质上就是检察机关职务犯罪侦查权的转隶，尽管调查与侦查名称不同，但是其性质并未改变，两者在预设功能上具有一致性。[2]因此，无论是从职务犯罪调查活动类似侦查活动的性质，还是从权力的现实运行机理来看，职务犯罪调查权都具有司法属性。

（二）检察机关法律监督职能的宪法定位

1. 检察机关"法律监督机关"的变迁

在新中国成立初期，"法律监督机关"在很大程度上是一个法学理论概念。1950 年 6 月，李六如在《检察制度纲要》中提到，苏联检察"主要是政府的监督机关"，"实行法律上的监督"，而在《各国检察制度大纲》中则直接指出检察机关"主要是政府的法律监督机关"，[3]如此定位是基于苏联检察院具有检察监督职能。此后，"法律监督机关"这个术语开始在党的文件和报告中使用，但并未直接进入法律。新中国检察制度在 20 世纪 50 年代~60 年代处于发展停滞期，直到 1979 年颁布《人民检察院组织法》，该法第 1 条将人民检察院的性质明确为"法律监督机关"，并在之后的"八二宪法"中首次以宪法条文的形式将人民检察院规定为"法律监督机关"，自此确立

---

〔1〕 参见张云霄：《〈监察法〉与〈刑事诉讼法〉衔接探析》，载《法学杂志》2019 年第 1 期。

〔2〕 参见卞建林：《监察机关办案程序初探》，载《法律科学（西北政法大学学报）》2017 年第 6 期。

〔3〕 参见李六如：《各国检察制度大纲》，载闵钐编：《中国检察史资料选编》，中国检察出版社 2008 年版，第 829 页。

了检察机关及其法律监督职能的宪法地位。

我国检察机关在检察制度的演进过程中，作为"法律监督机关"的职能维度发生了重大变化，从承担广泛诉讼监督职能的国家机关，发展演变为我国权力监督体系中行使法律监督职能的专门机关，其"法律监督"重心在不同时期也有所不同，法律监督的内涵和外延一直处于动态变化中，这一变化的主要原因在于中国社会政治、经济的发展和变迁。

一方面，我国近年来对三大诉讼法进行了重大修改，丰富了刑事诉讼中的检察监督职能，形成了检察监督从实体到程序、从结果到过程的全覆盖；与此同时，检察系统的"四大检察"布局逐渐形成并深化实践，改变了之前刑事检察监督独大的不全面、不协调、不充分的检察监督立法格局，拓展了检察机关法律监督的内容。另一方面，随着国家监察体制改革的进一步深化，检察机关改革前以职务犯罪侦查为重心的职能定位、工作模式等开始发生改变，党中央在 2021 年发布的《中共中央关于加强新时代检察机关法律监督工作的意见》为新时代检察机关的工作确立了发展目标，理清了发展思路。

总的来说，检察机关职务犯罪侦查工作的转隶，以及党中央近年来对于其法律监督工作的逐步重视，为检察机关逐步凸显其法律监督职能，回归法律监督主责主业提供了现实基础与政策支持。

2. 检察机关法律监督的范畴包含司法监督

随着国家监察体制改革的全面开展，监察机关成为了监督行使公权力的公职人员的专责机关，检察机关作为国家法律监督机关的定位也因此遭到了质疑，其是否有权对监察机关进行监督成为检察机关在新时代开展法律监督工作的新问题。一些学者和实务人员对改革后检察机关法律监督机关的定位持悲观态度，但笔者认为，检察机关作为法律监督机关的地位具有国家性，其法律监督职能不应因监督对象的特殊属性而发生改变。因此，检察机关法律监督的范畴应包含对监察调查的司法监督。

从规范层面来看，检察机关的法律监督所遵循的是"控权"逻辑。[1]作为国家的法律监督机关，检察机关始终以国家的名义对法律的实施和遵守

---

〔1〕　参见魏晓娜：《依法治国语境下检察机关的性质与职权》，载《中国法学》2018 年第 1 期。

进行监督，其最终目的在于通过对权力进行控制以防止其异化，最终实现国家的意志，[1]即检察监督承担的是宪法实施和法律实施意义上的国家任务。尽管 2018 年修正后的《宪法》在"国家机构"一章中增设了"监察委员会"，但是检察机关是国家的法律监督机关的规定并未改变。且这次修正虽然删去了检察机关可对职务犯罪案件行使侦查权的规定，但也保留了部分侦查权：人民检察院在对诉讼活动实行法律监督中发现的司法工作人员利用职权实施的非法拘禁、刑讯逼供、非法搜查等侵犯公民权利、损害司法公正的犯罪，可以由人民检察院立案侦查。[2]可见，检察机关发现犯罪的方式必须是"对诉讼活动实行法律监督"这一过程，在监察体制改革的背景之下，保留检察机关的侦查权并明确发现犯罪的方式，是对检察机关作为国家法律监督机关地位的有效巩固。除此之外，由于职务犯罪调查权具有司法属性，在职务犯罪调查过程中的监察工作人员应当也具有司法工作人员的地位；检察机关行使上述职务犯罪侦查权的前提是对在诉讼活动中的司法工作人员进行法律监督，那么监察机关的职务犯罪调查权运行的合法性与规范性自然应属于检察机关法律监督的范围。因此，面对新生的监察权，要对其进行监督，检察机关责有攸归。

"有多少部门的法律，就有多少种的法律监督"[3]，检察监督的内涵应因时而变，检察机关法律监督的范畴自然也应随着国家政治、经济的变迁而逐步完善。虽然我国现行立法并未明确规定监察调查活动应受到检察机关的监督，但从宪法与法理来看，监察调查理应属于检察机关法律监督的范畴。

（三）审判中心主义改革的必然要求

1. 监察体制改革对审判中心主义目标的冲击

党的十八届四中全会通过的《中共中央关于全面推进依法治国若干重大问题的决定》明确提出，"推进以审判为中心的诉讼制度改革"，正式将"审判中心主义"理论引入全面推进依法治国的宏观部署，旨在通过强调审判活

〔1〕 参见王守安、田凯：《论我国检察权的属性》，载《国家检察官学院学报》2016 年第 5 期。

〔2〕 参见《刑事诉讼法》第 19 条。

〔3〕 杨伦华等：《关于推进检察监督法治化现代化的思考——以国家监察体制改革为背景》，载徐汉明主编：《社会治理法治前沿年刊（2017）》，湖北人民出版社 2017 年版，第 471 页。

动在诉讼程序中的核心地位，强化对侦查（调查）活动的审判监督与制约，促进审判权的独立行使，[1]纠正长期以来实践中形成的侦查中心主义，确保侦查、审查起诉阶段确定的案件事实与证据经得起法律的检验，减少冤假错案的产生，进而提高司法公信力，实现刑事诉讼中保障人权的价值功能。

监察体制改革后，国家司法权力配置格局重新调整，监察权成为了独立于立法、行政、司法权的"第四权力"，职务犯罪案件调查的主体变成了监察机关，改变了之前由检察机关侦查并起诉的刑事诉讼格局，对实现审判中心主义改革的目标带来了冲击，这一冲击主要体现为"监察中心主义"的可能。

首先，监察权力更加厚重。监察权集监督、调查、处置权于一身，不仅实现了监察范围的全覆盖，而且其所具有的职务违法和职务犯罪调查权形成了打击腐败犯罪的有效合力，这使得监察权较其他国家权力更加综合、厚重。其次，监察机关具有较高的政治地位。监察机关除具有政治机关的特殊定位外，纪委监委合署办公的特殊设置也要求党内监督与国家监察有机统一，因此，地方监察委员会主任与同级纪委书记往往由同一人担任，这使得监察机关具有较强的政治属性。最后，监察机关具有较高的法律地位。法官作为行使公权力的公职人员，无疑属于监察机关的监察对象，而居于监督地位的监察委员会的法律地位自然要高于被监督者，且监察机关的监督是对"人"的监督，那么监察机关对法官的监督很可能造成正在审理案件的法官头悬"达摩克利斯之剑"，成为影响其依法裁判的外界因素，进而导致法官因害怕推翻调查结果而使得审判程序成为对调查结果的形式确认程序。

由此可见，监察权权力厚重，在政治地位上可对审判权造成影响，在法律地位上可因其对"人"的监督而影响法官，从而可能导致审前监察调查结论穿透性影响审判结果，再加上法院与检察院等沟通协调、庭外对卷宗查漏补缺等庭外机制形成裁判结论的顽疾一直存在，极易形成"监察中心主义"，阻碍审判中心主义改革目标的实现。

---

[1]　参见陈辉：《审判中心主义视域下监察权审判监督的方式与限度》，载谭宗泽主编：《监察法论丛（第二辑）》，法律出版社2022年版，第69~70页。

2. 司法制约是践行审判中心主义的应有之义

"审判中心主义"要求控诉、辩护、审判活动都围绕法院在审判阶段中对事实认定、法律适用的标准进行。在职务犯罪案件中践行审判中心主义，意味着法官审判在职务犯罪调查、审查起诉、审判三阶段中处于核心地位，强调审判权对监察机关职务犯罪调查权的制约。然而监察体制改革之后，监察机关以法治思维和法治方式进行反腐，形成了反腐合力，监察权也随之增大，尽管现行《宪法》规定了"互相制约"的原则，但在当前监察机关拥有较高的政治地位及法律地位的背景下，司法机关对监察机关制约乏力的问题已逐渐显现。如有学者对768起案件进行实证分析后认为，实践中逐渐盛行"调查中心主义"理念，特别是在非法证据排除、审前羁押等重要的诉讼环节中，监察机关的意见很少被驳回，司法机关难以对职务犯罪案件进行有效的制约几成事实，[1]这无疑为职务犯罪案件中"审判中心主义"的实现带来威胁。

在现行对监察调查活动制约不足的背景下，审判机关通过严格贯彻证据规则，坚持疑罪从无，注重保障被调查人的人权，在根本上改变审判活动对监察调查所获证据、认定事实的依赖度，从而确保庭审的实质化，最终实现审判权对监察权的实质制约，成为践行"审判中心主义"的必然要求。一方面，在职务犯罪案件的办理过程中，审判机关对移送起诉的监察案件的审判是制约监察机关调查结果的最后一道屏障，对案件的最终结果具有决定性的影响，只有强化审判这一刑事诉讼程序对监察权的制约，才能尽可能避免"监察定案、检察照办、法院宣判"[2]；另一方面，审判机关对监察机关的制约是最具刚性的制约方式，法官可通过行使审判权实质性地否定或部分否定调查结果，相比《监察法》规定的人大监督、民主监督、舆论监督等较为宏观、抽象的监督方式，通过审判机关对每一个具体职务犯罪调查案件的最终结果进行制约，可最大程度地实现"审判中心主义"的价值目标，保障被调查人的人权。

因此，无论是从审判机关在权力运行中所处的阶段来看，还是从审判机

---

〔1〕 参见韩旭：《监察委员会办理职务犯罪案件程序问题研究——以768份裁判文书为例》，载《浙江工商大学学报》2020年第4期。

〔2〕 刘计划：《监察委员会职务犯罪调查的性质及其法治化》，载《比较法研究》2020年第3期。

关进行司法制约的强度来看，司法制约都是践行"审判中心主义"、规范监察机关权力行使的应有之义。

四、对监察机关司法监督与制约的问题分析

（一）监察监督可能影响司法机关独立行使职权

《宪法》第 127、131、136 条分别规定，监察委员会、人民法院、人民检察院依照法律规定独立行使监察权、审判权、检察权，不受行政机关、社会团体和个人的干涉；监察机关办理职务违法和职务犯罪案件，应当与审判机关、检察机关、执法部门互相配合，互相制约。这表明，在我国《宪法》规定的国家权力结构中，监察权、审判权、检察权是分工负责、平行运行的国家权力，相互之间存在着司法程序上的衔接、配合与制约关系，不能替代、混淆，更不能干涉。《监察法》第 3 条规定，监察机关有权对所有行使公权力的公职人员进行监察。检察官、法官自然属于行使公权力的公职人员，因此在监察权、检察权、审判权的运行中，除配合与制约之外，也存在着监察委员会对检察官、法官的监督关系。尽管监察机关在对职务犯罪案件的办理程序、调查措施以及与司法机关的程序协调衔接机制进行了很多有益的探索并取得了较为有效的经验，但不可否认的是，监察体制改革对检察权、审判权的依法独立行使仍将产生诸多影响，归纳起来，主要有以下几个方面。

首先，监察机关的监察权很可能对检察官、法官办案时的心理产生影响。在高压反腐的态势下，强势的监察权是否会造成正在审查、审判案件的检察官、法官头悬的"达摩克利斯之剑"，成为影响其依法行使职权的重要因素？如检察官、法官在对监察机关移送的案件进行审查、裁判时，是否会顾虑自己可能会因决定不逮捕、不起诉或者判决被告人无罪、罪轻而受到监察机关调查？若果真如此，人民检察院、人民法院依法独立行使职权将会"有名无实"。

其次，司法机关提前介入监察程序导致案件最终办理结果掌握在监察机关手中。实践中有的地方监察机关往往会邀请检察院、法院派员提前介入参与案件办理，部分地区监察机关甚至还建立了包括检察院副检察长、法院副院长在

内的咨询专家库，对于疑难和有争议的监察案件提前进行"会诊"。[1]这种"会诊"表面上看是辅助了监察案件的调查，提高了监察办案的准确性，但是无形中也增强了监察调查结果的权威性，后续司法机关很可能因"会诊"的压力而使司法程序沦为对监察调查结果的"形式确认程序"，进而使得"庭审实质化"流于形式。值得注意的是，司法机关的提前介入也并非主动介入，而是被动受邀，并且介入的程度、介入的内容均由监察机关决定，这在一定程度上赋予了监察机关更多的办案主动权。

最后，监察权相关规定不完善大大影响甚至削弱了检察机关的公诉权。检察机关对于存在《刑事诉讼法》规定的不起诉情形的，仍需"经上一级人民检察院批准"，才能作出不起诉决定，在此增加的审批程序是对检察机关公诉权的削弱。

若司法机关独立行使职权受到影响，监察权无疑将凌驾于检察权、审判权之上，变成事实上的法官，使司法程序对监察调查的监督与制约减损，进而带来侵蚀司法权力的法治风险。

（二）检察机关对监察机关的司法监督虚置化

2018年新修《宪法》第134条明确规定检察机关是我国的法律监督机关。《刑事诉讼法》第8条规定人民检察院依法对刑事诉讼进行法律监督。上述两个条文表明，虽然《刑事诉讼法》对原检察自侦案件范围进行了实质性修改，但是检察机关作为法律监督机关的宪法定位、对刑事诉讼实行法律监督的基本原则并未改变。除此之外，《实施条例》在第251条概括规定监察机关和监察人员依法接受司法监督，上文已经详述此处司法监督主体应为检察机关，在此不再赘述，而监察机关享有的职务犯罪调查权具有司法属性，因此根据我国现行法律规定，检察机关有权对监察机关的职务犯罪调查活动进行法律监督。

然而，我国现行立法并未对检察机关对监察机关职务犯罪调查权的法律监督的内容、方式与程序进行具体规定。值得注意的是，2018年国家监察委员会和最高人民检察院共同制定的《国家监察委员会与最高人民检察院办理

---

〔1〕 参见詹建红、崔玮：《职务犯罪案件监察分流机制探究——现状、问题及前瞻》，载《中国法律评论》2019年第6期。

职务犯罪案件工作衔接办法》以专章形式规定了"最高人民检察院提前介入工作"的规则，2019 年最高人民检察院发布的《人民检察院提前介入监察委员会办理职务犯罪案件工作规定》以及《人民检察院刑事诉讼规则》（以下简称《高检规则》）均规定了经监察机关商请，检察机关可以派员介入监察机关办理的职务犯罪案件，对检察提前介入监察问题在范围、方式等方面作出了原则性规定。

有学者认为，在检察提前介入监察机制中，检察机关可以发挥监督职能。[1]但是对于检察提前介入监察机制，虽然已经具备一定的制度支撑，仍缺少一定的操作细则，如检察机关介入内容、介入范围、介入时间等问题尚未明确，并且因实践中检察机关角色定位不清，不仅导致各地实践存在差异，而且检察机关的监督职能也难以得到有效发挥，司法实践呈现多样化、无序化的样态。除此之外，还有学者建议参照适用检察机关对公安机关、审判机关的法律监督规定。笔者认为，这在对监察机关具体监督规定出台之前不失为一个两全之策，但是参照适用仍存在问题，即是否应因监察机关作为政治机关的特殊定位以及纪委监委合署办公的特殊设置而应与对公安机关、审判机关的法律监督有所不同？若应有所不同，体现在哪些方面？因此，检察机关法律监督具体规定的缺位、提前介入机制中检察机关角色的混淆以及参照适用规则的模糊导致我国检察机关对监察机关的监督虚置化，相关条文处于"休眠"状态。

（三）司法机关对监察机关非罪化处置权的监督与制约不足

非罪化，又称非犯罪化，是指将刑法已明文规定是犯罪的行为，不再认为是犯罪，或者虽然在刑法上认为是犯罪，但是却不按照刑法的规定定罪处罚。[2]非罪化从两个层面展开，一是在立法层面，通过修改或删除法条，将刑法之前规定为罪的行为排除在刑法规制之外，不再将该行为认定为罪、进行刑事处罚；二是在司法层面，司法机关（包括承担司法职责的非司法机关）通过不予立案、撤销案件、不起诉、撤诉，或通过司法解释或判决，将

---

〔1〕　参见虞浔：《职务犯罪案件中监检衔接的主要障碍及其疏解》，载《政治与法律》2021 年第 2 期。

〔2〕　参见张明楷：《司法上的犯罪化与非犯罪化》，载《法学家》2008 年第 4 期。

刑法上明确规定为犯罪的行为不认定为犯罪。[1]此处提到的监察机关在调查处置过程中将职务犯罪行为非罪化应是一种广义上的司法非罪化。

《监察法》第 45 条第 1 款第 4 项规定："对涉嫌职务犯罪的，监察机关经调查认为犯罪事实清楚，证据确实、充分的，制作起诉意见书，连同案卷材料、证据一并移送人民检察院依法审查、提起公诉"，仅从条文本身理解，对于监察机关调查的职务犯罪案件似乎是"入罪即诉"。此外，《实施条例》第 206 条第 1 款规定："监察机关经调查，对没有证据证明或者现有证据不足以证明被调查人存在违法犯罪行为的，应当依法撤销案件……"，以及《监察法释义》中扩充的"监察机关在调查过程中，发现立案依据失实"的情形涉及的都是证据与事实范畴，并未涉及监察机关非罪化处置权的问题。但是 2021 年出台的《实施条例》第 207 条第 1 款规定了监察机关经审批可以对情节较轻的涉嫌行贿等犯罪的非监察对象不予移送起诉的内容。

据此，我们可以认为，在我国现行法律法规中，监察机关对于监察对象的违法犯罪问题，无权突破法律的框架对某一特定行为"入罪"和"出罪"，对于非监察对象则有一定的非罪化处置权。然而与司法机关的非罪化处置相比，监察机关行使此项权力更为隐秘，原因在于：一方面，司法机关的非罪化处置受到了严格的监督与制约，不仅有相对健全的立案监督制度以及自诉制度作为补充，而且《刑法》第 63 条第 2 款在法定刑以下判处刑罚以及《刑事诉讼法》第 182 条特别不起诉的规定都明确，司法机关行使非罪化处置权，分别须经最高人民法院和最高人民检察院核准，这无疑也是对司法机关非罪化处置的制约。但是监察机关的非罪化处置在我国实践中已经普遍存在，而且超出了对非监察对象非罪化处置的范围，在这种情况下，司法机关对监察机关非罪化处置的监督与制约不足，不得不让人担心监察机关的非罪化处置权是否会被滥用，进而助长监察不洁，影响监察队伍自身建设。另一方面，监察机关非罪化处置权的范围和限度控制失当还有可能侵犯法官的定罪处罚权，破坏以法官裁判权为核心的刑事司法秩序和以刑法为核心的刑事法秩序，进而使得近代以来构建的以刑法为核心的刑事法体系遭到破坏。

---

[1] 参见李蓉：《监察机关非罪化处置权及其限制》，载《北方法学》2019 年第 4 期。

（四）司法机关对监察调查录音录像的调取移送制约较弱

《监察法》第 44 条第 2 款规定："调查人员进行讯问以及搜查、查封、扣押等重要取证工作，应当对全过程进行录音录像，留存备查。"可见，《监察法》对于取证录音录像的处理是"留存备查"，《监察法释义》第 41 条进一步明确了监察取证录音录像不随案移送检察机关，同时规定："检察机关认为需要调取与指控犯罪有关并且需要对证据合法性进行审查的录音录像，可以同监察机关沟通协商后予以调取。"2019 年底施行的《高检规则》第263 条第 2 款同样作出了检察机关"可以商请监察机关调取"的规定。然而相关立法均未明确检察机关同监察机关的具体协商沟通程序，也未明确审判阶段法院能否调取监察录音录像，虽然 2021 年出台的《实施条例》第 56 条第 2 款从监察机关的角度规定，监察机关对于检察机关、审判机关的调取请求应当予以配合，经审批依法予以提供。这在一定程度上为检察机关调取监察录音录像提供了便利，从侧面规定了审判机关也可调取录音录像，但监察调查录音录像的调取移送规定粗疏问题却始终未得到解决。

首先，监察机关移送录音录像需要审批，审批标准尚未明确，对于监察机关拒绝移送的，检察机关如何处理？如允许移送，检察机关是否能再移送法院。其次，仅《实施条例》对于审判机关能够调取监察调查录音录像进行模糊规定，《监察法》和《刑事诉讼法》对此问题均未涉及，很有可能在很大程度上阻碍法院对于监察调查录音录像的调取工作。最后，在审判阶段，法院调取录音录像的条件、程序不明，如辩方是否可以申请调取？监察机关拒绝移送后法院对于相关证据如何处理？监察机关同意移送后辩方是否有权阅看录音录像？对监察调查取证工作进行录音录像确保了监察调查人员问询的客观公正性，保障了被调查人员的合法权利，也是在可能出现非法取证情况时决定是否运用非法证据排除规则的前提，更是司法机关对监察机关调查取证工作进行制约的重要途径，我国现行立法对于监察调查录音录像的相关规定不明无疑会导致司法机关对于监察机关调查取证过程的制约力度大打折扣。

五、对监察机关的司法监督与制约的优化路径

（一）避免监察监督对司法机关独立行使职权产生不利影响

监察机关的监察对象是所有行使公权力的公职人员，其中自然包括检察

官、法官，为防止检察官、法官在审查、审判监委移送的案件时受到监察权的影响而有所顾忌，应避免监察监督对司法机关独立行使职权产生不利影响，具体来说，可从以下几个方面进行规范。

1. 区分对司法工作人员的办案瑕疵与涉嫌职务违法犯罪的处理

为减轻司法工作人员承办监察调查案件的心理负担，应将司法工作人员违反刑事诉讼程序的办案瑕疵与其涉嫌职务违法犯罪的处理区别开来。若承办案件的检察官、法官只是在承办案件过程中违反刑事诉讼程序，并未涉嫌职务违法犯罪，可通过刑事诉讼程序中的上诉或再审程序进行救济；若涉嫌职务违法犯罪，对于省级以下司法工作人员，同级监察机关不得直接立案调查，须先报请上一级监察机关及人大常委会批准后，方可立案，以降低监察机关对于司法工作人员在承办监察调查案件时的影响力。另外，笔者认为，要使司法工作人员承办案件时不存在其他心理负担的最有效方法是司法工作人员本身做到洁身自好、问心无愧，如此才是长久之计。

2. 采用异地线上匿名方式进行"会诊"

为防止地方监察机关邀请检察院副检察长、法院副院长等对疑难案件"会诊"，进而对案件后续进展产生穿透性影响，"会诊"可尝试异地线上匿名方式进行。具体而言，可在网上建立全国范围内的咨询专家库，专家库中的专家由各地检察院、法院领导人员组成，监察机关办案时在该专家库中选择专家请求提供法律帮助。最重要的是，该"会诊"不仅通过线上进行，而且采用"双盲"机制，即监察机关与专家库中的人员对彼此的身份互不了解，仅仅针对案件进行讨论，如此既可为监察机关办理案件提供指导，也可降低承办案件司法工作人员的心理压力，促使其独立行使职权。需要强调的是，检察院、法院领导人员的提前"会诊"绝不是与监委联合办案，而是为监委办案提供专业上的建议，不能代替司法机关后续对案件的审查、审判。

3. 完善监察权相关规定

为了保证检察机关公诉权的独立行使，同时考虑到职务犯罪案件的特殊性，检察机关对于存在不起诉情形的案件，可分情况作出不起诉决定。一般案件，检察机关可直接作出不起诉决定，对于案件重大、疑难、复杂的，须报上一级检察机关批准作出不起诉决定，案件重大、疑难、复杂的具体标准，可由相关部门制定细则确定。此外，还可限定监察机关对不起诉决定提请复议的理由，如监察机关只能从事实认定、证据采纳、法律适用方面对不起诉决定提起复议，不能将政治因素作为复议理由，并且除经上一级检察院批准作出不起诉决定的案件外，监察机关应向作出不起诉决定的检察机关提请复议。

（二）完善检察机关提前介入机制

作为专门的职务违法与职务犯罪调查部门，监察机关在发现、查办、采取调查措施以及移送起诉等方面拥有较大的自由裁量权，特别是这一强大的国家权力直接涉及公民基本权利。在监察权的整体运行过程中，从线索处置、初步核实、立案到调查、审理、处置、移送审查起诉，都延续了行政决策的机制，虽然职务违法、犯罪案件相比一般刑事案件更为隐蔽，有必要对其采用特殊的办理方式以提高行动组织能力、高效处理犯罪线索。但是在大力反腐的同时，也不应忽视对监察调查过程的法律监督。

检察机关提前介入监察调查，与制定检察机关对公安机关、审判机关监督的参照适用规则相比，更具有针对性，不失为对监察调查进行司法监督的有效方法。然而现阶段检察机关提前介入的具体规定有待明确，这无疑是导致司法监督"名存实亡"的重要原因。具体而言，可从以下几个方面完善检察机关提前介入机制。

1. 明确检察机关提前介入的功能定位

检察机关介入职务犯罪调查融合了程序与实体、办案与监督等功能的"多面手"角色，在提前介入中，检察机关实质上兼具"协同办案"与"司法监督"的双重身份，[1]然而现阶段因检察机关介入时的功能定位模糊不清，其"协同办案"功能越发彰显，而"司法监督"功能则被逐渐吸收，致使检察机关介入功能出现偏差。因此，有必要通过细化提前介入机制的条件与程序强化检察机关对监察调查过程的司法监督。

值得注意的是，强化司法监督并不意味着检察机关对监察调查的所有问题都"大包大揽"，盲目扩大司法监督的概念外延，如此有侵犯"监察独立"之虞，而且也不利于高效反腐，与监察体制改革目标相悖；相反，检察机关应根据案件性质、调查阶段，有针对性地介入监察调查，既应监察机关

---

〔1〕　参见周新：《论检察机关提前介入职务犯罪案件调查活动》，载《法学》2021年第9期。

的商请为监察办案提供法律指导，也应具有一定的介入主动权，以对监察机关调查过程进行司法监督，促使其规范行使监察权。并且，检察机关提前介入的功能定位应依主动介入和被动介入有所不同，若监察机关未商请检察机关介入，为保证监察机关办案独立性，检察机关介入的功能应为司法监督，确保法律得到正确适用；若监察机关商请介入，检察机关则应两种功能同时具备，不仅应监察机关请求对案件管辖、证据收集、事实认定、法律适用等方面提出意见和建议，还可进行司法监督。原因在于检察机关在提供法律指导的过程中并不妨碍其对监察机关进行监督，反而可以促进监察权规范行使，因此在这种情况下，检察机关应两者兼顾。

2. 明确检察机关提前介入监督的内容

调查是实质的侦查，[1]检察机关司法监督的内容可参考检察机关对公安机关侦查的监督。《最高人民检察院关于推进行政执法与刑事司法衔接工作的规定》第 7 条第 2 款规定了人民检察院对公安机关的立案监督，与之相对，检察机关对监察机关的司法监督内容也应包括立案监督，即对监察机关应当立案而不立案的，检察机关应当要求监委说明原因，认为不立案的原因不成立的，应当通知监委立案，监委在接到通知后应当立案。

除此之外，检察机关还应在提前介入的案件中对监察调查进行过程性监督，具体可包括以下几个方面：第一，对监察取证的合法性进行司法监督。检察机关应对监察机关是否存在刑讯逼供、暴力取证等情况进行监督，并赋予检察机关对在调查过程中存在非法拘禁、刑讯逼供、暴力取证等犯罪行为的监察工作人员的立案侦查权，即将监察工作人员纳入《刑事诉讼法》第19 条中的"司法工作人员"范围中，以增加司法监督的刚性与张力。第二，对采取留置措施的合法性进行司法监督。检察机关应对监察机关采取留置措施是否符合条件、留置场所是否符合要求、有无超期留置等情况进行监督，若检察机关发现监察机关采取留置措施不合法的，应提出检察建议，监察机关不予纠正的，应报上级监察机关予以纠正。

---

〔1〕 参见周佑勇：《监察权结构的再平衡——进一步深化国家监察体制改革的法治逻辑》，载《东方法学》2022 年第 4 期。

3. 明确检察机关提前介入的案件范围和时机

在我国现行立法中，检察机关对于"重大、疑难、复杂"案件，可提前介入，但界定"重大、疑难、复杂"的标准尚未明确，且当前立法规定的介入案件范围是否合理还有待商榷。若一味按照"重大、疑难、复杂"的案件范围决定检察机关是否介入，不利于检察机关对于监察调查的监督。因此，可适当扩大检察机关提前介入的案件范围，并且相关部门应参考普通刑事案件制定与职务犯罪案件特点相适应的更加具体的案件判断标准，防止出现两机关对于介入案件范围产生分歧、各地介入不一致等情况。

对于检察机关介入的时机，笔者认为，可从主动介入和被动介入两方面来看待，检察机关主动介入的任务主要是司法监督，因此应可以介入监察调查全过程；而其被动介入的任务包括提供法律建议，最合适的介入时机应为案件事实证据调查结束之后，从而方便检察机关了解案情，提供更具参考性的法律指导。从提高检察机关介入规范性的角度来说，可以通过各地案件介入效果以及典型个案介入情况，提炼总结相应的介入标准、模式等，以规范办案流程，增强监督实效。[1]

（三）注重对监察机关非罪化处置权的司法监督与制约

我国现行立法明确了监察机关对非监察对象可进行非罪化处置，然而实践中监察机关的非罪化处置的范围并不局限于非监察对象，对于部分监察对象也行使了这一权力，与司法机关相比更加隐秘的调查过程更是为监察机关对案件进行非罪化处置提供了便利。作为对监察机关最为核心的外部监督制约机制，理应明确对监察机关非罪化处置进行司法监督与制约的范围与方式，以防止监察机关权力过大，侵犯法官的定罪处罚权。笔者认为，实践中监察机关非罪化处置的普遍性在一定程度上表明了目前打击职务犯罪的现实需要，也符合我国职务犯罪刑事政策的基本立场，若依据现行立法对监察机关非罪化处置的范围进行监督制约，很可能与我国职务犯罪刑事政策相悖，结果适得其反。因此在明确司法机关对监察机关非罪化处置的监督制约机制之前，有必要对监察机关扩大非罪化处置权的正当性和范围进行讨论。

---

〔1〕　参见周新：《论检察机关提前介入职务犯罪案件调查活动》，载《法学》2021年第9期。

1. 扩大监察机关非罪化处置权的正当性

与一般刑事政策宽缓化的宏观趋势不同，对于职务犯罪的刑事政策则日趋从严。党的十八大以来，党中央在打击职务犯罪的基本立场是"零容忍""猛药去疴、重典治乱""惩治有重点对象，抓关键少数，分类处理"等。"零容忍"和"猛药去疴、重典治乱"表明了我党对于打击职务犯罪的坚定决心以及惩处力度，将"惩治有重点对象，抓关键少数，分类处理"与《党内监督条例》第7条、《监察法》第45条的规定相结合，可以看出党在职务犯罪政策上对执法机关和司法机关充分发挥能动作用的肯定。

监察机关的非罪化处置权是监察机关调查职务犯罪案件过程中，对存在特殊情形的案件以及特殊的被调查对象，适用的一种特殊的处置权，在立法上根据实践需要扩大非罪化处置权的范围，不仅可以丰富监察机关处置权的内容，使监察机关真正落实既"分类处理"，又最大程度做到"零容忍"与"猛药去疴"，还可以规范监察权力运行、提高监察机关办案效率以及加强监察机制的动态适应性。因此应依刑事政策重新界定监察机关非罪化处置的范围，赋予监察机关对部分案件非罪化处置的正当性，在此基础上明确司法机关对监察机关非罪化处置的监督与制约。

2. 扩大监察机关非罪化处置权的范围

有学者对监察机关非罪化处置的范围重新作了界定，包括渎职犯罪中情节轻微的过失犯罪、满足特定从宽条件的情节较轻的贪污犯罪、满足特定从宽条件的情节较轻的行贿犯罪、有重大立功情节或案件涉及国家重大利益、经特别核准的职务犯罪案件。[1]笔者认同这一界定范围，前三种均为犯罪情节轻微、法益侵害小且《刑法》中已规定了从轻、免除处罚的轻缓处理方式的情形，纳入非罪化处置范围应不会有太大争议。然而第四种情形与其他三种不同，并非情节较轻的悔罪案件，甚至很有可能是严重的职务犯罪案件，若作非罪化处置很可能因监察机关工作人员扩大"国家利益"的内涵，滥用非罪化处置权，出现"花钱买刑""权钱交易"等情况。因此，应明确对监察机关非罪化处置权的司法监督与制约。

---

[1] 参见李蓉:《监察机关非罪化处置权及其限制》，载《北方法学》2019年第4期。

3. 对监察机关非罪化处置权的司法监督与制约

具体来说，对于前三种情形，可充分发挥检察机关对监察调查的司法监督，若发现监察机关应立案而不立案或者不应撤销案件而撤销案件的，及时予以纠正。对于第四种情形，除对监察机关进行司法监督外，还应经过特别核准才可以撤销案件。考虑到案件涉及重大立功或国家重大利益，且该案件一直由监委调查，撤销案件的决定应先提请国家监察委员会批准，由国家监察委员会作出批准决定之后，再将案件报最高人民检察院核准，即通过最高人民检察院行使案件撤销的最终决定权对监察机关非罪化处置的第四种情形进行制约。有学者担心由最高人民检察院行使对案件的撤销权有损害法院审判权、影响司法公正之虞，但是笔者认为，对于涉及重大立功或国家重大利益的一般案件，由最高人民检察院核准后撤销案件或作出不起诉决定在我国《刑事诉讼法》第 182 条第 1 款中已有规定，且对于特定情形作出不起诉决定本身就属于检察机关自由裁量权的内容，因此，这一担忧不应成为影响最高人民检察院最终核准的因素。

（四）建立监察调查录音录像调取移送制度

与侦查录音录像相比，现行法律法规赋予了监察机关对录音录像移送较大的自由裁量权，且相关规定较为粗疏。为强化司法机关对监察调查录音录像移送的制约，可对监察调查录音录像相关规定予以细化，建立监察调查录音录像的调取移送制度。

1. 明确移送审批标准及检察机关的移送决定权

在我国现行法律法规中，检察机关调取监察调查阶段录音录像需要同监察机关沟通协商，监察机关应当予以配合，经审批予以提供。为促进监察调查录音录像的调取移送，首先，应对移送审批标准予以明确。对于监察调查录音录像的移送审批，鉴于监察调查录音录像可能涉密的特殊性，若该监察调查录音录像存在涉及国家安全、重大政治安全等情况的，可不予审批，除此之外，监察机关对于司法机关的调取请求应当予以配合。其次，应明确检察机关的移送决定权。检察机关在审查起诉阶段认为可能存在非法取证情况或者需要核实事实、证据的，可请求监察机关移送相关录音录像，若监察机关不同意移送的，应当说明理由，检察机关应当附卷，若不移送录音录像且说明理由不充分，无法证明取证合法性或犯罪事实的，应当排除该份证据材料或最终作出不起诉决定，从而强化对监察机关移送录音录像的制约。最后，若监察机关同意移送，检察机关阅看之后提起公诉，为保证庭审的顺利进行，自然应将该份录音录像随案移送法院。

2. 明确辩方对监察调查录音录像的调取请求权

监察调查阶段的录音录像作为记录监察调查过程的重要材料，不仅具有确保调查人员问询的客观公正性的重要作用，而且承担着保障被调查人员的合法权利、有效实施非法证据排除规则的责任。对于大多较为隐蔽的职务犯罪案件，口供是监察机关查明事实的重要依据，而非法取证行为又通常成为获取口供的重要途径。因此对于辩方来说，在审判阶段，第一，应明确其具有对监察录音录像的调取请求权，进而保障其对于证据材料的知情权，从而可在存在非法取证情形时顺利提出非法证据排除以维护被告人的合法权益。第二，明确辩方向人民法院申请调取录音录像的条件。在审判实践中，有很多取证过程存在明显疑点但辩方调取录音录像的申请仍被人民法院以关联性证明程度低而驳回的情况，出现这一情况的重要原因是辩方申请调取录音录像的证明标准不明确且人民法院为辩方预设了较高的证明标准。然而从法律规定以及我国监察权运行情况看来，辩方与监察权力量悬殊，不具有可比性，将其证明程度确立为"一般可能性"即可，若要求辩方申请调取录音录像需要达到"高度可能性"甚至"必然性"的程度显然是不公平也是不现实的。

3. 明确法院对于监察调查录音录像的调取决定权

《人民法院办理刑事案件排除非法证据规程（试行）》规定，法庭对证据收集的合法性进行调查的，应当重视对讯问录音录像的审查。据此，若辩方在审判阶段对监察机关取证合法性提出质疑，并达到了"一般可能性"的证明程度，或检察机关在审查起诉阶段未能调取，人民法院认为确有必要调取的，人民法院应当有权向监察机关调取相关录音录像，并在《监察法》或《刑事诉讼法》中予以明确规定。此外，若监察机关以涉及国家安全、重大政治安全为由不予调取，应由监察机关调查人员出庭就监察取证情况进行说明或者解释，若法院认为仍然无法排除非法取证可能性的，相关证据不能作为定案的依据。

至于哪些人员可以阅看法院调取的相关录音录像，可分为三种情况进行讨论：第一，该录音录像不涉及国家秘密、商业秘密、个人隐私或其他不宜公开的内容的，人民法院可当庭播放相关录音录像。第二，该录音录像涉及国家秘密的，应只允许合议庭成员查看，查看者同时承担保密义务。第三，该录音录像不涉及国家秘密，只涉及商业秘密、个人隐私或其他不宜公开的内容的，除合议庭成员外，辩方应也可阅看，阅看者同时承担保密义务。

结　语

国家监察体制改革，创设了高阶独立的监察权及配套制度体系，这既是新时代中国式法治反腐机制构建的重大成果，亦是对国家权力结构更新的一次挑战。[1]司法机关对监察机关的监督与制约，是对监察机关监督制约机制中的重要环节，同时也是规范监察权运行的一道屏障。如何进一步强化对监察机关的司法监督与制约，促进监察法治化值得探讨。另外，因篇幅所限，本节在明确对监察机关司法监督与制约的内涵、厘清对监察机关司法监督与制约的法理逻辑的基础上，只针对监察监督可能影响司法机关独立行使职权、检察机关对监察机关的司法监督虚置化、司法机关对监察机关非罪化处置权的监督与制约不足以及司法机关对监察调查录音录像的调取移送制约较弱问题进行了讨论，在对监察机关进行司法监督与制约这一问题的视域下，还存在司法机关对监察证据的审查制约效果不佳、审判机关对监察赔偿的制约规定不明等问题，有待学界进一步研究。

---

〔1〕　参见周佑勇：《监察权结构的再平衡——进一步深化国家监察体制改革的法治逻辑》，载《东方法学》2022 年第 4 期。

———— 第五章 ————

被调查对象的权利保障与救济*

第一节　被调查对象的权利保障 **

　　2016 年 11 月，中共中央办公厅印发《关于在北京市、山西省、浙江省开展国家监察体制改革试点方案》（以下简称《方案》）。同年 12 月，全国人大常委会出台配套制度《全国人大常委会关于在北京市、山西省、浙江省开展国家监察体制改革试点工作的决定》（以下简称《决定》），在各地区设立监察委员会，对本级人大及其常委会和上一级监委会负责并接受监督。试点地区陆续提出"首善标准""山西价值""浙江样本"等目标。自此，集中统一、权威高效的监察试点体系正式实施，"一府一委两院"格局初现。

一、被调查对象权利保障的必要性

　　从词意的角度看，"监察"具有监督与察举之意。《商君书·禁使》指出"夫事同体一者，相监不可"。我国实践中常出现"同体监督"的困境，

---

　　* 本章第一节和第二节文章分别发表于 2018 年和 2017 年，研究依据为当时有效的《全国人民代表大会常务委员会关于在北京市、山西省、浙江省开展国家监察体制改革试点工作的决定》（2016 年 12 月 25 日第十二届全国人大常委会第二十五次会议通过）。2018 年 3 月 20 日第十三届全国人民代表大会第一次会议通过《中华人民共和国监察法》后，该试点决定已纳入国家监察法治体系。本文研究完整呈现监察体制改革试点阶段制度探索的原始面貌，后续颁布的《监察法》部分印证了本文提出的观点，本文作为监察法治发展进程的阶段性研究标本具有历史研究价值。

　　** 原载《中国法学教育研究》2018 年第 1 期，有改动。

反腐机构存在于相同系统，如行政监察机关"镶嵌于"政府内部，职务犯罪侦查部门"镶嵌于"检察机关内部。监委会的设立标志着我国的权力监督体系实现了从"横向"向"纵向"的转型，突破了"同体监督"的桎梏。《决定》赋予监委会 12 项权力，具体包括谈话、讯问、询问、查询、冻结、调取、查封、扣押、搜查、勘验检查、鉴定、留置措施。由于国家监察体制改革实行监察、纪委合署办公，学界将"留置"措施解读为"双规""双指"的替代。[1]监委会依托上述 12 项权力，履行监督、调查、处置职能；对于涉嫌职务犯罪的，监委会在调查后移送检察机关依法提起公诉。

从《决定》来看，监委会对被调查对象的处置包括两类：一类是一般性处置，如警告、降级、撤职等。另外一类是司法性处置，如果被调查对象涉嫌职务犯罪行为的，需要移送检察机关依法提起公诉。《方案》和《决定》并未对被调查对象权利保障中的救济问题作出规定，需要深入思考：如何进一步保障被调查对象的合法权益？如何进行在一般性处置和司法性处置中的权益救济？

国家监察体制改革涉及对被调查对象职务、人身自由的影响，应当设计能切实维护被调查对象合法权益的程序。即便被调查对象涉嫌职务犯罪，法律在追究被调查对象刑事责任时，不应减损被调查对象的程序权益。完善被调查人权利保障体系、设置被调查人权益救济体系是必要的，这不仅有助于推动全面从严治党、依法治国和依法监察；还有助于优化权力制衡体系，有效制约监察权；同时有助于加强对被调查对象的人权保障。

（一）推动全面从严治党、依法治国和依法监察

监委会整合反腐监察资源，旨在实现对履行公权力的公职人员全面监督，实现推动全面从严治党、依法治国和依法监察的目标任务。依法监察是全面从严治党、依法治国的具体要求。处置被调查对象时，一方面可能会对其职务产生影响（如对其暂时停职），另一方面还可能涉及对其人身自由的限制（如采取讯问、留置措施）。人身自由作为公民最重要的基本权利，不可随意侵犯。尤其是监委会作为国家公权力的监督机构，更要严格遵循法定程

---

〔1〕　参见马怀德：《〈国家监察法〉的立法思路与立法重点》，载《环球法律评论》2017 年第 2 期。

序依法监督。从监督范围来看，现行监督体系"范围有限、监督有盲区"[1]。全面从严治党旨在规范党内同志，而依法治国则要求监督对象涵盖全体公职人员，国家监察体制改革将监督范围扩展到所有行使公权力的公职人员。通过监委会实现对公权力的全方位监督是具有进步意义的，有效避免了"同体监督"难题。此外，从立法的层面，在制定《国家监察法》时需要广泛征求意见，明确监委会的法律定位、权力运行机制[2]和被调查对象权益救济的规定，形成可操作性较强的文件规范。

（二）优化权力制衡体系，有效制约监察权

监委会同样需要遵守程序规范，其权力需要受到制约。在制度上，需强化对监委会的监督制约：由本级人大及其常委会和上一级监委会对其进行监督，规范其日常运行机制；规范其取证行为，如禁止采取刑讯逼供，诱供、骗供和威胁等非法取证行为；畅通司法监督渠道。[3]《刑事诉讼法》赋予了检察机关退回监委会补充调查的权力，并且保留了检察机关在审查起诉环节自行侦查的权限；通过检察机关对监委会移送的案件进行审查起诉和自行侦查，可以实现对监委会的权力制约，同时体现检察监督的职能行使。检察机关在审查起诉环节审查的内容主要包括：（1）审查被调查对象的犯罪事实和情节是否清楚，证据是否确实、充分，被调查对象的罪名是否正确；（2）有无漏罪；（3）是否需要追究刑事责任；（4）调查活动是否合法。如果存在犯罪事实不清、证据不足或存在矛盾（无法形成完整证据链）、调查活动不合法等情形，检察机关有权核实相关材料，甚至作出不起诉决定或者将案件退回监委会补充调查，从而实现对被调查对象的事后救济。

（三）加强对被调查对象的人权保障

人权是人应当享有和实际享有的并被社会承认的权利的总和。[4]监委会监督察举的对象是所有履行国家公权力的公职人员，但其本质上仍为公民个

---

[1] 任进：《宪法视域下的国家监察体制改革》，载《行政管理改革》2017年第3期。

[2] 参见马怀德：《〈国家监察法〉的立法思路与立法重点》，载《环球法律评论》2017年第2期。

[3] 参见马怀德：《〈国家监察法〉的立法思路与立法重点》，载《环球法律评论》2017年第2期。

[4] 参见屈新：《被追诉人的人权保障研究》，中国政法大学出版社2008年版，第9页。

体，应当依法保障其应有的各项合法权益。当前学界对于是否赋予被调查对象在调查阶段的辩护权尚存争议。在 2017 年 4 月中国政法大学刑事诉讼法学研究所主办的"监察体制改革与刑事司法研讨会"上，学者多数主张应当在调查阶段保障被调查对象的辩护权，强调应加强对被调查对象的人权保障。目前，《方案》和《决定》并未提及对被调查对象的权益保障问题。但从国际通行准则和我国刑事司法政策而言，应当加强对被调查对象的权益保障。监委会的讯问措施与检察机关办理职务犯罪案件时的讯问类似，后者办理案件时，允许律师介入到侦查程序中发挥权益保障作用，而前者尚未明确是否可以允许律师介入到监委会的调查程序。笔者认为，由于监委会办理涉嫌职务犯罪案件时，可能限制被调查对象的人身自由（如采取讯问、留置措施时），需要落实对被调查对象合法权益的保障，畅通其权益救济途径。保障被调查对象的合法权益和保障被追诉人的诉讼权利有助于及时准确地查明案情，推动刑事诉讼顺利进行。[1]

二、完善被调查对象权利保障的法治化路径

改革的成果需要通过制度规范予以固定，谨防"以改革和创新思维取代法治思维"[2]。一方面，要从立法和修法的角度规范监委会的各项办事程序；另一方面，积极探索监察体制改革的法治化进程。

加强对被调查对象的权利保障，完善对被调查对象的权益救济途径需要区别一般性处置和司法性处置两种情形。在一般性处置中要妥善构建"第四条道路"，通过复核和申诉程序加强对被调查对象的权益保障。在司法性处置中，要严格贯彻程序意识，在调查阶段、移送提起公诉阶段和审判阶段切实推进对被调查对象的权益保障。在调查阶段，引入律师参与制度，保障律师及时了解涉嫌职务犯罪的事项、具体金额、申诉与变更等情况。在移送提起公诉阶段，保障检察机关的审查起诉权力。在审判阶段，贯彻以审判为中心，保障法官依法独立审判，并且保障被调查对象的上诉权。

---

〔1〕 参见屈新：《刑事诉讼中的权力制衡与权利保障》，中国人民公安大学出版社 2011 年版，第 22 页。

〔2〕 史凤林：《行政管理体制创新的法治困境与维度》，载《行政法学研究》2015 年第 5 期。

（一）一般性处置

监委会的一般性处置可能涉及对被调查对象职务的影响，如在接受调查期间可能暂停被调查对象履行职务，基于一定的事实更有可能受到降级、撤职处理。那么如何保障被调查对象对于一般性处置的权益救济途径呢？由于一般性处置并未涉及司法程序，对于当事人的权益救济无法通过行政诉讼、刑事诉讼或者民事诉讼来解决（三条道路）。又由于本级人大及其常委会一般不负责个案处理，被调查对象很难通过人大及其常委会的途径进行权益救济。那么，是否能够畅通"第四条道路"呢？

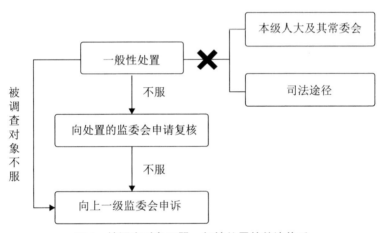

图1 被调查对象不服一般性处置的救济体系

笔者认为，"第四条道路"可参考图1的体系，依据2017年《中华人民共和国公务员法》（以下简称《公务员法》）第90条，公务员对涉及本人人事处理不服的，可向原处理机关申请复核以及向上一级机关申诉。由于监委会实行垂直领导，对于监委会的一般性处置，被调查对象无法通过行政诉讼、刑事诉讼以及民事诉讼进行权益救济，可以参考类似2017年《公务员法》第90条规定的复核和申诉渠道，通过"第四条道路"进行维权：被调查对象对于涉及其本人的人事处理不服的，可以向处置的监委会申请复核，对于复核结果不服的，在一定期限内可以向上一级监委会申诉；或者直接向上一级监委会进行申诉。

通常而言，公民对于处理不服的，可以通过复核、申诉、司法途径、信访、领导信箱、近亲属协助维权等途径进行维权。现实中，一般性处置难以进入司法途径，通过复核和申诉进行权益救济是较为妥当的途径，并且具有一定的可操作性。

依照《刑法》第 247 条的规定，暴力取证罪针对的主体是司法工作人员，而监委会并非司法机关，其工作人员并非《刑法》第 247 条约束的对象。因此，对于监委会的非法取证行为难以依法认定，一般性处置存在较大的滥权空间。监委会一般性处置的取证过程应当符合法律的规定，需要得到相应的监督制约，如马怀德教授主张采取录音录像等措施对取证环节进行固定。[1]或者其他监督机构或个人（主要为律师）介入，可试点引入律师在场权制度，律师在场权本质上也是被追诉人的权利。[2]一般性处置所依据的证据材料同样需要依法获取，被调查对象有权对非法取证等行为申请权益救济，监委会应当对取证的合法性作出说明。当然，对于一般性处置的调查期间，是否允许律师介入，值得进一步深入研究。

（二）司法性处置

《决定》规定，对于涉嫌职务犯罪的，应当"移送检察机关依法提起公诉"。此处涉及若干问题：其一，检察机关是否可以先审查后起诉还是不审查直接提起公诉？其二，涉嫌职务犯罪的案件，在调查阶段是否允许律师介入？其三，在庭审环节，法官遵循以审判为中心的原则，但是由于法官同样居于监委会监督范围，是否会削弱法官独立依法审判的效果？

针对上述第一个问题，笔者认为，检察机关应当具有审查起诉的权力。通过讯问被调查对象，查明监委会是否存在非法取证、刑讯逼供、在留置期间是否存在超期留置的情况、移交的证据材料是否欠缺、是否需要补充调查、检察机关是否还需补充侦查？在 2018 年《刑事诉讼法》修改之前，学界对检察机关是否还保留自行侦查的权力存在争议。《刑事诉讼法》第 170 条第 1 款明确规定："人民检察院对于监察机关移送起诉的案件，依照本法和监察法的有关规定进行审查。人民检察院经审查，认为需要补充核实的，

---

〔1〕　参见马怀德：《国家监察体制改革的重要意义和主要任务》，载《国家行政学院学报》2016 年第 6 期。

〔2〕　参见屈新：《论辩护律师在场权的确立》，载《中国刑事法杂志》2011 年第 1 期。

应当退回监察机关补充调查，必要时可以自行补充侦查。"

　　针对上述第二个问题，涉嫌职务犯罪的案件，在调查期间是否允许律师介入？笔者支持在司法性处置的调查阶段引入律师参与，此举具有积极的意义：其一，有助于保障当事人的诉讼权利及其他合法权益；其二，保障辩护权的完整性和有效性；其三，有助于构建合理诉讼结构，实现控辩平等对抗；其四，可以规范办案机关的调查取证行为。监委会办理案件时，可能在一般性调查过程中牵出被调查对象的职务犯罪行为。如果只是在司法性处置中引入律师参与，势必导致实践中律师介入监委会调查程序的时间充满不确定性。为此，笔者赞同在一般性处置和司法性处置中均引入律师参与，从监委会第一次讯问或采取留置措施时引入律师参与，并保障律师与被调查对象之间的会见。

　　针对上述第三个问题，笔者主张保障法官独立审判的权力。一方面，可以贯彻以审判为中心，遵循证据裁判原则；另一方面，保障法官独立审判，以事实为根据，以法律为准绳，切实维护被调查对象（被告人）的合法权益。

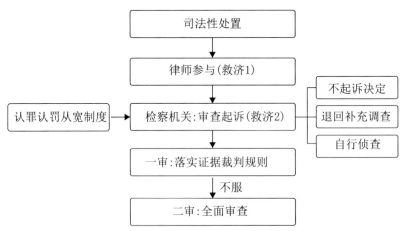

图 2　被调查对象不服司法性处置的救济体系

　　综上所述，被调查对象不服司法性处置时可通过以下程序进行权益救济（参考图 2）：其一，在调查阶段引入律师参与。一方面，律师作为调查监督者；另一方面，律师参与保障被调查对象的合法权益的程序。其二，在移送检察机关提起公诉阶段，人民检察院对于监察机关移送起诉的案件，依照《刑事诉讼法》和《监察法》的有关规定进行审查。人民检察院经审查，认为需要补充核实的，应当退回监察机关补充调查，必要时可以自行补充侦查；保障律师的阅卷权、会见权；引入认罪认罚从宽制度，保障被调查对象在调查阶段自愿认罪认罚的权利。其三，在审判阶段，落实以审判为中心的证据裁判规则，推进庭审实质化，落实非法证据排除。其四，被调查对象对一审判决不服的，可以通过上诉途径解决。总体而言，一方面要体现权力制约，另一方面要切实保障被调查对象的合法权益。

（三）认罪认罚从宽制度对被调查对象的权利保障

从认罪认罚从宽制度来看，犯罪嫌疑人自愿认罪认罚，对犯罪事实和量刑意见没有异议的，可以同检察机关签署具结书，从而获得从宽处理。由于监委会移送的案件涉嫌职务犯罪，在当前铁腕反腐的背景下是否可以对涉嫌职务犯罪的人员实行认罪认罚从宽制度，值得深入研究。笔者认为，可能存在两种情形：第一种情形，对于涉嫌职务犯罪的人员，同样适用认罪认罚从宽制度，依据法律的相关规定追究其刑事责任；第二种情形，依据 2016 年最高人民法院、最高人民检察院、公安部、国家安全部、司法部（以下简称"两高三部"）出台的《关于在部分地区开展刑事案件认罪认罚从宽制度试点工作的办法》，适用其第 2 条第 4 项"（四）其他不宜适用的情形"排除适用认罪认罚的规定。笔者倾向于对涉嫌职务犯罪的人员同样适用认罪认罚从宽制度，这样可以有效保障值班律师或者辩护律师参与到诉讼程序中。对涉嫌职务犯罪的人员同样适用认罪认罚从宽制度可以节约司法资源。这就需要妥善设计相关具体程序以保障被调查对象的合法权益。在监察体制改革和认罪认罚从宽制度试点中，应当允许被调查对象在调查阶段适用认罪认罚从宽制度，监委会也应当在权限范围内适用从宽措施。由于留置具有羁押性的特点，在调查阶段的从宽可以包括取消适用留置或者缩短留置期限。但不管如何设置衔接程序，最终落脚点都需要回归到对被调查对象的人权保障上来。

（四）完善被调查对象的权利保障任重道远

我国的反腐任务艰巨，需要"长远的战略谋划、严密的制度体系和完备的法治保障"。需要落实对被调查对象的权益保障，完善被调查对象的权益救济机制。以司法权为例，司法不应为其开通"绿色通道"，顶层设计中应当包括司法权对监委会监察权的适当制约，避免监察权影响检察监督权以及司法审判权。由于检察机关和审判机关同样处在监委会的监察范围之内，检察监督权、审判权和监察权存在一定的权力冲突，不同的角色定位决定了"各司其职"。陈光中先生曾指出，人民检察院作为由宪法赋予的法律监督机关的地位不应有所改变，制度设计应当保障检察机关和审判机关依法履行检察监督权、独立审判权。

总之，国家监察体制改革背景下，被调查人权利保障的完善与强化任重而道远，还需在试点实践、具体制度设计、立法层面中予以细化。

第二节　被调查对象辩护权的适用空间*

《方案》与《决定》规定监委会通过"十二权力"行使监督、调查和处置职能，构建"不敢腐、不能腐、不想腐"的长效机制。[1]需要留意到，《方案》和《决定》并未提及被调查对象辩护权的问题，但从程序论的角度而言，应当在改革中引入辩护权，从而保障对被调查对象的合法权益，本文即以此为视角展开讨论。由于监委会办理案件涉及行政性处置（如警告、降级、撤职等）以及司法性处置（涉嫌职务犯罪的，依法移送检察机关提起公诉），本文主要讨论监委会办理的涉嫌职务犯罪的案件。

一、监察体制改革需要为辩护权留出适用空间

辩护权是刑事被告人及其辩护人对被控告的犯罪，从事实、证据、法律、处刑等诸方面进行申辩、反驳、反证，以维护被告人的合法权益，使案件得到公正合法处理的权利。[2]辩护种类包括被追诉对象自我辩护、委托辩护人辩护以及司法机关指定辩护，涵盖会见权、阅卷权、核实证据权、调查取证权、代理申诉权等多项权利。辩护制度在现代刑事诉讼中占据着重要的

＊　原载《山西广播电视大学学报》2017 年第 4 期，与吕云川、陈思宇合作，有改动。

〔1〕　参见马怀德：《〈国家监察法〉的立法思路与立法重点》，载《环球法律评论》2017 年第 2 期。

〔2〕　参见张明龙：《论我国刑事诉讼中被告人辩护权的获得》，载《郑州大学学报（哲学社会科学版）》1988 年第 2 期。

司法地位，甚至有学者指出，辩护制度是衡量一个国家诉讼文明的重要标志之一。[1]

由于监委会在调查阶段可以适用讯问、留置等措施，一种观点认为，监委会办理职务案件的调查阶段与检察机关的侦查阶段具有某些相似之处，应当保障被调查对象在调查阶段积极行使辩护权，[2]要防止以改革和创新思维取代法治思维。[3]另外一种观点认为，监委会的调查阶段不同于检察机关的侦查阶段，不可照搬侦查阶段关于辩护权以及律师作用的相关规定。笔者倾向于支持前一种观点，由于《方案》和《决定》并未提及辩护权的问题，而《刑事诉讼法》明确规定律师可以参与到涉嫌职务犯罪案件的侦查环节，那么，在监委会调查阶段应当设置程序保障被调查对象的辩护权。这其中包含两层含义：第一层含义，调查阶段允许律师参与；第二层含义，保障律师在调查阶段切实有效地发挥辩护职能。当然，如果在第一层含义中不允许律师介入，那么第二层含义就无从谈起。虽然引入辩护权会为监委会的调查活动带来诸多障碍，但仍然不宜减损被调查对象的辩护权利，改革需要为辩护权留出必要的适用空间。

二、被调查对象辩护权的现状分析

检察机关在办理职务案件时，辩护权可以得到一定程度的落实，即便受到相应限制（如特别重大的贿赂案，会见时需经侦查机关同意），但仍然保障了辩护权的积极行使。笔者认为，在当前监察体制改革中可作有益尝试，应反观现状，分析当前辩护权的行使障碍，为辩护权的适用提供参考。

（一）被调查对象辩护权的现状

在《监察法》出台和2018年《刑事诉讼法》修改之前，对公职人员的职务犯罪行为主要是由检察机关反贪、渎职、预防部门办理。《刑事诉讼法》保障犯罪嫌疑人在侦查阶段的辩护权，从"第一次讯问或者采取强制措施"

---

〔1〕 参见汪海燕：《刑事诉讼法律移植研究》，中国政法大学出版社2015年版，第176页。

〔2〕 参见马怀德：《〈国家监察法〉的立法思路与立法重点》，载《环球法律评论》2017年第2期。

〔3〕 参见史凤林：《行政管理体制创新的法治困境与维度》，载《行政法学研究》2015年第5期。

之日起，律师即可介入到诉讼程序，但是实践中存在夸大涉案金额等情况，以此限制律师的会见权。重大案件一般先由纪委运用"双规"等措施开展调查，但"双规"的适用对象容易突破党员的界限，在实践中甚至可能存在诱供等行为。[1]实务中，由于"双规"和"双指"措施涉及对被调查对象人身自由的限制，违反《宪法》第 37 条和 2015 年《中华人民共和国立法法》第 8 条关于限制人身自由的规定，因而在学界中饱受诟病。

除此之外，反腐监察资源具有一定的分散性，反腐监察的机关涵盖纪委、监察、审计等多个部门，"同体监督"现象明显，制约了监督成效。[2]同时在上述机关办理相关案件时律师履行辩护权的作用有限。根据当前三地监察体制改革的试点情况，律师难以介入到监委会的调查阶段，在一定程度上弱化了被调查对象的辩护权。笔者认为，即便被追诉对象涉嫌职务犯罪，但从保障公民人权的角度而言，其刑事责任部分也应当按照法定的程序办理，不宜减损对被追诉对象的基本权益保障。

（二）被调查对象辩护权的障碍分析

在国家监察体制改革的浪潮中，辩护权能为被调查对象提供基本的权益保障，其中包括两个方面的含义：一方面，允许辩护律师介入到调查阶段；另外一方面，要保障辩护权的积极行使，为辩护权提供必要的适用空间。但是，也应当看到，在改革中适用辩护权仍然存在诸多障碍，阻碍着被调查对象的权益救济渠道，主要表现为以下几点。

第一，监委会的监察权的属性定位既非行政权也非司法权，[3]辩护权难以介入程序中实现权力监督。权力监督包括"权力监督权力"和"权利监督权力"两种，[4]具体包括人大监督、司法监督、社会监督、自我（内部）监督等，虽然对新生的监察权具有多维的监督体系，但体系仍然较为泛化，缺乏可操作性。

〔1〕 参见马怀德：《〈国家监察法〉的立法思路与立法重点》，载《环球法律评论》2017 年第 2 期。

〔2〕 参见张明龙：《论我国刑事诉讼中被告人辩护权的获得》，载《郑州大学学报（哲学社会科学版）》1988 年第 2 期。

〔3〕 参见汪海燕：《刑事诉讼法律移植研究》，中国政法大学出版社 2015 年版，第 176 页。

〔4〕 参见刘艳红、冀洋：《"反腐败基本法"建构初论》，载《行政法学研究》2016 年第 2 期。

第二，监委会办理案件时呈现封闭性的特点，辩护权并无适用的空间，在后续司法程序中（移送检察机关起诉、法院审判环节）虽然落实了辩护权，但纪委办案期间仍然存在辩护的空档期。

第三，试点中的地区差异性为辩护权带来挑战和机遇。综合北京、山西、浙江三地的阶段试点工作情况来看，三地试点呈现一定的差异性，具体表现在：（1）对于留置的适用期限不同，山西规定留置期间不得超过90日，特殊情况需延长的，时间不得超过90日；（2）留置期间折抵刑期的问题，山西的留置期间可以折抵刑期；[1]（3）权限范围不同，浙江除了《决定》规定的"十二权力"外，还配置有中央试点的"技术调查、限制出境"措施，关于技术调查的问题，陈光中先生指出，经过严格的审批程序，监委会决定后可由公安机关协助执行技术调查。

第四，司法衔接可能呈现被动局面，导致辩护权同样被动。由于当前大力推进监察体制改革，试点地区为积极响应政策号召，为改革提供"绿色通道"，[2]如此势必会导致司法向监委会妥协，造成司法衔接的被动局面，从而影响辩护权的实质功效。

（三）调查阶段引入被调查对象辩护权符合程序规范

浙江省杭州市上城区监委会的试点中，调查结束由区监委会填写《起诉意见书》后连同其他案卷材料移送区检察院。[3]监委会办理职务案件的调查权实际上与检察机关办理职务案件的侦查权有相似之处，同时阐明监察权与司法权相互独立、相互制约。因此，在监委会的调查阶段引入辩护权是符合程序规范的。首先，律师经过了系统的司法学习、培训和考核，具有完备的法律知识体系，可以弥补被调查对象在法律知识方面的欠缺，有助于帮助被调查对象了解当前所处的境况。[4]其次，涉嫌职务犯罪的人员属于履行国

---

〔1〕 参见史凤林：《行政管理体制创新的法治困境与维度》，载《行政法学研究》2015年第5期。

〔2〕 参见屈新、吕云川：《监委会移送的职务犯罪案件需经检察机关审查起诉》，载《西华大学学报（哲学社会科学版）》2017年第4期。

〔3〕 参见张磊：《努力向党中央交出高质量答卷——浙江开展国家监察体制改革试点工作纪实（上）》，载《中国纪检监察报》2017年6月13日，第1版。

〔4〕 参见吕云川：《认罪认罚从宽制度框架下的律师作用》，载《江苏科技大学学报（社会科学版）》2017年第2期。

家公权力的公职人员，自尊心强，存在一定的抵抗心理，引入律师帮助有助于减少对抗；再其次，监委会作为整合反腐监察资源的新生机构，在试点阶段应当尝试引进律师参与，让"依法监察"经得起监督；最后，依托律师的会见通信权、阅卷权、代理申诉权等权利延伸被调查对象的辩护权，保障其合法权益。当然，律师参与到监委会案件中，同样应当立足于证据、事实和法律，做到"有理有据"。

三、引入被调查对象辩护权的必要性

在国家监察体制改革中引入辩护权是有必要的，被调查对象自我辩护的效果在某种程度上受到制约限制，有必要引入自我辩护之外的其他辩护权。引入辩护权契合国际司法准则的人权保障理念，具有理论基础和实践基础，同时也有助于构建辩护监察的制衡体系，虽然辩护权在一定程度上可能会为调查带来障碍，但是总体来讲引入辩护权的利大于弊。

（一）契合国际司法准则理念

国际司法准则中关于辩护权的规定主要体现在《世界人权宣言》《公民权利和政治权利国际公约》《关于律师作用的基本原则》等文书中，由辩护权还延展出其他一系列规则，如无罪推定原则、不得强迫自证其罪（沉默权）、不受酷刑或不人道待遇、庭审质证的权利、申诉控告等权利。当然，在强调辩护权的同时，也强调了对律师职业道德的规范，对于作伪证、协助破坏证据等行为需要依法追究其刑事责任。国际准则中的辩护权是推进无罪推定、禁止酷刑等规则的有力保障，属于国际社会达成共识的基本权利。尽管监委会办理案件具有一定的特殊性，但涉及对被调查对象人身自由的限制，需要依法保障被调查对象的各项合法权益。我国司法实践在积极转化国际准则中辩护权的相关内容，并致力于最大程度保障被调查对象的合法权益。因此，在监委会的调查阶段引入辩护权是契合国际准则的，符合人权保障的理念。

（二）引入辩护权具有理论支撑

在改革中引入辩护权具有可行性，并有理论支撑。著名法学家陈光中先生指出，在被追诉对象的权利体系中，辩护权是居于核心地位的，涉及惩罚

犯罪与保障人权等理念，完善的辩护制度是国家民主法治的重要标志。[1]
监委会办理的职务犯罪案件应当保障被调查对象的合法权益。第一，基于无
罪推定原则，既然《决定》规定了调查权和起诉权、审判权相分离的原则，
那么被调查对象在正式判决前都应推定无罪，引入辩护权能够避免审前有罪
推定。[2]第二，基于程序正义的考量，凡是与诉讼的裁判结果有直接利害关
系或者受到不利影响的主体，在程序上都有权参与到诉讼过程并提出自己的
意见、证据材料等。[3]第三，从法治国家的理念出发，现代法治国家要求法
律不仅仅用于规范人民，同时也适用于规范监察机关，有必要引入辩护权来
规范监委会的办案行为。

（三）构建辩护监察制约体系

律师参与到监委会的调查阶段，从某种意义上而言，也是为了构建辩护
与监察的制约体系。"制约"包含控制、约束和阻止的含义。[4]《决定》规
定，监委会行使调查权，而起诉权和审判权仍在检察机关和法院，监委会可
以实施讯问、查封、扣押、留置等"十二权力"，调查阶段具有一定的封闭
性，监委会履行讯问、留置等措施时，涉及对被调查对象人身自由的限制，
应当落实程序控制保障其各项合法权益。此外，监委会进行调查时，被调查
对象可能已经暂停职务行为，突然从国家公权人物的角色转化为被调查对
象，存在一定的心理落差，在调查之初甚至存在对抗调查的行为。引入辩护
权，一方面帮助舒缓被调查对象的心理落差，引导被调查对象以事实和法律
为合法抗衡武器；另一方面，律师借助法律知识体系，从程序上规范监委会
办案过程，形成辩护监察抗衡体系。

四、被调查对象辩护权的适用空间

现代刑事诉讼强调程序规范，同时强调人权保障。从程序论的角度而

---

〔1〕　参见陈光中：《完善的辩护制度是国家民主法治发达的重要标志》，载《中国法律评论》
2015 年第 2 期。

〔2〕　参见刘艳红、冀洋：《"反腐败基本法"建构初论》，载《行政法学研究》2016 年第 2 期。

〔3〕　参见卞建林、杨宇冠：《联合国刑事司法准则撮要》，中国政法大学出版社 2003 年版，第
57~61 页。

〔4〕　参见夏金莱：《论监察体制改革背景下的监察权与检察权》，载《政治与法律》2017 年第
8 期。

言，被调查对象的辩护权应当延展至诉讼活动的各个阶段，即在监委会调查阶段和移送检察机关提起公诉环节、审判环节都需要保障辩护权的积极行使，并以律师辩护作为主线。

（一）调查程序中被调查对象辩护权的适用空间

在调查阶段需要重点关注两个问题：其一，律师何时介入到监委会调查阶段；其二，如何保障律师在调查阶段发挥实质作用。

1. 律师何时介入监委会调查阶段

虽然《方案》和《决定》并未提及律师介入到监委会调查阶段的适用空间，笔者认为，监委会办理职务犯罪案件的调查阶段与检察机关办理职务犯罪案件的侦查阶段具有相似性，可以参照适用律师介入时间的规定。依据2012年《刑事诉讼法》第33条规定，自"第一次讯问或者采取强制措施"之日起，就可引入辩护人参与，在侦查阶段只能委托律师作为辩护人。由于监委会办理的案件可能仅为行政性处置，此时一般不引入律师参与，对于涉嫌职务犯罪的才引入律师参与，但实务中是否涉嫌职务犯罪由监委会认定，很难确切律师介入的时间，因此，具体到监委会的调查阶段，可以在第一次讯问或者采取留置措施时，引入律师参与发挥辩护权。在调查阶段参照适用会见通信权，允许律师了解被调查对象涉嫌何种犯罪，对于贪腐案件还应允许律师获悉相应的涉案金额。保障律师的辩护权不单纯是为了畅通律师行使权利，更是对被调查对象辩护权的延展和基本权利的保障。

此外，对于量刑可能为无期徒刑或者死刑的犯罪嫌疑人，2012年《刑事诉讼法》第34条规定，若其没有委托辩护人，办案机关有义务为其指派辩护律师。由于职务犯罪的量刑幅度包括无期徒刑和死刑，因此监委会也需要积极为其指派辩护律师。笔者认为，监委会办理涉嫌职务犯罪的案件不应减损当前被调查对象拥有的权利：首先，应当允许律师参与到涉嫌职务犯罪的调查阶段，可以是被调查对象自己委托，如果被调查对象尚处于被留置的阶段，可以由其近亲属代为委托辩护人；其次，监委会办案部门应当告知被调查对象具有委托律师的权利，被调查对象向监委会办案部门表明委托律师意愿的，监委会应当转告其近亲属；最后，被调查对象可能被判无期徒刑或者死刑的，监委会应当为其指派辩护律师提供法律咨询，以衔接认罪认罚从宽制度等。

2. 保障律师在调查阶段发挥实质帮助作用

根据 2012 年《刑事诉讼法》的规定，律师以事实和法律为依托，提出被追诉对象无罪、罪轻或者减轻、免除其刑事责任的材料和意见。在侦查期间，律师可为被追诉对象提供法律帮助；代理申诉、控告；申请变更强制措施；向侦查机关了解被追诉对象涉嫌的罪名和有关情况。此外，律师还能行使会见通信权，在会见当事人时向其了解有关情况，提供法律咨询，并且保证会见时不受监听。辩护律师的上述活动应当同等参照适用于监委会的调查阶段。

关于律师的会见通信权，2012 年《刑事诉讼法》对于特别重大贿赂犯罪作了一定限制，律师行使会见权时需要先经侦查机关许可。[1] 因此，对于小额贿赂案件，可以不经检察机关批准即可会见；对于特别重大贿赂案件，首先需要经办案的检察机关批准，根据 2012 年《高检规则（试行）》的规定，检察机关侦查部门应当提出是否许可会见的决定，在 3 日内报请检察长决定并答复辩护律师。实践中，对贿赂的金额以及社会影响的认定具有一定的随机性，辩护律师较难行使会见通信权，2015 年 9 月，两高三部出台《关于依法保障律师执业权利的规定》，对于特别重大贿赂案件，侦查机关在侦查终结前应当许可辩护律师与被追诉对象至少会见一次，并且明确规定侦查机关不得随意解释和扩大案件范围限制律师会见。据此，监委会办案部门也应当保障律师与被调查对象的会见权，律师可以向被调查对象了解有关情况，提供法律咨询。

此外，被调查对象的以下行为可以减轻处罚：其一，根据《中华人民共和国刑法修正案（九）》（以下简称《刑法修正案（九）》）规定，犯贪污罪的被追诉对象，在提起公诉前认罪、悔罪，积极退赃，避免、减少损害结果发生的，可以从轻、减轻或免除处罚。其二，被追诉对象存在立功、自首等情节，如检举揭发其他人员的犯罪行为。其三，被追诉对象自愿适用认罪认罚从宽制度，但是律师需要及时向其阐明认罪认罚可能存在的法律后果。具体到监委会办理涉嫌职务犯罪的案件，由于律师在第一次讯问或者采

---

〔1〕　参见屈新、吕云川：《监委会移送的职务犯罪案件需经检察机关审查起诉》，载《西华大学学报（哲学社会科学版）》2017 年第 4 期。

取留置措施时即介入调查阶段，律师需要及时向监委会反馈当事人罪轻或者减轻、免除处罚的情形，监委会在填写《起诉意见书》时应反映减轻、从宽处理的意见（参考浙江杭州监委会模式）。[1]

（二）移送提起公诉环节辩护权的适用空间

2018年《刑事诉讼法》第173条规定，律师在审查起诉环节可以发表意见，如申请监委会提供对当事人有利的证据，对于当事人存在量刑从轻、从宽情节的，需要及时向检察机关反馈。对于被追诉对象积极退赃的情节，律师需要依据《刑法修正案（九）》积极争取从宽的处罚。

此外，律师通过阅卷权充分履行辩护职能。律师在阅卷的基础上，可以宏观了解监委会获取的证据，从而有针对性地提供辩护意见和律师意见。通过阅卷，律师还能知悉监委会是否刻意回避对被调查对象有利的证据材料，对于监委会刻意回避提交对被调查对象有利的证据材料，律师需要及时向检察机关反映，申请检察机关及时调取。再者，阅卷权还应结合会见通信权、核实证据权、调查取证权，形成辩护体系，保障辩护权发挥实质作用。

（三）审判环节辩护权的适用空间

检察机关对监委会移送的案件依法进行审查后提起公诉，此时律师已经完成阅卷和会见、核实证据等工作，辩护在庭审中继续展开。在审判环节的辩护主要体现在三个方面。

第一，律师在庭前会议中的作用。律师在庭前会议针对与审判相关的回避、出庭证人名单、非法证据排除等问题发表意见。庭前会议主要发掘案件争议的焦点，如对被调查对象职务犯罪涉及的金额是否有争议，当事人的罪名为贪污罪还是巨额财产来源不明罪并且相应刑期是否公允？出庭的证人是否与当事人存在利害关系，监委会调查阶段是否存在非法取证，是否申请非法证据排除，是否申请回避？监委会或者检察机关是否未提交对被告人有利的证据材料？

第二，充分发挥以审判为中心背景下的律师辩护权。以审判为中心要求事实证据调查在法庭，定罪量刑辩论在法庭，裁判结果形成于法庭。审判环

---

[1]　参见卞建林、杨宇冠：《联合国刑事司法准则撮要》，中国政法大学出版社2003年版，第57～61页。

节作为诉讼的中心阶段，是决定被告人命运的关键环节。[1]对事实的认定需要建立在证据的基础上，因此，审判阶段的辩护权要围绕相关证据进行质证、调查、辩论，如申请监委会的办案人员到庭质证。

第三，被告人对一审判决不服时，律师可协助提起上诉。不可否认上诉会增加当事人的诉累，但是上诉不加刑，如果一审判决涉及事实、证据或者程序方面、量刑畸重的问题，律师应当主张上诉；如果有新证据证明原判决确有错误的，可通过审判监督程序进行事后救济。

此外，庭审中还可能存在检察机关需要补充侦查申请延期审理的，可能涉及加重当事人的刑罚，律师需要密切关注补充侦查获取的新材料、收集的新证据。检察机关自行补充侦查可能会重复监委会调查阶段的相关工作。律师需要积极跟进检察机关的补充侦查，寻找新的证人和物证。

（四）衔接认罪认罚从宽制度中的辩护权

在认罪认罚从宽制度中，允许律师（委任律师或值班律师）介入到诉讼程序并积极履行辩护权，为当事人"提供法律咨询、程序选择、申请变更强制措施等法律帮助"。对于被追诉对象自愿认罪认罚，对犯罪事实和量刑意见没有异议的，可以同检察机关签署具结书，从而获得从宽处理。笔者认为，监委会办理涉嫌职务犯罪的案件同样适用认罪认罚从宽制度，因此需要保障律师参与到案件中落实辩护权，从社会监督的角度考量，律师行使辩护权能够巩固监委会办案的权威性。但是这其中也涉及需要妥善衔接的程序，如：在监委会的调查阶段如何保障对被调查对象认罪认罚的程序，以及采取何种从宽措施？监委会也应当在权限范围内适用从宽措施，由于留置具有羁押性的特点，在调查阶段的从宽措施可以包括取消适用留置或者缩短留置期限。但是不管如何设置衔接程序，最终落脚点还是需要回归到对被调查对象的权益保障上来，因此就有必要强调被调查对象辩护权的适用空间。

结　语

延展被调查对象的辩护权有助于保障其各项合法权益，虽然从当前实务

---

　[1]　参见汪海燕：《论刑事庭审实质化》，载《中国社会科学》2015 年第 2 期。

现状来看，在监委会的调查阶段适用辩护权还存在一定的现实障碍，但在监察体制改革中引入辩护权确有必要。从程序论的角度进行研究，可在监委会调查阶段、移送检察机关提起公诉阶段以及审判阶段延展辩护权的适用空间。再者，还要考虑在国家监察体制改革中契合认罪认罚从宽制度，在监委会的调查阶段实行认罪认罚以及落实从宽措施，保障辩护权的有效运行。此外，还需要完善律师履行辩护权的保障体系：其一，构建开明的司法环境，畅通被调查对象权益维护机制，让"依法监察"经得起考验；其二，不仅仅是允许律师参与辩护，还要保障律师发挥实质作用，从而保障辩护权的积极行使。

第三节　被留置人员权利救济制度的完善[*]

权利救济是评判法律体系健全性的重要标志。[1]《监察法》作为我国监察制度创新背景下的专门性立法，是反腐败斗争的制度化、规范化的丰硕成果。但在高效监察体制破解"九龙治水"困局的同时，《监察法》亦当为被调查人的权利保障与救济提供坦途。留置作为最为严厉的调查手段，办案需要与人权保障的权衡问题一直为学界与实务界高度关注。[2]根据"有权利必有救济"的古老原则，法律在规范权利的同时，也应设置权利救济的途径。尽管《实施条例》已对相关事宜进行了进一步的细化与规制，然而，被留置人权利救济问题仍有很大的理论探索与实践完善空间。

一、被留置人员权利救济制度概述

（一）被留置人员权利救济的内涵

权利救济是由原权派生而来，针对受损权利进行的修复或补救。《监察法》中涉及被调查人权利救济的条款有 20 余条，约占据法条数量的三分之一。以被调查人进行权利救济的时间段为类型化标准，可将相关内容划分为事中救济和事后救济；以权利救济的方式和途径为标准，可划分为积极性权

---

[*]　与葛思彤合作。

[1]　参见柳经纬：《从权利救济看我国法律体系的缺陷》，载《比较法研究》2014 年第 5 期。

[2]　参见马怀德主编：《中华人民共和国监察法理解与适用》，中国法制出版社 2018 年版，第166 页。

利救济和消极性权利救济。[1]考虑到留置措施的强制性与限制性，相对其他调查措施，被留置人员权利受侵害的风险较大，一是经监委会调查或检察院审查完毕未认定犯罪的错误留置，二是在留置措施实施过程中因监察机关及监察人员故意或过失而产生的超期留置、人身意外损害等侵权情形等。因此，被留置人员权利救济的形式主要指消极层面的事后救济，即被留置人员的合法权益因受监察措施或调查行为不法侵害后享有的补偿性救济。

（二）被留置人员权利救济的基本方式

1. 复审复核

《监察法》第56条明确了监察对象对于处理决定不服时申请复审复核的程序救济方式，对监察对象复审复核的申请对象、申请时间、申请程序及复核结果作出了基本规定。值得注意的是，本条文明确监察对象本人为申请主体，因此，当监察对象被采取留置措施之时，尽管其人身自由受到制约，其近亲属与代理人亦不可参与救济。

2. 申诉复查

《监察法》第69条规定，出现监察机关及工作人员在调查过程中损害被调查人员合法权益的情况时，被调查人及其近亲属、利害关系人有权在法定期限内向监察机关提出申诉，并设定向上一级监察机关申请复查的二次救济渠道。相较于复审复核救济方式，申诉主体由被调查人扩充至近亲属及利害关系人，一定程度上有利于救济权的行使。但本条仅针对留置法定期限届满不予以解除的情形作出了规定，对留置错误的情况未有提及。

3. 请求赔偿

作为公民获得救济、维护权益的重要方式，公民在人身权或财产权因国家机关及其工作人员的职权行为遭受损害时有权获得国家赔偿，这是《宪法》第41条第3款明文规定的基本权利。《中华人民共和国国家赔偿法》（以下简称《国家赔偿法》）更就国家赔偿受案范围、程序、标准等作出了具体的规定，使公民获得国家赔偿的权利进一步得到保障。《监察法》第76条规定：“监察机关及其工作人员行使职权，侵犯公民、法人和其他组织的

---

〔1〕　参见房清侠：《职务犯罪案件中被调查人的权利救济》，载《河南财经政法大学学报》2020年第1期。

合法权益造成损害的，依法给予国家赔偿。"该条文概括性明确了监察机关的赔偿责任，因此，监察机关及其工作人员在采取留置措施过程中因职权行使损害监察对象合法权益的，被留置人员有权依法申请国家赔偿。

（三）被留置人员权利救济的重要意义

监察体制改革将监察权塑造为一种集中统一、权威高效的新型复合式国家权力，将监督、调查与处置权能集于一体。相较改革之前检察机关职务犯罪侦查权，监察调查权力范围明显扩大，按照权利救济的对应原则，被调查人的权利范围亦应随监察权的扩大而扩大。但在当前打击贪腐的高压态势与"重惩处、轻保障"的实践模式下，被调查人的权利范围反而出现了实质缩减的迹象。在监察调查中，留置作为最为严厉的调查措施，具有限制或剥夺人身自由的内容，直接牵涉被留置人员的基本权利，使之实体性权利与程序性权利更易遭受失职滥权行为的侵害。因此，对被留置人员的权利救济更需进一步的规范与完善。

诚如法谚所言："无救济则无权利"。欠缺权利救济制度的法律体系不是健全的法律体系，不能为人民的权利提供有效救济的法治不是真正意义的法治。[1]权利的充分保障需要权力监督与权利救济的双轮驱动。[2]除权力监督对于私权利的事前性和整体性保障以外，《监察法》从积极保护与消极保护的维度对被调查人的权利救济已经进行了较为全面的规定。但其中大部分条款的内容仅是对被调查人权利的立法性宣示，救济途径与程序尚缺乏具体明确的规定，权利内容不实、法法衔接不畅、内部救济局限等问题仍吸引学界视线。作为威慑职务犯罪分子、破解贪腐犯罪案件的重要手段，留置措施更需对应的权利保障与救济制度与之匹配，以保证留置制度体系的完备性与整体性，杜绝监察权力自身的异化和腐败，切实提高反腐败案件的侦办质量，回应新时代监察体制改革持续深化的新要求。

---

〔1〕 参见柳经纬：《从权利救济看我国法律体系的缺陷》，载《比较法研究》2014年第5期。

〔2〕 参见王昭华、江国华：《法理与逻辑：职务违法监察对象权利救济的司法路径》，载《学术论坛》2020年第2期。

二、被留置人员权利救济的理论基础

（一）宪法人权保障条款的基本要义

2004 年《宪法》正式载入人权条款，将"尊重和保障人权"由政治道德观念提升为根本大法规定，成为中国特色社会主义法治体系的基本原则，也是包括监察委员会在内的一切国家机关必须遵守的行为准则。监察体制改革依法赋予监察委员会职责权限和调查手段，用留置措施取代"双规"，意在消除长时间以来"双规"措施的合宪性、合法性质疑，实现党纪与国法的严密对接。可见宪法是监察留置立法的基石，留置制度的诞生是监察立法合宪性的体现。[1]因此，在监察制度中被留置人员权利保障与救济的落实是确认并实现宪法人权价值的必然要求。而作为纵深推进全面从严治党背景下重新赋能产生的一种新型强制性措施，留置对人身自由的限制和剥夺强度已近似于拘留、逮捕，具有明显的羁押属性，在运行过程中极易对被留置人的基本人权构成威胁与侵犯。因此，在对留置措施进行有效规制的同时，必须完善并落实被留置人员的权利救济机制，以回应监察体制改革法治化的底线要求，契合宪法人权保障理念与原则的基本要义，也符合国际社会的普遍遵循。

（二）依法治国基本方略的本质要求

"法者，治之端也。"《监察法》的制定与实施，是在实践中贯彻依法治国方略的有效探索，为监察体制改革奠定了法治基础。而《实施条例》的进一步出台与落实，推进了监察工作规范化与正规化，让监察权在法治轨道上运行。权力的天然扩张性与监察权的高度集中性使得公权规范运行与私权有效保障成为国家监察法治建设一直以来的重要命题。毋庸讳言，权利保障制度必须作为《监察法》的必备部分存在于整个监察法治体系之中，这是确保监察权规范化运行与权利保障目标实现相协调的必需品。[2]从实践层面而言，《监察法》对于留置措施的明确规定解决了"双规""双指"的法律困境，自制度设立之初即贯彻了依法治国的理念，高权威、高效率的留置措施

---

〔1〕　参见马俊军、江怡：《从"两规"到"留置"——宪法视域中的国家监察法留置制度探析》，载《广东行政学院学报》2018 年第 6 期。

〔2〕　参见张震、张义云：《论监察权行使对象之权利保障》，载《学习论坛》2019 年第 7 期。

也有效推动了我国反腐败工作的进度。

"法治中国"的建设对监察法治升级进一步提出了多元制度需求，留置措施的运用也必然需在打击贪腐与保障人权之中寻求平衡。因此，留置人员权利救济制度的完善有利于监察法律体系进一步建构与充实，这既是监察领域依法治国以人为本基本精神的彰显，也是规范监察权法治化运行的必然要求。

（三）监察权规范行使的应有之义

在监察体制改革初期，即有学者提出了监察立法的两大目的：一是构建新型国家监察体制，提高反腐败工作效率；二是严格规范监察机关及其工作人员的职权行使，为监察对象权利保障提供法律依据。[1]监察体制改革将监督、调查和处置权能集成于一体，创设出监察权这种权威高效的新型国家权力。作为监察制度中的强制性措施，留置为保障监察机关调查活动的顺利进行依法对被调查人人身自由进行限制或剥夺，在强调其强制性与限制性的同时，不能忽视其保障性的特征。换言之，留置是保障性措施，而非惩罚性措施。所有的自由裁量权都可能被滥用，这仍是一个至理名言。[2]法律的适用和执行不可能完全摆脱外在因素的影响乃至干扰按照理想化轨道机械运动，在缺乏必要监督的情况下，具有相当强度的监察留置措施必然会使当事人的合法权益受到威胁甚至侵害，阻碍中国特色高效反腐体系的构建，违背监察立法的初衷。国家权力从起源、运转及其动态发展的全过程均要接受权利的指导和规制。[3]因此，在"监察权—调查权—留置权"这一逻辑关系下，对被留置人员的权利保障与救济可以形成对公权力天然扩展性的有效监督与制约，避免权力的恣意和滥用、越界与失责，使监察权在法律规制的范围内高效行使。

三、被留置人员权利救济的现实分析

（一）被留置人员权利救济的特性

1. 立法上的非体系性与非独立性

《监察法》中关于监察对象权利保障与救济的相关条款分散于多个章节，

---

〔1〕 参见姜明安：《论监察法的立法目的与基本原则》，载《行政法学研究》2018 年第 4 期。

〔2〕 参见 [英]威廉·韦德：《行政法》，徐炳等译，中国大百科全书出版社 1997 年版，第 70 页。

〔3〕 参见胡杰：《论权力的权利性》，载《法制与社会发展》2013 年第 2 期。

缺乏专设章节或相对独立的专门规定，呈现出零散性与非体系化的特点。除此之外，涉及权利保障与救济的内容多为依附于规范监察权行使的间接性规定，直接赋予监察对象具体权利的规定则寥寥可数。诚然，对于监察权规范运行的约束性规定可以保证公权力的正当行使，从侧面达到保护私权、避免侵害的效果，但该效果仅为监察权法治化运作的附属性表现。在惩治腐败高压态势的要求下，监察权的高效运行在打击职务违法犯罪与保障监察对象权益的平衡比较中一直占据主导地位。因此，以被调查人为代表的监察对象亦缺乏监察活动中的独立地位，被留置人员的权利救济方式更无法与被采取同等程度强制措施的犯罪嫌疑人对应。可见监察对象权利保障与救济在立法价值维度上即具有较强附属性。

2. 内部救济的封闭性

《监察法》规定的被留置人员救济手段包括复审复核、申诉复查及申请国家赔偿，措施相对单一，且均限于监察系统内部。而外部监督虽规定了同级人大及常委会监督、民主监督、社会监督、舆论监督，但系统完善的外部监督机制尚未形成。具体而言，复审及复核的申请接受机关及决定作出机关均为作出原决定的监察机关及其上一级机关，被认定错误的处理决定由原处理机关自行纠正；申诉并申请复查的受理、决定及纠正主体亦如前所述；而监察机关因其特殊的政治属性，既非行政机关，又非司法机关，以至于监察赔偿不能直接适用现行《国家赔偿法》关于行政赔偿或刑事赔偿的规定，出现了《国家赔偿法》调整赔偿关系却不能作为直接法律依据的矛盾。从监察留置的决策过程来看，留置的适用由监察机关内部集体研究决定，措施的批准、备案及延长批准均于监察系统内完成。《监察法》对于"领导人员集体研究"的概括性规定无法作为实践中明确的操作指引，《实施条例》对于集体研究的主体、程序和具体议程亦未进一步细化。封闭的审批模式排斥第三方的监督与介入，易造成留置措施随意适用的隐患。而被留置人员救济手段同样局限于监察系统内部，一旦最终处理决定有失公允，被留置人员则难以通过其他渠道寻求有效救济。

3. 程序启动的被动性

如前所述，被留置人员权利救济属于事后救济，时间节点位于监察机关采取留置措施并造成被留置人员合法权益侵害后果之后。换言之，权利救济由原权派生而来，以原权利受侵害为必要前提。若监察机关尚未启动留置程序，或在措施实施中不存在违反法定程序或超越职权的行为造成被留置人员权利损害，则权利救济没有启动的动因，亦不具备采取的条件。从程序启动方式来看，无论是复审复核、申诉复查还是申请国家赔偿，均以《监察法》授权主体的申请为前提。如若被采取留置措施的被调查人及其近亲属不进行申请，则其权利救济无法自监察系统内部主动启动，即救济程序的启动逻辑与方式均具有被动性。

4. 法法衔接的脱节性

《监察法》中对被调查人权利救济作出直接规定的条文相对概括，其实际可操作性存在提升空间。同时，权利救济的实施需要关联性法律的支持，法法衔接不畅又反过来影响权利救济的实现质量。如前所述，权利救济具有内部封闭性，无论是复审复核、申诉复查及申请国家赔偿，都局限于监察系统内部。监察机关作为政治机关的特殊定位限制了监察对象及其近亲属向司法机关提起行政诉讼的救济渠道，针对由司法工作人员构成的刑讯逼供、暴力取证、徇私枉法等刑事犯罪，监察机关及其工作人员因不具备特定身份，亦不能追究其责任，致使在刑事责任追究上存在法律衔接障碍。[1]再者，现行《国家赔偿法》针对政治机关的赔偿规定存在立法空白，因而即使被留置人员符合依法申请国家赔偿的条件，监察赔偿亦不可直接适用《国家赔偿法》关于行政赔偿或刑事赔偿的规定，因此在具体如何进行合法有据的国家赔偿问题上，存在法律衔接脱节的制度短板。

（二）被留置人员权利救济的缺陷

1. 权利救济渠道局限单一

救济是权利实现的必然要求，救济手段的多元化则是人权保障的题中应有之义。但正如前所述，在监察程序中，被留置人员的权利救济措施相对单一，且局限于监察系统内部，缺乏多样性与独立性，并且欠缺司法救济路径。与同监察权平行的两种权力——行政权和司法权相较，前者具有行政复议、行政诉讼和国家赔偿的途径，而后者可通过审判监督、申诉及司法赔偿

---

〔1〕 参见王明星、倪庆富：《如何保障被调查人的合法权益——20 多个条文保障其人身权和财产权等》，载《中国纪检监察》2018 年第 9 期。

来进行救济。虽然具体手段存在差异，但二者存在一定共性：救济手段多元，且不局限于系统内部。在现有的权利救济模式下，被留置人员及其近亲属、利害关系人面对纪检监察的强大合力，可能因现实利弊的权衡容忍权益侵犯不大的监察行为，甚至在"威慑力"作用下不敢轻易启动申诉或申请。且立法允准的救济事项范围过窄，时间亦限制在处理决定作出之后，一定程度上阻遏了被留置人员权利救济路径。

2. 赔偿请求权实际虚化

新的监察态势下，监察赔偿有着迫切的现实需求性，亦具特别的监督意义。但监察体制改革至今，申请国家赔偿的案例极为少见，在肯定监察机关运用法治的反腐成效与人权保障水平提高的同时，亦侧面反映出监察赔偿在实践中未得到有效落实。《监察法》第 76 条虽然对监察赔偿作出了原则性规定，但对于赔偿的程序、计算方法及期限等并未作出具体明确，《实施条例》亦未对该问题作出进一步的规范。现行《国家赔偿法》由于监察机关的政治性定位，将监察赔偿排除于既有的赔偿体系以外，因此监察赔偿关系的调整缺少可以直接适用的法律依据，程序衔接方面仍然是法律空白。此外，以被留置人员为代表的监察对象在寻求赔偿救济时兼具普通公民与公职人员的双重身份，现行国家赔偿体系受制于特别权力关系的理论基础，可能会忽视监察对象的公权力属性，使其权利救济处于真空状态。这一矛盾现象致使监察对象在申请国家赔偿时存在相当障碍，甚至导致赔偿请求权的实际虚化。

3. 申诉制度亟待完善

《宪法》第 41 条第 1 款规定公民享有申诉的基本权利，《监察法》亦对此作进行了立法回应。对于申诉，监察立法将主体扩充至被调查人及其近亲属、利害关系人，并予以其向上一级监察机关申请复查的二次救济渠道，一定程度上保障了申诉权的行使。但相较《刑事诉讼法》中被采取羁押性强制措施的犯罪嫌疑人、被告人，《监察法》对被留置人留置申诉的事项范围过于狭窄，仅限于超期留置。在监察实践中针对被留置人员的侵权情形不宁唯是，如不当留置、错误留置、变相延长留置期限、非法讯问等，均缺乏申诉救济的途径。此外，申诉程序自申请的提出到决定的作出都限于监察系统内部。此种闭环处理式的自我纠错程序缺乏外部监督的压力，审查及处理结果的客观性和公平性有待商榷。

四、被留置人员权利救济制度的完善

（一）明确赔偿归责原则及事项范围

由于监察机关的政治属性，现行《国家赔偿法》无法在既有体系内涵摄监察赔偿关系，因此被留置人员难以就侵犯自身权益的监察行为寻求赔偿救济。当前学界与实务界对于系统构建监察赔偿制度的呼声愈烈，对于赔偿类型、赔偿范围、责任分配、追责程序等各方面研究日出不穷，《国家赔偿法》的下一轮修订是否对该问题进行回应令人瞩望。其中，涉及留置措施的归责原则问题及赔偿事项范围有必要进行单独梳理。

归责原则是国家赔偿制度中的基石，反映国家赔偿的价值取向和赔偿政策。[1]现有国家赔偿体系主要包括违法责任原则和结果归责原则，行政赔偿以行政行为违法性为必要前提，采取单一的违法归责原则；[2]刑事赔偿则确立了违法责任原则与结果责任原则并存的多元模式。[3]当前学界对留置措施的归责原则争议仍频，综合权益侵害程度与主观过错等因素进行考量，采取类似刑事赔偿的多元模式更为适宜。对于被留置人员既不构成职务犯罪亦不属于职务违法的情形，应当适用结果责任原则。首先，留置在十五项调查措施中对人身权的侵害程度最高，且其侵害性与实施程序的严格性呈现失协。与刑事诉讼中强度相近的强制措施横向比较，三个月的一般留置时限远超拘留的最长规定时限，[4]延长留置时限则已接近检察院三次延长后的最长侦查羁押期限，且留置延长仅需一次批准，程序设置远远宽松于前者，因此采取较严格的责任规定防范权力滥用确有必要。其次，结果归责原则的法理基础在于公共负担人人平等原则。[5]如若被留置人员无违法犯罪行为，而其人身权益遭受了缺乏正当理由的侵害，较一般公众承担了额外的特别义务，应当通过国家赔偿予以救济。最后，留置措施适用的应当性与合法性无法在施行

---

〔1〕 参见杨小君：《国家赔偿的归责原则与归责标准》，载《法学研究》2003 年第 2 期。

〔2〕 参见《国家赔偿法》第 3 条和第 4 条规定。

〔3〕 参见《国家赔偿法》第 17 条和第 18 条规定。

〔4〕 《中华人民共和国刑事诉讼法》第 91 条第 2 款、第 3 款规定："对于流窜作案、多次作案、结伙作案的重大嫌疑分子，提请审查批准的时间可以延长至三十日。人民检察院应当自接到公安机关提请批准逮捕书后的七日以内，作出批准逮捕或者不批准逮捕的决定。"因此拘留的最长时限为 37 天。

〔5〕 参见高家伟：《国家赔偿法》，商务印书馆 2004 年版，第 35 页。

期间获得确定，因此被留置人员的权利状态须在监察程序终结甚至审判程序结束后才能确定，从实践操作性角度考量，适用结果归责原则更为适宜。

违法责任原则主要适用以下情形：其一，被留置人员未构成犯罪，但已成立职务违法。因留置措施在严重职务违法案件中亦具实施空间，若监察机关在尽到合理注意义务的前提下依据法定条件与程序作出留置决定，则不承担赔偿责任。其二，被留置人员构成职务犯罪，留置时长依法折抵刑期，但因监察机关未尽相应注意义务而遭受权利损害的，如《监察法》第50条第2款规定："监察机关应当保障被留置人员的饮食、休息和安全，提供医疗服务。讯问被留置人员应当合理安排讯问时间和时长，讯问笔录由被讯问人阅看后签名。"致使被留置人员权益受损，对此不作为行为亦需承担赔偿责任。

监察赔偿的归责原则决定了基本的赔偿范围，赔偿范围则明确了赔偿的广度与宽度，是衡量赔偿制度完善性的重要指标。涉及监察留置的赔偿主要因被调查人员在留置过程中的物质性人身权益遭受侵害，如生命权、健康权及身体权，极少涉及身份权。赔偿范围的法律表述应为具体的列举式规范，不应表现为模糊化的涵括性表述，亦不能引证参照其他法律。在遵循国家赔偿制度"无罪赔偿原则"的前提下，监察赔偿主要涵盖以下三种情形：错误留置、超期留置及违反规定适用留置措施。

第一，错误留置。对此可划分为主体错误及条件错误两种情况。对于主体错误而言，纯粹的主体错误认识于实务中极为罕见；超越《监察法》第24条规定范围对不具有公职身份的主体采取留置措施的情形则较为常见，如对行贿人、被调查人近亲属等。诚然，对"涉嫌行贿犯罪或者共同职务犯罪的涉案人员"采取留置并未违反该条规定，但实务中对留置对象范围的扩大解释应当严格限制于职务犯罪调查当中，职务违法调查不应同等适用，否则将造成留置范围的恣意扩张。条件错误即留置措施的适用符合被调查人身份要求，但不符合《监察法》第24条规定的法定条件。此时若对被调查人直接采取留置造成损害后果的，应予以赔偿。第二，超期留置。留置措施的适用符合法定条件，但法定期限届满未予解除或变更，此时虽符合《监察法》第69条规定的申诉事项，但不宜直接作为确认赔偿必要性的决定性事项，须就合乎超出期限的办案效果与损害后果间的因果关系予以综合考量。[1]第三，违反规定适用留置措施。因监察机关及其工作人员采取殴打、虐待等暴力、威胁或其他手段直接侵害被留置人员人身权利，当属赔偿事项应有范围。若致被留置人员精神损害，亦应按照《国家赔偿法》第35条规定依法予以赔偿。

（二）完善留置申诉程序

申诉制度的现行规定较为疏略，留置措施申诉事项范围过窄，申诉程序不周详，致使权利救济于事实上难以落实。因此，除《监察法》第69条第1款第1项规定的"采取强制到案、责令候查、管护或者留置措施法定期限届满，不予以解除或者变更的"情形外，应制定相关细则对兜底条款的内容进行具象扩充，明确列举留置申诉的事项范围，如不当留置，错误留置，变相延长留置期限，饮食休息、医疗服务及安全保障不足等。此外，申诉程序是否规范、合理直接影响到申诉案件处理结果的公正和效率。[2]《监察法》及《实施条例》的既有规定对于申诉的提出方式与接收部门均未作出明确规定。鉴于被留置人员的学历背景与文化水平，申诉人应当提交书面申诉书，但因疾病等特殊原因确实无法提交书面申诉的，可以进行口头申诉。申诉的受理与审查均于监察系统内部进行，在外部监督缺位的情形下，实践中监察机关对于涉及自身行为的申诉处理易具有明显的倾向性，导致处理结果有失公允。有学者提议设立类似我国香港地区廉政公署事宜投诉委员会的独立机构，或者仿照我国香港地区建立行政申诉专员，对行政申诉案件和监察申诉案件一并受理。[3]但在监察体制改革开启后，另设独立机关或机构难以纳入当前国家权力横向配置的五元结构，亦不符合在重遏制、强高压的反腐斗争势态下构建集中统一、权威高效的国家监察体系的改革目的。因此，可以在案件监督管理部门内部增设临时性申诉委员会，由5名到7名单数人员组成，除监察委员会主任、副主任及案件监督管理

---

[1] 参见王译：《论国家监察赔偿的立法模式与事项范围》，载《温州大学学报（社会科学版）》2022年第6期。

[2] 参见李伟：《建立行政申诉制度的意义及其制度设计》，载《广州大学学报（社会科学版）》2006年第11期。

[3] 参见江国华、王冲：《监察委员会留置措施论析》，载《湖北社会科学》2018年第9期。

部门负责人外，吸纳检察机关工作人员，使检察监督介入到留置申诉案件处理中以实现对监察权的监督与制约。此外，当前学界对"留置必要性审查"机制建立的呼声较高，相关研究亦参照羁押必要性审查的规定对留置必要性审查机制的必要指标、审查权限、具体流程及联动制度作出了初步的梳理与构想。在此构想下，被留置人员及其近亲属的申诉可以作为启动留置必要性审查的材料来源，以防范留置适用的恣意扩展，确保监察权在法治框架内稳健运行。

（三）打破内部救济封闭性

当前，被留置人员可采取的事后救济措施囿于监察系统内部，第三方的监督与介入实际缺位。若欲打破樊篱，在加强对监察权运行内外监督的同时，引入司法救济途径亦值得考量。

有权必受监督，用权不可任性，构建内外结合的完整监督制约机制是规范监察权于法治轨道稳健运行的关键举措。第一，规范监察机关内部监督机制是加强内外监督的首要措施。自我监督是最为基础的监督机制，但根据权力运行的普遍原理和权力扩张的自身特性，亦是最容易模糊柔化的监督机制。《监察法》第63条对内部专门监督机构作出了概括性规定，《实施条例》则在此基础上对工作机制、监督事项、监督方式等方面进行了进一步的规范与细化。其中最为重要的是《实施条例》第273条对责任内核的明确，即建立办案质量责任制，对滥用职权、失职失责造成严重后果的监察人员实行终身责任追究。终身责任制作为内部监督的底线保障，能够有效强化监察人员责任意识，督促监察人员依法履职。第二，强化各级人大的监督作用是发挥外部监督效能的题中应有之义。《监察法》第60条规定各级监察委员会应当接受本级人大及其常委会的监督，并向本级人大常委会报告专项工作，接受执法检查。《实施条例》对此则进一步作出了规定，有利于促进监委会依法接受人大监督的程序化、制度化，确保监察机关及监察人员依法严格履行职责、行使权力。部分学者认为监察机关应与其他国家机构一致，向人大负责并汇报工作。但考虑其政治属性与特殊职权，监委会不向同级人大报告工作，可以缓和权力机关与监察机关之间存在的"权力对冲"状态，避免各级人大不能支配和监督党的纪委和纪律检查权的矛盾，更有利于权力机关和监察机关行使各自职权。[1]

司法是权利救济和维护公平的最后防线。相较内部救济而言，司法救济跳出了内部监督、内部处理的拘囿，程序规范、内容公开、方式透明，因而在监察法研究领域引入司法救济途径、构建监察诉讼制度的提议与建白日渐显现。司法救济的引入在理论上具有坚实基础。监察体制改革前，基于特别权力关系理论，行政内部监督行为不得作为行政诉讼的受案范围，这也是目前被调查人被排除司法救济的一大原因。但区别于行政监察机关的同体监督，监察机关与被调查人之间呈现异体监督关系。若仍以职务身份划分司法救济的适用资格，则忽视了被调查人员在寻求救济时作为普通公民的第二重属性，造成权利保护力度不平等的现象。值得一提的是，出于国家政治现实考量，提升反腐效能是监察制度的基本构建目的，强调以法治思维和法治方式推进反腐工作不等于机械运用司法最终解决原则。从制度经济的视角来看，短时间内构建全新的监察诉讼制度亦可能动摇当前国家权力横向配置结构的稳定性。因此，在现有权利保障制度体系内，以内部优化的方式强化监察对象的权益保障、达成实践中的有效救济，仍然是完善被留置人员权利救济制度的首选方案。

但不可否认的是，涉及被留置人员这一特定范围，司法救济途径的确具有现实必要性。在稳健推进监察制度运行与发展的前提下，逐步消解公职人员司法救济的实践障碍后，构建留置诉讼制度不失为一种优良方案。如若在监察领域引入司法救济途径，则应参照行政救济穷尽原则。被留置人在提起诉讼之前，应充分寻求监察系统内部存在的最为直接便捷的救济途径，如提起申诉、申请复核。在穷尽非诉手段仍无法获得充分救济的前提下，方可启动司法救济。此原则的依循出于如下考量：其一，监察机关内部自我监督自我纠正是最简便高效的手段，确保被留置人员在不浪费人力财力及时间成本的同时于最短时间内获得最优救济，尽早减轻法院负累，提高效率，节约司法资源；其二，制度的构建与实施应充分考虑优先性因素。将监察行为纳入诉讼范围虽不必然干扰监察效能，但立足于我国当前政治现实，优化资源配

---

[1] 参见秦前红：《人大监督监察委员会的主要方式与途径——以国家监督体系现代化为视角》，载《法律科学（西北政法大学学报）》2020年第2期。

置、高压高效反腐仍是监察制度运行的切要逻辑。因此，诉讼不应动辄成为权利救济的主要手段，以尽可能减少司法手段对监察体制高效运转的扰动。

结　语

留置作为监察体制改革的重要成果，突破了"双规""双指"措施的法治困境，成为重拳惩治贪污腐败的有力武器。当下反腐形势依然严峻，但在坚持高效高压反腐的同时，亦不能忽视被留置人员的权利保障与救济问题，避免国家监察体制改革以牺牲当事人的基本权利为代价，产生新的人权"赤字"。[1]在全面依法治国的大背景下，在规范留置措施运行的同时建立有效的权利救济体系，坚持惩罚犯罪与保障人权并重，坚持"既转权力，又转权利"的改革方向，才能充分发挥留置措施的应有能效，稳步推进监察工作规范化、法治化、正规化建设。

---

[1] 参见秦前红、底高扬：《从机关思维到程序思维：国家监察体制改革的方法论探索》，载《武汉大学学报（哲学社会科学版）》2017年第3期。

————————第六章————————

监察赔偿制度的建立健全[*]

————————————————————

第一节　建立健全监察赔偿制度的必要性

2018 年颁布实施的《监察法》正式确立监察机关为独立于一府两院的新型国家机关。为防止监察机关滥用权力，《监察法》第 67 条规定，对监察机关及其工作人员行使职权侵犯公民、法人及其他组织的合法权益造成损害的情况依法给予国家赔偿。[1]但是我国现行法律对监察赔偿的规定较为原则，不具可操作性，建立健全监察赔偿制度、对监察赔偿进行具体制度设计，可全面贯彻落实依法治国战略、完善监察法律体系、规范监察机关权力行使以及切实保障人权。

一、全面贯彻落实依法治国战略

我国实施依法治国的基本方略，要求做到有法可依。但是目前监察赔偿制度仍然存在立法空白。一方面，在《国家赔偿法》中，仅对以行政机关及其工作人员为侵权主体的行政赔偿和以司法机关、看守所、监狱管理机关等为侵权主体的刑事赔偿作出了规定。但监察赔偿作为国家赔偿的一种，其侵权主体为监察机关及其工作人员，并不属于《国家赔偿法》规定的任何一种

_____

　＊　原载《廉政学研究》2023 年第 1 期，与张淇合作，有改动。

　〔1〕　参见《监察法》第 67 条。

侵权主体，因此监察赔偿不能直接适用《国家赔偿法》；另一方面，《监察法》对于监察赔偿也只进行了概括规定，并未进行具体的制度设计，《实施条例》涉及监察赔偿的规定也不足以让监察赔偿正常运行，由此导致了监察赔偿制度在现实中几乎处于"休眠"状态。建立健全监察赔偿制度，可落实依法治国的基本方略，避免监察赔偿在具体实施过程中出现无法可依的情况。

二、完善监察法律体系

随着《宪法》对监察机关进行规定以及《监察官法》和《实施条例》的出台，以《监察法》为核心的监察法律体系逐渐形成。监察权作为独立于立法权、行政权、司法权的新型权力，其权力体系尚不完善，一个完整的权力体系除了包括权力产生的基础、权力运行程序、对权力的监督之外，还应该包括权力侵权的赔偿制度。建立健全监察赔偿制度，可有效填补监察法律体系的空白、完善监察法律体系，进而促进中国特色社会主义法治体系的构建。

三、有效规范监察机关权力行使

国家监察体制改革，是对党的十八大以来反腐败斗争取得的阶段性胜利的总结，更是为新形势下反腐败斗争建立的有力制度保障，[1]改革将监察委员会设立为反腐败的专责机构，保障了监察权的集中行使。但监察权的运行是一把"双刃剑"，打击职务违法犯罪的同时难免会侵犯到公民合法权利，[2]更加严重的是，监察权又是关系到被监察对象人身权、财产权、政治权利的强大的国家权力，若监察权被滥用，后果较其他国家权力更为严重。建立健全监察赔偿制度，明确监察机关及其工作人员侵权的法律责任，可达到逆向监督监察权，有效规范监察机关权力行使的目的。

---

〔1〕　参见吴建永、谢江平：《国家监察体制改革的理论逻辑》，载《中共天津市委党校学报》2019 年第 4 期。

〔2〕　参见戴芳：《达摩克里斯之剑——评监察体制改革的法治进路》，载《云南行政学院学报》2020 年第 1 期。

四、切实保障人权

我国于 2004 年在《宪法》中规定"国家尊重和保障人权",由此赋予人权最高的法律效力,将其置于第三章"国家机构"之前,宣告了对人权的重视与保障,人权由传统的政治理念转化为宪法规范。[1]这一宪法规范为监察体制改革提供了导向作用,启示《监察法》应将保障人权作为内在价值取向,但是监察机关在行使职权的过程中,很可能侵犯被调查人及涉案公民的人权。如在调查过程中,监察机关有权采取各种调查措施,若留置措施采取不当可能会侵犯被调查人的人身自由,查封、扣押财产措施采取不当则可能会侵犯被调查人的财产权利,在调查案件时,还有可能出现监察机关及其工作人员采取体罚或变相体罚的方式进行取证的情况。为了避免此类情况的发生,有必要建立健全监察赔偿制度,践行保障人权的理念。

第二节　监察赔偿制度的理论基础

一、人民主权学说

根据人民主权学说,国家应当对监察违法侵权的损害后果进行赔偿。[2]在近代西方民主政治理论发展史上,人民主权学说是一个重要的理论成果,该学说通过彻底否定君主主权论以及批判改造议会主权论,在国家政治生活中确立了人民的主人地位。人民主权学说认为法律由人民制定,国家和政府必须遵守,当国家违法时,应当与人民承担同等的责任。法国著名思想家卢梭对于政府的理解是"所谓的政府就是在平民和主权者之间建立的一个中间体,以便于两者相互适应,它主要负责执行法律并维持社会和政治的自由"。[3]因此,基于人民主权学说,若监察机关及其工作人员在行使职权时,侵犯了公民、法人及其他社会组织的合法权益,应当对受害人进行国家赔偿。

---

〔1〕　参见黄攀:《国家监察赔偿必要性之证成与立法路径探讨》,载《新疆社科论坛》2021 年第 1 期。

〔2〕　参见陈春龙:《中国国家赔偿论》,中国社会科学出版社 2015 年版,第 64~65 页。

〔3〕　[法]卢梭:《社会契约论》,李平沤译,商务印书馆 2011 年版,第 66 页。

二、国家责任理论

国家作为一个集合体，国家责任即国家在行使其职能时所应履行的义务。国家通过国家机构履行宪法赋予的职权来实现其职能，那么在其行使职能过程中侵犯了公民、法人或其他组织的合法权益，则应承担相应的责任。在早期，"主权豁免理论"认为因国家享有最高权威，因此其不负法律责任，随着社会的发展，人们逐渐认识到，不受限制的公权力不可避免地会侵犯到公民的合法权益，在公权力运行时应设定边界，否则会增加公民权利受侵害的可能，由此国家责任理论形成。在这一理论基础之上，设立监察赔偿制度，可最大程度平衡好国家、监察机关及其工作人员、受害人之间的利益。

三、权利救济理论

国家责任与权利救济相关，从国家角度来看，国家是公共利益的代表，如果出现侵权行为，国家有救济公民权利的责任。[1]所谓权利救济，是出现公民的合法权益遭受损害的情况时，国家提供一种方式来弥补受害者遭受的损失。权利之所以需要被救济，是因为权利受到了侵害。按照权利救济理论，人们向国家发出请求，希望由国家行使自己对事情是非判断以及要求侵害人赔偿的权利，国家作为一种公权机构，则需要承担对每一个受到侵害的人进行救济的义务。这种救济义务意味着国家应当对受害人的权利提供救济的方法、制度和程序上的安排，否则国家救济就成了一种美化的装饰或是威权意义上的恩赐。[2]因此，为侵权行为设立权利救济制度，是保障国家权力与正当程序得以有效实施的关键。[3]作为调查所有职务违法和职务犯罪案件的监察机关及其工作人员，其监察对象是所有行使公权力的公职人员，权力不可谓不大。因此，对监察对象来说，在权利受到侵犯时拥有必要的救济渠

---

〔1〕　参见孟军：《国家侵权、国家责任与权利救济———以刑事侦查为视角》，载《行政与法》2008 年第 6 期。

〔2〕　参见刘锦：《监察委纳入国家赔偿体系及其路径选择》，载《广西政法管理干部学院学报》2019 年第 5 期。

〔3〕　参见王鸾鸾：《监察委纳入国家赔偿义务机关的证成与路径》，载《行政与法》2017 年第12 期。

道、得到及时的救济尤为重要。

第三节　监察赔偿制度立法体例的选择

一、监察赔偿制度的立法现状

《宪法》第 41 条第 3 款规定，国家机关或者相关工作人员的违法、失职行为导致公民合法权益受损的，公民有依照法律规定得到赔偿的权利。[1]监察机关的监察对象是所有行使公权力的公职人员，而行使公权力的公职人员也是我国公民，因此该条款赋予了行使公权力的公职人员获得监察赔偿的权利。除此之外，我国在《监察法》第 67 条中将监察赔偿以国家赔偿的形式进行了概括规定，中央纪委国家监委在《监察法释义》第 67 条中规范了监察赔偿的要件，《实施条例》对《监察法》进行了细化，进一步规定了受害人可申请国家赔偿的情形、赔偿请求人、赔偿方式等。

总的来说，第一，我国关于监察赔偿的法律规定较少，《宪法》《监察法》及相关释义的相关规范也是一些概括、抽象的原则性规范，可操作性较差；第二，《国家赔偿法》未作出修订，其与《监察法》的衔接问题在立法上尚未明确；第三，《实施条例》的性质是监察法规，其制定主体是国家监委而不是全国人大及其常委会，其效力层级应低于"法律"，而监察赔偿制度作为国家赔偿制度的一部分，应由"法律"进行专门规定，因此，制定该监察法规的合理性值得商榷。另外，在《实施条例》中，对监察赔偿的内容与方式的规定并不完善，对赔偿的具体程序、救济途径、赔偿义务机关的特殊情形等也未作具体规定，因此监察赔偿制度目前还未"激活"。

二、监察赔偿制度的立法争议

目前，学界关于监察赔偿的立法争议主要集中在监察赔偿制度的立法体例方面，第一种观点是单独创立一部"监察赔偿法"，通过对监察赔偿制度单独立法来对监察赔偿制度进行具体规范，以此匹配监察机关、监察权的特

---

〔1〕　参见《宪法》第 41 条第 3 款。

殊地位；第二种观点是由监察委员会制定监察赔偿制度的实施细则，将监察赔偿制度以监察法规的形式确立下来，2021 年 9 月 20 日施行的《实施条例》中对于监察赔偿的规定就是对此种观点进行的尝试；第三种观点是根据中央纪委国家监委对《监察法》第 67 条的释义，修改《国家赔偿法》，在《国家赔偿法》中设专章规定监察赔偿制度。

三、监察赔偿制度的立法体例

在监察赔偿的立法体例方面，学界中有上述三种观点，笔者建议采用第三种观点，即按照《监察法》第 67 条的释义，在《国家赔偿法》中设专章规定监察赔偿的内容。理由如下：其一，有利于形成完善的国家赔偿法律体系。监察赔偿作为一种新型国家赔偿制度，其是涵盖在国家现行的国家赔偿法律体系之内的，考虑到现行的赔偿法律体系已经较为成熟，将其并入到《国家赔偿法》中，是对国家赔偿法律体系和内容的一个重要补充，可使其在内容上更加充盈、结构上更加平衡、形式上更加完备。其二，有利于对监察机关进行监督与制约。一方面，由《国家赔偿法》规定监察赔偿的内容，相较于监察机关自行制定监察法规，更有利于打破内部法规的局限，增加监察赔偿制度的权威性和公信力，以达到对监察机关进行有效的外部监督的效果。另一方面，监察赔偿是对被调查人的救济，具有通过监察赔偿反向制约监察机关与规范监察权行使的作用，若由监察机关自行制定，则容易导致监察机关权力过大，陷入"国家不赔法"的窘境。其三，有利于节约立法资源。虽然监察机关是政治机关，监察权是独立于立法、行政、司法权的"第四权力"，监察赔偿作为监察机关及其工作人员侵权的法律责任承担形式，理应凸显其特殊性，但是监察赔偿制度与其他制度相比，其重要性还远没有达到需要单独设立一部法律的程度，若对其单独立法，未免有些小题大做，浪费立法资源。

第四节　建立健全监察赔偿制度

法律的生命在于实施，监察赔偿制度的真正实施，离不开具体可行的制度。上文提到，笔者建议在《国家赔偿法》中与行政赔偿、刑事赔偿相并列，对监察赔偿制度设专章进行规定。具体来说，《国家赔偿法》中的行政赔偿与刑事赔偿制度的立法框架可为监察赔偿制度立法提供参考，可在《国家赔偿法》专章之下分别规定监察赔偿的范围、赔偿请求人、赔偿义务机关及赔偿程序四节。由于监察赔偿在赔偿请求人、赔偿方式、计算标准以及赔偿请求时效等方面并未体现出特殊性，而《国家赔偿法》在这些方面的规定已较为完备，因此监察赔偿在赔偿请求人、赔偿方式等这些方面应可直接适用《国家赔偿法》的相关规定。

监察权是与立法权、行政权、司法权并列的新型权力，针对其特殊的权力属性，笔者主要从归责原则、赔偿范围、赔偿义务机关以及具体程序四个方面对监察赔偿制度进行完善，以期建立健全的监察赔偿制度。

一、监察赔偿的归责原则

国家赔偿的归责原则被称为"整个赔偿立法的基石"，它是判定国家行为损害后果是否应当赔偿的核心依据，也是国家承担赔偿责任的主要标准。[1]在《国家赔偿法》中，行政赔偿与刑事赔偿的归责原则在总体上是一致的，其一致性体现在《国家赔偿法》总则部分的第2条，[2]其差异则主要体现在分则部分，如在第3条、第4条中条文多出现"违法""非法"的字样，可见违法归责是行政赔偿的归责原则，而在《国家赔偿法》第17条、第18条中，表明刑事赔偿采用以违法归责为主，结果归责为辅的归责原则。有学者认为：监察赔偿应适用违法兼过错归责原则，因为基于使受害人的合法权益得到最大化救济的考虑，该归责原则可以扩张监察赔偿范围以及反向制约监察权行使，这在某种程度上来看更加符合深化国家监察体制改革的精神。[3]但是，目前我国反腐形势依然相当严峻，若对监察赔偿采用过错归责原则，则可能"束缚监察办案人员的手脚"，贻误办理职务违法犯罪案件的时机，不利于监察权的长久运行。笔者认为，鉴于监察机关调查案件与司法机关办

---

〔1〕 参见马怀德：《国家赔偿法的理论与实务》，中国法制出版社1994年版，第103页。

〔2〕 参见王姝：《监察体制改革避免"同体监督"》，载《文摘报》2018年3月27日，第6版。

〔3〕 参见李吉映：《论〈监察法〉中国家赔偿问题——以〈监察法〉第67条为对象》，载《东北农业大学学报（社会科学版）》2019年第5期。

理案件有相似之处，与刑事诉讼的程序也有相衔接的部分，因此刑事赔偿归责原则可作为监察赔偿立法的参考，即同样采用以违法归责原则为主，结果归责原则为辅的归责原则。如此一来，不仅有利于与《国家赔偿法》的总则保持一致，而且在适应监察机关办案特点、紧贴反腐形势的基础上最大程度保障了被调查人的合法权益。

二、监察赔偿的范围

监察赔偿范围是监察机关及其工作人员行使职权侵犯公民、法人及其他组织的合法权益造成损害时，国家所应承担赔偿责任的界域，解决的是国家应当对哪些监察侵权行为承担赔偿责任的问题。

（一）监察赔偿范围的立法模式

在 2010 年的《国家赔偿法》修正之前，国家赔偿范围只包括行政或司法行为违法致害，赔偿范围非常"有限"，不利于保护受害人的合法权益，为避免监察赔偿制度重蹈覆辙，如何规定其赔偿范围的立法模式至为重要。现行《国家赔偿法》中，在应予赔偿的情形方面，行政赔偿采用了列举与兜底条款相结合的方式，刑事赔偿则只采取列举方式进行了规定；在赔偿义务机关的免责方面，行政赔偿和刑事赔偿则都采用了列举与兜底条款相结合的方式。可见，行政赔偿因无法穷尽所有立法情况，在应予赔偿的情形方面设置兜底条款，保留了足够立法空间，为未来立法或解释提供了正当性与合法性基础，相较于刑事赔偿更有利于保护受害人合法权益。在不予赔偿的情形方面，两者则都较为保守，除了对免责条款进行具体列举外，还规定了兜底条款，以防遗漏不予赔偿的其他情形。

笔者认为，监察赔偿作为因监察机关及其工作人员侵权所给予的国家赔偿，应担负起切实保护被调查人合法权益的重任，不能成为一个"宣示性条款"。因此，在应予赔偿的情形方面，应借鉴行政赔偿制度中列举与条款相结合的方式，以防止无法穷尽所有应赔情形；在不予赔偿的情形方面，则应只采取列举的方式进行规定，以防止具有强大国家权力的监察机关提出各种理由逃避责任，从而扩大免责范围，导致监察赔偿形同虚设。

（二）应予赔偿的情形

《实施条例》对于应予赔偿的情形作出了规定，但是其分类不清、列举不足，且制定主体是监察机关，因此有必要对监察赔偿的情形重新进行讨论。《国家赔偿法》在对行政赔偿和刑事赔偿进行规定时，将应予赔偿的情形根据侵权属性划分为了侵犯人身权的赔偿情形与侵犯财产权的赔偿情形，致人精神损害的则辅之以精神损害赔偿，监察赔偿也可借鉴这种划分方式。

1. 侵犯人身权的赔偿情形

第一，错误采取留置措施的。《监察法》规定允许监察机关工作人员采取调查措施，调查措施中的留置措施是人身调查措施，若错误采取势必会对被调查人的人身权造成侵犯，因此将其作为监察赔偿的赔偿情形应无异议。错误采取留置措施主要表现为留置对象错误、超期留置、对不符合留置条件的人进行留置、留置程序违法四种情形。

第二，采用体罚或变相体罚等非法方式取证造成公民身体伤害或死亡的。《监察法》明文规定禁止监察机关以非法方式收集证据，禁止体罚或变相体罚。[1]因此监察机关工作人员在对被调查人及相关人进行搜查取证时，若以侮辱、殴打、虐待等体罚或变相体罚的方式造成公民身体伤害或死亡，理应进行监察赔偿。

第三，留置期间对被调查人使用暴力或者教唆、放纵他人使用暴力以及未履行法定义务造成公民身体伤害或死亡的。在对被调查人采取留置措施期间，若出现监察机关工作人员对被调查人使用暴力或者教唆、放纵他人使用暴力，以及因未尽到保障被留置人的饮食、休息、医疗和安全等义务造成公民身体伤害或死亡的情况，属于明显侵犯被调查人的人身权的行为，理应对其进行监察赔偿。

第四，非法剥夺他人人身自由的。若监察机关及其工作人员为调查案件而非法剥夺公民的人身自由，这一行为必然侵犯了公民的人身权，理应对其进行监察赔偿。

第五，其他造成公民身体伤害、死亡的违法行为。"兜底"条款的设立，是对公民的人身权进行最大程度的保护，可有效避免遗漏侵犯公民人身权的情形。

此外，对于监察机关及其工作人员行使职权，涉及侵犯公民隐私权、名

---

[1] 参见《中华人民共和国监察法》第40条第2款。

誉权的情况，参照有关民事法律规定另行起诉。

2. 侵犯财产权的赔偿情形

第一，错误采取查封、扣押措施的。《监察法》第 25 条对采取查封、扣押措施进行了明文规范，因此，若监察机关工作人员错误采取该措施，如未依法定程序进行查封、扣押，或者未对查封、扣押物品等进行妥善保管，或者应当解除查封、扣押措施而不解除，理应进行监察赔偿。

第二，错误冻结财产的。《监察法》第 23 条明确规定了采取冻结财产行为的具体要求，因此，若监察机关工作人员错误采取了冻结财产的行为，如在监察机关调查的案件并不属于严重职务违法或职务犯罪的情形下，而对其财产进行违规冻结的，或依法应解除冻结而不解除的，理应进行监察赔偿。

第三，错误作出没收、追缴或者责令退赔决定的。若监察机关及其工作人员作出了错误的决定，即受害人的财产依法不应被没收、追缴或者责令退赔而被没收、追缴或责令追赔的，那么理应对受害人进行监察赔偿。

第四，错误采取限制出境措施造成公民直接财产损失的。虽然限制出境措施属于影响公民人身权的措施，但是因其属于弱人身自由限制措施，不宜将其纳入侵犯人身权的赔偿情形，若因该措施造成受害人财产权受损再给予监察赔偿则更为合适。《监察法释义》第 67 条中规定监察机关侵权造成的损害必须是直接的，因此根据《监察法》第 30 条对限制出境措施作出的规定，若监察机关错误采取了限制出境措施，如在采取限制出境措施时，未经省级以上的监察机关批准，或者未依法由公安机关执行，或者对于应解除限制出境措施而不解除，给公民造成直接财产损失的，理应进行监察赔偿。

第五，其他造成公民财产损失的违法行为。对侵犯财产权的赔偿情形设置概括性的"兜底"条款，可规范监察机关权力行使，及时对公民的财产损失进行救济。

3. 精神损害赔偿情形

第一，侵犯被调查人政治权利的。监察机关行使职权与行政机关、司法机关造成的后果相比，存在一点不同，即监察机关的调查对被调查人的政治前途有相当的影响。如根据不同情形监察机关会对被调查人作出政务处分、问责的决定，甚至将其移送司法机关提起公诉，可能影响被调查人的政治地位，就权利的属性而言，被调查人的升职受到监察行为的影响，某种程度上可以认定为损害了被调查人的政治权利。[1]根据《监察法释义》第 67 条的规定，监察赔偿只赔偿直接损失，而不赔偿间接损失，这种对政治权利的侵害属于间接损失，似乎不应纳入监察赔偿的范围。但是笔者认为，政治权利对于我国公职人员来说至关重要，关乎其政治生命，与其工作积极性密切相关，若因为监察机关办案的特殊性影响了被调查人的政治前途，势必会给其工作带来负面影响，也与我国监察赔偿制度构建的初衷相悖。鉴于政治权利的重要性，可将被调查人选举权与被选举权受损作为监察赔偿制度精神损害赔偿情形对被调查人予以精神损害赔偿。

第二，有上述侵犯人身权情形之一致人精神损害的。参照《国家赔偿法》第 35 条，将监察机关侵犯人身权造成被调查人精神损害列为监察赔偿制度中的精神损害赔偿情形，有利于监察赔偿制度在保障人权的同时，与《国家赔偿法》在内容、结构上保持协调。

（三）不予赔偿的情形

监察机关及其工作人员行使职权时致害的，应当进行监察赔偿，但是有一些情况不符合国家赔偿的要件，为了有效实施监察赔偿制度，有必要对这些情况予以明确，一般来说，主要涉及以下三种。

1. 监察工作人员实施的与行使职权无关的个人行为

所谓监察赔偿，指监察机关工作人员在行使监察权时，若对公民、法人或其他组织的合法权益造成侵害，须给予国家赔偿。但是，若监察机关工作人员在侵害其他公民、法人或其他组织的合法权益时，并未以监察机关工作人员的身份代表国家行使监察权，而是以普通公民的身份实施侵害行为，该行为造成的后果理应由其个人承担。

2. 因受害人、第三人的原因致使损害发生的

若受害人是因自身行为、第三人行为的失当造成的损害，应由受害人自己或第三人承担责任，国家不给予赔偿。主要包括三种情形：第一，留置是因受害人自己故意作虚伪陈述或伪造虚假有罪证据的；第二，受害人身体伤

---

[1] 参见秦前红、石泽华：《目的、原则与规则：监察委员会调查活动法律规制体系初构》，载《求是学刊》2017 年第 5 期。

害或死亡是因其自伤、自杀的；第三，因第三人行为致使损害发生的。

3. 有违法犯罪行为被依法留置后，不予追究刑事责任的

若受害人自身存在违法犯罪行为，监察机关对其依法留置，但由于符合法定情形，如情节较轻、已过追诉时效期限、经特赦令免除刑罚、被告人死亡等，导致其责任免除，国家不应承担赔偿责任。将这种情况列为不予赔偿情形的原因在于，受害人确实实施了违法犯罪行为，对受害人依法采取留置措施，对于保障执法程序顺利推进具有重要的现实意义。因此，即便受害人被依法留置后不予追究其责任，也不应对其进行国家赔偿。

三、监察赔偿的义务机关

一般情况下，应当遵守着"谁侵害，谁赔偿"的原则确定赔偿义务主体，这一原则在监察赔偿中同样适用，监察对象受到哪个监察机关名义侵害，名义监察机关即监察赔偿义务机关。[1]至于因国家侵权行为经历不同程序而产生的国家赔偿责任应如何确定赔偿义务机关的问题，可适用《国家赔偿法》中的"持续过错标准"解决，即以最终作出生效决定的国家机关作为赔偿义务机关，以减少受害人时间成本，简化赔偿程序，便于受害人赔偿请求权的行使。

但是监察机关作为行使监察权的政治机关具有特殊的地位，其组织结构与行权方式也不同于一般机关，因此，在特殊情况下如何确定监察赔偿的义务机关就非常重要，笔者认为可分为以下四种情形进行讨论。

（一）经上级批准的监察行为

《监察法》第 47 条第 1 款规定，设区的市级以下监察机关采取留置措施时，应当报请上一级监察机关批准。[2]学界对于这种经批准的调查行为应由哪个监察机关作为赔偿义务主体尚有争议，有学者指出：这种情况应由实施留置措施的监察机关进行赔偿，而批准机关则不作为赔偿义务主体。因为批准只是例行必要程序，批准机关并不进行实质性的干预，也就不应对其产生

---

〔1〕 参见王春业：《论我国监察损害赔偿法律制度的构建》，载《中共天津市委党校学报》2020年第 3 期。

〔2〕 参见《中华人民共和国监察法》第 47 条。

的后果承担赔偿责任。基于方便当事人提出赔偿请求和进行相关事实调查的考虑，由实施机关作为赔偿义务主体更为合适。[1]

笔者对此持不同意见，认为应当由批准机关作为赔偿义务主体进行赔偿。一方面，《监察法》之所以规定此类调查行为须经批准，意在慎用留置措施、保障留置措施适用的正确性，若因为这种批准只是"例行程序"而由实施机关作为赔偿义务主体，必然会更加减轻批准机关的审查压力，最终导致上级机关的批准程序成为真正意义上的"例行程序"；另一方面，从方便当事人的角度考虑，可由具体实施留置措施的监察机关代为接受赔偿请求、调查相关事实，调查完毕之后再交由批准机关进行审查。至于省级监察机关采取留置措施报国家监察委员会备案的情况，自然因最终由省级监察机关确定采取留置措施而由省级监察机关作为赔偿义务主体。

（二）派驻或者派出的监察机构、监察专员的监察行为

为对中国共产党机关、国家机关、法律法规授权或者委托管理公共事务的组织和单位以及所管辖的行政区域、国有企业等进行有效监察，《监察法》规定可以向其派驻或者派出监察机构、监察专员。笔者认为，在进行监察工作时，如若涉及监察赔偿，监察机构或监察专员或应与委派机关一同作为赔偿义务主体。一方面，监察机构、监察专员受派驻或派出它的监委会领导，对其负责；另一方面，监察机构、监察专员也可根据授权，按管理权限行使监督、调查、处置职权，具有一定的独立办案特征。将两者一起作为赔偿义务主体不仅可以保证派驻监察机构、专员依法履职尽责，而且有利于委派机关对派驻监察机构、专员进行有效监督，促使其规范行使监察权。

（三）纪委的监督行为

监察体制改革之后，我国实行纪委与监委合署办公，即党内监督由纪委负责，国家监察由监委负责。在监察赔偿方面，学界对于纪委是否应作为赔偿义务主体尚有争议。有学者认为：基于党的领导地位考虑，纪委不便直接出面赔偿，如是纪委监督导致损害结果可按内部责任承担的方式处理，对外

---

[1] 参见王春业：《论我国监察损害赔偿法律制度的构建》，载《中共天津市委党校学报》2020年第 3 期。

赔偿则让监察机关进行赔偿。[1]笔者持不同观点，认为纪委的监督行为不应属于监察赔偿的范围。《国家赔偿法》第 2 条第 1 款明确了国家赔偿的义务主体是国家机关及其工作人员，而纪委是党内监督部门，监委才是国家监察机关，两者虽然合署办公，但毕竟是两个机构，不能混为一谈，因此纪委本身就不属于国家赔偿的义务机关，自然不适用国家赔偿。若纪委的监督行为侵权造成损害，则因其属于"同体监督"，而应采用内部申诉的方式进行救济。至于如何区分纪委的监督行为与监委的监察行为，可通过作出行为主体的名义、行为依据、行为内容、受害人的政治面貌等综合判定，以防止监委作出监察行为后为了不进行国家赔偿而将责任全部"推脱"给纪委。[2]

（四）其他机关、单位执行或协助执行的行为

监察机关所作部分决定的执行，需要其他机关单位执行或协助执行。如根据《监察法》第 23 条第 1 款的规定，监察机关在进行调查时，可根据工作需要查询、冻结涉案单位和个人的各项财产，有关单位和个人应当配合；根据《监察法》第 24 条第 3 款的规定，监察机关在进行搜查时，可根据工作需要提请公安机关配合，公安机关应当依法予以协助。根据《监察法》第 30 条，监察机关对被调查人及相关人员采取限制出境措施，由公安机关依法执行等。

在其他机关、单位执行或协助执行监察机关的决定时，有可能会涉及因职权侵犯公民、法人或其他组织的职权的情况，为防止实践中监察机关与执行或协助执行机关、单位相互推诿赔偿责任，导致受害人无法及时得到赔偿，应立法对赔偿义务机关予以明确。执行决定是由监察机关作出，其他机关是以监察机关所作决定的名义执行，且执行行为也是监察调查行为，因此作出决定的监察机关应为赔偿义务机关，由该监察机关进行赔偿；对内则可在监察机关承担赔偿责任之后，与执行或协助执行机关、单位进行协调，确定责任的分担问题。

---

〔1〕 参见王春业：《论我国监察损害赔偿法律制度的构建》，载《中共天津市委党校学报》2020 年第 3 期。

〔2〕 参见李祎博：《监察赔偿制度研究》，山东大学 2021 年硕士学位论文。

四、监察赔偿的程序

监察赔偿程序，是指有关国家机关处理赔偿请求人提出的赔偿请求及处理赔偿事宜的步骤、方式和次序。[1]《国家赔偿法》将行政赔偿和刑事赔偿的具体程序分别规定在了各自专章之下，鉴于监察机关调查案件与司法机关办理案件过程的相似之处，在对监察赔偿程序进行设计时，可以在考虑监察机关自身特点的同时，参考刑事赔偿的程序进行设计。具体来说，监察赔偿应包括以下几个程序。

（一）先行处理程序

先行处理程序，是指赔偿义务机关在收到赔偿请求人的赔偿请求后，需要在法定期限内作出是否赔偿的决定。这一程序在行政赔偿的单独赔偿程序和刑事赔偿程序中均有涉及。先行处理程序在便利公民提出请求的同时，也尊重赔偿义务机关，给予其先行处理的机会，可有效避免双方当事人讼累，在一定程度上疏减了讼源，[2]为赔偿程序的高效进行起到了重要的促进作用，不论从效率上来看，还是从效果上来看，监察赔偿程序设立先行赔偿程序都是十分必要的，即赔偿请求人先向赔偿义务机关提出请求，赔偿义务机关在两个月内，作出是否赔偿的决定。此外，赔偿义务机关作出赔偿决定时，须充分听取赔偿请求人所提出的意见，并就赔偿方式、赔偿项目和赔偿数额等进行协商。[3]

（二）复议程序

我国《国家赔偿法》在刑事赔偿一章中规定了除法院以外其他机关作为赔偿义务机关的刑事赔偿复议程序，即若出现法定情形，赔偿请求人可以在法定期限内向赔偿义务机关的上一级机关申请复议，监察赔偿也可对此进行借鉴。虽然《监察法》第49条规定，监察对象对处理决定不服的，须先向原机关申请复审，如若对复审决定仍不服的，才可以向上一级监察机关申请复核。但是，监察赔偿程序不应受到这一规定的影响，若按照该规定设置监

---

〔1〕 参见王青斌：《论监察赔偿制度的构建》，载《政法论坛》2019年第3期。

〔2〕 参见翁岳生主编：《行政法（下册）（2000）》，中国法制出版社2002年版，第1647页。

〔3〕 参见《国家赔偿法》第23条。

察赔偿的程序，则会导致监察赔偿与刑事赔偿相比，在复议程序之前多出一个"复审程序"，不仅造成程序繁琐，而且会增加受害人的时间成本，导致受害人不能及时得到救济。[1]

（三）最终救济程序

我国国家赔偿制度将司法最终作为基本原则，无论是行政赔偿还是刑事赔偿，最终决定权都在法院手中。监察赔偿作为国家赔偿制度的一部分，理应也遵循这一基本原则，即监察赔偿申请人复议后仍不服，可向复议机关所在地的同级人民法院赔偿委员会申请，由法院作出最终赔偿决定。有学者认为，监察机关与法院不是一个机关体系，不能将法院的司法处理作为最终处理，只能实行监察赔偿程序的自成体系。[2]笔者对此持不同观点，虽然监察机关与法院不是一个机关体系，但是并不影响监察赔偿将法院的司法处理作为最终处理，反而有利于审判机关与监察机关互相制约，从而规范监察机关权力行使。若实行监察赔偿程序的自成体系，监察机关则很难用中立的态度对待赔偿问题，不利于实现对受害人的公平公正的救济。至于如何排除法院受到监察机关干扰的问题，有学者提出可以借鉴《中华人民共和国行政诉讼法》第18条第2款的规定，建立国家赔偿案件的集中管辖制度，即高级人民法院在经最高人民法院批准后，可以根据审判工作的实际情况，确定若干中级人民法院赔偿委员会跨行政区域管辖监察赔偿案件。[3]如此一来，不仅可以避免最终救济法院受到复议机关的干扰，独立作出赔偿决定，提高赔偿决定的权威性和公信力，还可以在一定程度上缓解国家赔偿案件数量过少的问题，不失为两全之策。

结　语

监察机关是独立于一府两院的新型机关，可对所有行使公权力的公职人员进行监察，其权力覆盖面较广，因此严格规范监察机关权力行使至关重

---

[1]　参见王青斌：《论监察赔偿制度的构建》，载《政法论坛》2019年第3期。

[2]　参见王春业：《论我国监察损害赔偿法律制度的构建》，载《中共天津市委党校学报》2020年第3期。

[3]　参见张红：《监察赔偿论要》，载《行政法学研究》2018年第6期。

要。当前，监察体制改革第一阶段任务基本完成，在探索监察权这一新型权力运行过程中如何进行权力监督、人权保障时，最终很大程度都会聚焦于监察赔偿制度的不完善上。[1]因此，在《国家赔偿法》中设专章规定监察赔偿制度，一方面有利于落实《监察法》的相关规定，保障受害人的权利救济，促使监察权在法治的轨道内运行；另一方面也有利于我国进一步深化国家监察体制改革，早日实现国家治理体系和治理能力现代化。

---

[1] 参见黄攀：《国家监察赔偿必要性之证成与立法路径探讨》，载《新疆社科论坛》2021年第1期。

第七章

监察法学教育的创新发展

第一节 论新时代监察法学学科体系的合理建构

我国于 2016 年底开展的监察体制改革是党中央领导进行的事关全局的重大政治体制改革，是对党和国家自我监督进行强化的重大决策部署。随着《监察法》《实施条例》等监察法律法规的相继出台，我国的监察法律制度已经初具雏形，而任何一种法律制度的产生、实施与发展，都会导致相应法学理论学科的形成，进而指导并推进这种法律制度的与时俱进、不断完善。[1]与此同时，法治建设及其专门部署在党的二十大报告中被首次以专章形式论述，这充分体现了党中央对全面依法治国的高度重视。由此，如何创制监察法学理论学科，构建监察法学学科体系，为监察体制改革和全面依法治国提供更好的理论指导和智力支持，成为法学界亟待解决的崭新课题。

部分专家、学者对此展开了可贵的探索，如秦前红教授不仅从法教义学和社科法学两个角度出发对监察法学的方法论问题进行解析，[2]而且从监察法学研究的理论基础、指导原则、研究对象以及基本范畴出发对监察法学理

---

[1] 参见吴建雄：《监察法学学科创立的价值基础及其体系构建》，载《法学杂志》2019 年第 9 期。

[2] 参见秦前红：《监察法学的研究方法刍议》，载《河北法学》2019 年第 4 期。

论体系进行科学建构；[1]吴建雄教授除将监察法学的学科价值基础和现实条件作为研究基点，对其学科体系建构展开理论构想外，[2]还提出应建构监察法学研究统一话语讨论平台，在监察法的政治性、正当性、人民性、奠基性几个问题上统一认识；[3]封利强教授以监察法学的外部学科定位和内部理论体系为研究线索，对其成为法学二级学科的必要性与可能性进行探究；[4]王建学教授以新文科建设为背景，探析当前背景对监察法学学科建设与人才培养的要求；[5]张红哲从研究方法与学科发展出发，厘定监察法学研究论域的基本构成，[6]等等。

然而，当前研究对于如何建构监察法学的学科体系并未达成共识。有鉴于此，笔者拟在当前研究的基础上，基于监察法学的产生与发展，明晰建构监察法学学科体系的价值意义，探究监察法学的学科定位，进而对监察法学学科体系的合理建构略陈管见，以期丰富和深化监察法学学科体系建设的理论研究。

一、监察法学的产生与发展

（一）古代监察时期：监察法制的逐渐形成

在我国古代官僚社会，监察制度被规定在一系列的成文法中，主要承担着特殊的权力安排功能。在我国古代封闭的政治法律文化氛围中产生的监察法，具有独特的制度建构以及较为全面的监察规范。然而，在当时的专制主义政体下，监察权依附于皇权，监察制度的存续或废止、监察官行使权力的范围与效果，都受制于皇权。因此，这一时期的监察制度是"法制"而非"法治"。

---

[1] 参见秦前红、石泽华：《新时代监察法学理论体系的科学建构》，载《武汉大学学报（哲学社会科学版）》2019 年第 5 期。

[2] 参见吴建雄：《监察法学学科创立的价值基础及其体系构建》，载《法学杂志》2019 年第 9 期。

[3] 参见吴建雄、马少猛：《构筑监察法统一话语的学科讨论平台》，载《行政管理改革》2019 年第 6 期。

[4] 参见封利强：《监察法学的学科定位与理论体系》，载《法治研究》2020 年第 6 期。

[5] 参见王建学：《论监察法学的学科建设与人才培养——以新文科建设为背景》，载《新文科教育研究》2022 年第 2 期。

[6] 参见张红哲：《论监察法学的研究论域》，载《行政法学研究》2022 年第 1 期。

在这样的实践背景下，我国古代的相关监察文献多强调监察官应清正廉洁、博学多才，而没有现代社会科学意义上的客观描述和规范分析。尽管当代学者大多承认我国古代传统的监察制度对澄清吏治确实发挥了重要作用，但是该制度因其时代特点在多数情况下容易沦为朝臣党争及牟取私利的工具。[1]概而言之，中国古代封建制度的性质决定了这一时期的监察制度终究无法避免成为封建帝王个人驾驭群臣的统治之术的命运。

（二）民国时期：监察传统思想与西方监察法文化的碰撞

中国固有的权力制衡机制与西方的分权原则碰撞之后，产生了激烈的冲突与融合。1906 年清政府官制改革，虽然保留了都察院，但是职能被严重削弱。进入民国时期，随着传统社会的转型与近代西方法文化的深入传播，监察制度的近代色彩日益增多。孙中山深受传统监察思想与制度的影响，同时又接受西方权力制约的理念，将监察权纳入宪法架构，形成了"五权宪法"。南京临时政府由于存在时间太短，监察制度只形成一个基本框架，有些法律法规也有待进一步充实。到了北洋政府时期，1914 年公布的《平政院编制令》规定了平政院的组织与职权。1914 年 6 月，北洋政府根据该法令设平政院，固有的都察院的纠弹职能并入平政院。1928 年，南京国民政府建立五院制的中央机构。不久，便通过《中华民国监察院组织法》，对监察机构与监察人员以及监察区划作了详细规范。该法是监察院成立和运作的法律依据。

民国时期开始在近现代立宪主义的背景下对监察制度进行思考，[2]然而，该时期的监察制度本身不够稳固，再加上当时尚未形成现代社会科学意义上的学科划分，因此，监察法学研究也就没有取得突出的地位。[3]

（三）行政监察时期：行政监察法学的出现

这一时期是我国在现代社会科学意义上正式开启监察制度相关的学术研究及学科建设的起始阶段。实际上，我国传统法学理论中并没有"国家监察

〔1〕　参见沈松勤：《北宋台谏制度与党争》，载《历史研究》1998 年第 4 期；徐红：《北宋弹劾制的异变——以对宰相的弹劾为例》，载《求索》2018 年第 1 期。

〔2〕　参见王晓天：《孙中山的监察思想》，载《求索》2007 年第 12 期。

〔3〕　参见王建学：《论监察法学的学科建设与人才培养——以新文科建设为背景》，载《新文科教育研究》2022 年第 2 期。

法学"这个术语。20世纪90年代初，我国的监察制度经过多次反复与曲折发展之后开始重建，《行政监察条例》《行政监察法》相继制定、颁布与实施，我国出现了一批以"行政监察学""行政监察法"为主题的论著。然而，尽管《行政监察法》已经出台，当时学者们主要是依据《行政监察法》对行政监察学进行研究，专门针对行政监察法学的研究数量较少，也鲜有学者主张将行政监察法学作为独立的学科，究其原因，可能在于行政监察体制本身在整个国家制度中所起的作用并未十分显著，从法学角度研究行政监察法学的必要性也并不凸显，难以引起学界的重视。

（四）监察体制改革时期：现代监察法学研究的真正起点

2018年我国监察体制改革全面铺开，反腐败工作深入推进，监察机关的产生改变了我国国家机关的权力配置，监察权成为了独立于立法权、司法权、行政权的"第四权力"，纪委监委合署办公的特殊设置延续了监察体制改革之前的党政合署办公模式，实现了从行政监察到国家监察的历史变迁。在全面依法治国和深化政治体制改革的背景下，监察制度被赋予了重大的时代意义，因此，从法学角度对监察制度进行研究具有了特别的必要性。[1] 2016年国家监察体制改革试点开始之后，学者们从不同角度对这一时期的监察法学进行了广泛的探索，然而近年来学界的大多数监察法学研究成果多局限于学者自身学术背景，在一定程度上难以摆脱其已有思维定式的影响，缺乏系统思维，尚未形成统一的监察法学理论，因此，很难称其为真正意义上的监察法学研究。[2] 但是在当前监察法学的课程设置上，多所高校如中国政法大学、西南政法大学、浙江工商大学、西北政法大学、东南大学等都开设了《监察法学》课程，此外，西南政法大学设置了监察法学二级学科，中国政法大学在博士、硕士学位授予中增设了监察法学研究方向。监察法学课程及专业设置范围的逐步扩大，为监察法学的研究提供了现实条件。

纵观我国监察制度的产生与发展，监察机关不仅逐步成为独立于其他国家机关的新型机关，而且从"监察法制"逐渐过渡为"监察法治"。2018年

---

〔1〕 参见王建学：《论监察法学的学科建设与人才培养——以新文科建设为背景》，载《新文科教育研究》2022年第2期。

〔2〕 参见封利强：《监察法学的学科定位与理论体系》，载《法治研究》2020年第6期。

出台的《监察法》对监察机关的职责与权限、监察范围、监察程序等内容进行了系统规定，表现出了四个时期中最为明显的规范性特征，与当前高校对监察法学课程及专业的积极建设共同构成了创建监察法学学科并建构其学科体系的重要基础。

二、建构监察法学学科体系的多元价值

（一）促进马克思主义权力监督学说中国化

马克思主义政党理论与国家理论在保持政党先进性必须依靠纪律，保持"公权力姓公"必须受到监督的基础上，形成了完整的无产阶级政党和国家权力监督学说。[1]2018 年《监察法》的出台是中国共产党全面从严治党、深入推进党的建设的重要举措，体现了马克思主义的立场、观点和方法。马克思主义权力监督学说只有在实践中检验、发展，并在此基础上不断创新，才能保持生命力和引领力，才能答好中国自身面临的监督问题。[2]创立监察法学学科并建构系统的监察法学学科体系有助于将马克思主义权力监督学说的指导地位及丰富内涵寓于中国特色社会主义监察法学学科建设中，并在学科建设中旗帜鲜明地昭示党在监察工作中的领导地位，在中国特色社会主义法治语境下，强化监察体制改革与党的领导和人民当家作主相结合的学理与法理认同，进而促进马克思主义权力监督学说中国化、时代化，推动实现与中国政党制度的合理衔接。[3]

（二）完善新时代中国特色哲学社会科学学科体系

官吏是治国之要，察吏是治国之本。[4]《监察法》不仅传承了我国古代优秀的监察法治思想文化精华，具有鲜明的中国本土特色，而且以中国共产党领导下的纪检监察实践经验为依托，使得纪委监委合署办公，形成反腐合力，为我国反腐败工作奠定了坚实的法治基础，是推进全面依法治国、事关党和国家重大问题的重要制度规范，而新的监察法律制度以及随其出现的新

---

〔1〕　参见王旭：《建构中国自主的纪检监察学知识体系》，载《求索》2022 年第 6 期。

〔2〕　参见王旭：《建构中国自主的纪检监察学知识体系》，载《求索》2022 年第 6 期。

〔3〕　参见秦前红等：《国家监察制度改革研究》，法律出版社 2018 年版，第 14 页。

〔4〕　参见张晋藩：《中国古代监察思想、制度与法律论纲——历史经验的总结》，载《环球法律评论》2017 年第 2 期。

的监察法律实践在实施与开展中必然会产生新问题、新需求，需要理论界为其提供新的研究思路与研究范式，[1]中共中央《关于加快构建中国特色哲学社会科学的意见》中明确指出，要加快构建中国特色哲学社会科学学科体系，发展具有重要现实意义的新兴学科和交叉学科。法学是哲学社会科学的重要组成部分，是国家治理体系的知识载体，因此，在法学学科门类下创建监察法学这一新兴学科，研究监察法治理论，解决我国监察法律制度及实践中的问题，构建起系统化、专门化的监察法学学科体系，不仅是建设中国特色法学学科体系的关键任务，也是新时代加快构建具有中国特色、中国风格、中国气派的哲学社会科学学科体系的重要一步。

（三）推进党和国家反腐败工作法治化规范化

2018 年《宪法》和《监察法》从制度层面决定了监察机关的反腐败工作必须走向法治化规范化。[2]反腐败工作法治化规范化强调以宪法和党章为基本遵循，以反腐败法律法规体系为具体依据，因此，健全完善反腐败法律法规体系是推进党和国家反腐败工作法治化规范化的首要前提。再者，监察工作队伍是规范公权力运行的专门力量，要想实现反腐败工作法治化规范化，确保人民赋予的权力永远为人民谋利益，就要加强监察队伍专业化建设，提升监察工作人员的政治素养与业务能力，在反腐败工作中打造好政治机关的法治产品。而建构科学系统的监察法学学科体系，无疑是完善我国反腐败法律法规、加强监察队伍专业化建设，进而推动反腐败工作法治化规范化的基础保障。

（四）贡献全球治理腐败的中国方案

党的十八大以来，党中央开展了一场史无前例的反腐败斗争，不仅在国内营造了风清气正的政治生态，而且也在国际社会塑造了清廉、法治和负责任的大国形象。当前，对于腐败问题的预防及治理在理论与实践中都呈现出国际化的趋势。因此，我国在对腐败进行治理的同时，也在多个层面积极与世界政党和政治组织进行对话，鼓励和倡导各国政党和政治组织加强反腐交

---

〔1〕 参见吴建雄：《监察法学学科创立的价值基础及其体系构建》，载《法学杂志》2019 年第 9 期。

〔2〕 参见吴建雄、杨立邦：《论监察学学科创建的价值目标、属性定位与体系设计》，载《新疆师范大学学报（哲学社会科学版）》2022 年第 2 期。

流与合作，[1]希望为更多国家的反腐诉求带来启示和动力。而对我国反腐工作法治化、规范化起重要支撑作用的就是《监察法》，这部法律是我国监察工作的根本遵循，为我国打赢这场反腐攻坚战提供了重要的法治保障，蕴含着我国预防和治理腐败的宝贵经验。

民族的就是世界的。创建并形成具有中国特色的监察法学学科，发展监察法学学科体系，推广监察法学学科建设模式，不仅可以进一步扩大我国监察法学学科建设的理论及实践成果的国际辐射力，促进我国有担当的大国大党形象在海外的正面塑造及有效传播，还可以通过将"中国之路、中国之治、中国之理"推广到世界范围内，最大程度发挥《监察法》对于反腐败的世界性价值，为全球治理腐败贡献中国智慧、中国方案，从而更好答好"世界怎么了""人类向何处去"的时代之题。

三、监察法学的学科定位

监察法学的学科定位决定着监察法学学科建设的方向与目标，对监察法学进行科学的学科定位，是建构监察法学学科体系的重要前提。

国家监察体制改革的全面开展以及 2018 年《监察法》的出台，形成了"一府一委两院"的新格局，监察机关成为了承担反腐败职能的专责机关。随着改革的进一步深化，监检衔接、纪法衔接在实践中出现了很多新问题亟需在理论上进行阐释，《监察法》立法粗疏的特征也导致监察权、监察机关、监察对象等基本理论亟需深入研究加以明确。因此，应将监察法学作为一门独立的学科，以解决监察体制改革在理论和实践中出现的问题，推进改革的纵深化发展。

王炳林教授指出，一个独立而成熟的学科需要具备独特的研究领域和研究对象，形成统一的概念、理论、方法和话语的结构体系，并且具有独立的研究机构和源源不断的队伍保障，研究成果丰硕，发展前景广阔。[2]若以上述条件作为标准，监察法学基本满足作为独立学科的基本条件。

---

〔1〕　参见何旗：《新时代中国治理腐败的显著成效、制度优势与世界意义——基于海外观察家的视角》，载《探索》2021 年第 5 期。

〔2〕　参见王炳林等：《中共党史学科基本理论问题研究》，北京人民出版社 2021 年版，第 6 页。

（一）监察法学有自己特定的研究领域和研究对象

监察法学的研究出发点和学科焦点是如何构建集中统一、权威高效的反腐败制度机制，这一目标构成监察法学的问题场域。[1]当前，学界在监察法学的研究领域和研究对象问题上并未出现明显分歧，大多将监察法学理论、监察法律规范和监察法律实践作为监察法学的研究对象。

首先，监察法学具有特定的理论主线。监察法学的理论主线是监察法律关系，即基于监察权的行使而形成的，发生在监察机关与监察对象、其他国家机关以及其他有关单位和个人之间的权利义务关系。[2]监察法学围绕监察权这一新型权力的行使形成的监察法律关系这一理论主线使得监察法学理论自一诞生就拥有了与其他部门法泾渭分明的科学内涵。

其次，监察法律规范具有独特的立法内容及形式。在内容上，《监察法》的立法目的在于加强对所有行使公权力的公职人员的监督，实现国家监察全面覆盖，并对党内法规及其他规范性文件的内容进行了吸收，如《监察法》第45条第1款第1项规定对轻微职务违法行为的处置措施，就是对监督执纪"四种形态"中"红红脸、出出汗"的落实；[3]在形式上，监察法不仅集实体法、程序法、组织法于一体，而且在国家监察委员会被授予制定监察法规的权力后，监察法规更是成为了监察法律所具有的一种独特形式的法律渊源。监察法立法目的以及与党内法规内容的融贯衔接体现了监察法律规范在内容上区别于其他部门法的强政治性特征，监察法集实体、程序与组织规定于一身的立法模式以及监察法规作为其法律渊源的集中制定，体现了监察法律规范不同于其他部门法的形式特征。可见，监察法不论从立法宗旨还是形式内容来看，都是一部独立的、全新的、集中体现"中国特色"的基本法律。[4]

最后，监察法律实践具有纪监融合的特殊设置。《监察法》中对监察工

---

[1] 参见张红哲：《论监察法学的研究论域》，载《行政法学研究》2022年第1期。

[2] 参见秦前红主编：《监察法学教程》，法律出版社2019年版，第47页。

[3] 参见中共中央纪律检查委员会 中华人民共和国国家监察委员会法规室编写：《〈中华人民共和国监察法〉释义》，中国方正出版社2018年版，第205页。

[4] 参见吴建雄：《监察法学学科创立的价值基础及其体系构建》，载《法学杂志》2019年第9期。

作应坚持标本兼治、综合治理，强化监督问责，严厉惩治腐败等的强调，揭示了监察法律实践不同于其他部门法律实践的运行规律，而纪委监委合署办公恰恰是这一独特运行规律的集中体现。国家监察体制改革之后的纪委监委合署办公，是党的纪律检查委员会与国家权力结构中设置的监察委员会这一不同于行政机关、司法机关的政治机关合署办公，并由形式上的合署办公转化为实质层面的机构融合，[1]进而逐步实现党的纪律检查与国家监察的协同共治。[2]

（二）监察法学形成了自己独特的研究方法

任何一门学科都有自己相应的研究方法，研究方法的正确科学与否直接关系到该门学科的生命力。[3]监察法学作为《监察法》出台后的一门新兴学科，与其他法学学科相比，具有政治性、综合性、交叉性和开放性，因此，其在遵循法学基本研究方法的基础上，其研究方法也具有自身的特殊性。笔者认为，监察法学除采用历史分析方法、比较分析方法、解释研究方法等与其他法学学科具有共性的方法进行研究外，较为独特的研究方法主要有以下三种。

第一，阶级分析方法。阶级分析方法是马克思主义法学的基本研究方法，按照辩证唯物主义和历史唯物主义的方法论，运用阶级分析方法研究监察法学，可明确监察法的社会主义属性，厘清整个监察法律关系中存在的基本利益结构。[4]在我国，国家的权力属于人民，人民立场是中国特色社会主义监察制度创立和实施的根本立场，国家公职人员须依法履职、秉公用权，打击腐败行为，最大程度保证人民利益的实现。因此，在研究监察法学的过程中，必须运用阶级分析方法揭示上述基本利益关系，对反腐败斗争形势形成正确的认知，将监察法学的研究同党中央关于反腐败斗争、监察体制改革等重大战略部署相结合，进而完善监察法律体系，推动党和国家的反腐败工作高质量发展。

---

〔1〕　参见程衍：《纪监融合视域下监察职权配置之再优化》，载《法学》2021年第11期。

〔2〕　参见舒绍福：《党领导下的纪检监察合署办公的历史变迁与实践探索》，载《理论视野》2022年第5期。

〔3〕　参见张云霄：《监察法学新论》，中国政法大学出版社2020年版，第44页。

〔4〕　参见谭宗泽等主编：《监察法学》，高等教育出版社2020年版，第13页。

第二，实证分析方法。监察法学是一门实践性极强的学科，监察法学的研究离不开对监察法治实务的深入了解，若只关注监察法律制度文本本身，忽视或者缺乏对监察法律制度在社会现实中运作和实施的分析，那么我国相关规范制度的社会调适性或制度执行效果就无从得知，纯粹思辨性的监察法学理论成果无疑难以为我国监察法律制度的发展和完善提供实践基础与现实依据。通过实地调研、个案调查、深度访谈等实证方式对我国监察法律制度的实施情况进行实证分析，可以为我国监察法学研究提供"一手资料"，有助于正确引导我国监察法学的研究方向，提出具有针对性和可行性的研究方案，进而推动我国监察法学理论的不断深化和繁荣。

第三，交叉学科方法。监察法学是一门复合型的学科，其研究领域涉及刑事诉讼法学、刑法学、宪法与行政法学、法律史等多个法学学科，也同时涉及马克思主义哲学、政治学、社会学、管理学等学科。因此，对于监察法学需要系统性的思维以及跨学科的研究。运用交叉学科方法研究监察法学，有助于从多个学科的视角全面审视我国监察法律现象，拓宽研究视野和研究思路，丰富监察法学的研究体系和研究内容，为监察法学的研究提供更加充足的理论基础，得出更有说服力的研究结论，进而提升反腐败工作的质量和速度，将监察法律制度转化为腐败治理效能。

（三）监察法学产生了专业的研究团体和高质量的研究成果

自 2016 年国家监察体制改革启动以来，多所高校以研究院、研究中心、教研室等形式成立了监察法学研究的新阵地，如中国政法大学于 2017 年成立了国家监察与反腐败研究中心，主要开展国家监察与反腐败体系建设的科学研究和政策咨询；西南政法大学在《监察法》通过当天成立了监察法学院，并组建了一支监察法学学科团队；西北政法大学于 2018 年成立监察法教研室，2019 年成立纪检监察学院；山东大学于 2021 年成立法学院监察法治研究中心，以适应监察法学教学研究和监察人员培训的需要。除此之外，浙江省、山东省、北京市、山西省监察法学研究会相继成立，致力于推动监察法学理论研究。而且，在当地纪委监委的支持下，部分地区还成立了对于纪检监察干部等进行廉洁教育和专业能力素质培训的机构。如重庆市纪检监察理论与实务研究中心、攀枝花纪检监察学院等，这些纪检监察培训机构为监察法学理论研究提供了经验源泉。

2018 年《监察法》出台后，部分高校开始了监察法学学科相关教材的编写，据统计，截至 2023 年，已出版的监察法学相关教材有十余部，较具有代表性的有：马怀德主编《监察法学》（人民出版社 2019 年版）；秦前红主编《监察法学教程》（法律出版社 2023 年版）；谭宗泽等主编《监察法学》（高等教育出版社 2020 年版）。除此之外，一批监察法学研究论著相继问世，如中国特色社会主义国家监察制度研究课题组著《国家监察制度学》（中国方正出版社 2021 年版）；张晋藩著《中国监察法制史》（商务印书馆 2021 年版）；董坤著《监察与司法的衔接：理论、制度与机制》（北京大学出版社 2022 年版）。这些监察法学教材和研究著作从不同视角，对监察法学的研究体系和基本内容进行了梳理阐释和学术证成，并注意探析监察法治传统思想及文化，分析监察法学与其他部门法学的关系，对监察法治实践运行的独特规律进行总结，进而为当前的监察法学研究及学科体系的建构提供经验借鉴。与此同时，学者们还以监察体制改革、监察权力、监察法律关系等为主题创作了一大批卓有洞见的学术成果，举办了多场监察法学学术研讨会。

可见，监察法学的研究对象是具体而明确的，研究方法是丰富而独特的，研究前景是广阔而明朗的，完全具备成为一门独立学科的基础条件，应将其定位为一门独立的学科。

四、新时代监察法学学科体系的合理建构

（一）健全学科建设的体制机制

1. 加强学科平台建设

学科平台的完善程度能够在直观上反映该学科建设是否成熟。监察法学因研究对象、研究领域的独特性而富含学科特色，使得其拥有了与其他学科不同的话语体系。当前对监察法学进行理论研究的学者拥有不同的学科背景，有的学者从中国特色社会主义监察制度的角度对监察法学话语进行凝练与概括，有的学者将监察法学话语置于政治、法治等更为宏大的体系下进行解读，不同的话语体系在一定程度上无疑会阻碍监察法学的发展。因此，应加强学科平台建设，促进监察法学理论与实务界达成理论共识、形成统一认识。从性质上来说，可以将学科平台分为理论研究平台和实践培训

平台。

第一，探索成立更多的监察法学理论研究平台。具体来说，可以省为单位，推进各地区高校的监察法学学科建设，确保各省至少有一所高校开设监察法学专业，并且以该高校为中心，吸引召集周边高校的刑法学、刑事诉讼法学、行政法学、政治学等其他学科人才以及当地监察实务部门专家，成立该省监察法学研究会，定期举办纪检监察论坛或日常举行学术沙龙和座谈会等，促进监察法学的理论研究及学科间的相互交流；第二，探索开设更多的监察法学实践培训平台。各地纪委监委可联合当地开设监察法学专业的高校成立纪检监察培训学院，一方面，高校的专家、学者不仅可在培训学院对纪检监察干部进行培训，提升干部的监察法学理论知识及素养，培训学院还可成为监察法治实务人员与高校专家、学者的交流平台，加深监察法学理论研究人员对监察法治实务的了解；另一方面，培训学院可为高校监察法学专业学生开展监察法学实践提供场地，如在不影响监察机关办案保密性的前提下，仿照监察机关监督、调查、处置环节设置监察实践流程模拟项目，在教学中将监察法学理论与实践相结合，促进理论研究转化为实践指引。

2. 加强学科人才队伍建设

学科专业队伍建设在一定程度上可以体现一门学科的成熟度，决定学科是否能够高效运转，培养一支政治立场坚定、理论底蕴深厚、实务技能扎实的专业人才队伍，对于监察法学学科体系的整体建设至关重要。[1] 具体来说，首先，应尽快制定并实施学科专业人才队伍建设规划，吸纳不同知识背景的人才投入监察法学研究，着力培养监察法学中青年学术力量，建设一批具有较高水平的监察法学研究团队；其次，可建立高校教师到监察实务部门挂职制度。监察法学的实践性较强，若要培养高水平的监察法学专业师资队伍，就必须深入了解我国监察实践，可通过建立高校教师挂职制度，促使其将理论知识与我国当前的监察制度实践相结合，从而开展真正立足于我国国情的监察法学研究；再其次，应加大纪检监察干部培训力度。纪检监察干部

---

〔1〕 参见张震、廖帅凯：《一级学科视域下纪检监察学体系论》，载《新文科教育研究》2022年第2期。

本身具有丰富的实务经验，依托高校对纪检监察干部在理论知识、学术水平方面进行大力培训，可鼓励他们从监察实务的角度进行研究，进而促进监察法学学科体系的完善；最后，进一步完善科研成果评价和激励机制。可在建立以质量为导向的成果评价机制的基础上，完善科研人员的成果奖励办法，对于被纪委监委等相关实务部门采纳施行、对推动纪检监察工作科学化、规范化水平作出贡献的研究成果要予以重点奖励，以在最大程度上激发科研人员对于监察法学的研究动力和热情。

（二）推进学科的教材体系建设

党的二十大报告指出，要"加强教材建设和管理"，中共中央办公厅、国务院办公厅于 2023 年 2 月印发的《关于加强新时代法学教育和法学理论研究的意见》，同样明确提出要构建中国特色法学教材体系。可见，若要建构新时代中国特色监察法学学科体系，就要建设好监察法学教材体系，否则学科体系就会"没有后劲"。

具体来说，加强监察法学教材体系建设，首先，要坚持正确的政治方向。一方面，监察机关属于政治机关，监察法的内容同样体现着鲜明的政治立场与政治方向，对于监察法学教材体系的建设自然也应将正确的政治立场放在首位；另一方面，该意见指出，在法学教育和法学理论研究工作中，要始终贯彻政治标准和政治要求。监察法学作为法学学科门类下的二级学科，在监察法学教育过程中自然也应坚持正确的政治方向。监察法学教材在培养高素质监察法治人才中不仅担负着承载知识的责任，而且具有传达正确政治立场的作用，监察法学专业的学生以及监察实务部门都将以监察法学教材为参考，若教材的政治方向及政治立场有任何错误，对于监察法学教育的打击都是毁灭性的。

其次，监察法学教材体系建设要坚持习近平新时代中国特色社会主义思想。马克思、恩格斯曾说过，一切公职人员必须"在公众监督之下进行工作"，这样才能可靠地防止人们去追求升官发财和"追求自己的特殊利益"。中国共产党将这一监督思想一以贯之，随着社会的发展不断强化对公职人员的监督与制约，形成了符合中国国情的监察体制。监察法学教材体系建设无疑要坚持党的创新理论，用"中国方法"解决"中国问题"。

再其次，要突出监察法学跨学科的属性。笔者认为，可在以《监察法》

《监察官法》《实施条例》等监察法律法规作为主体内容的基础上，协同马克思主义理论学科、政治学学科、管理学学科、党内法规学科等对监察法相关内容进行拓展，从而在囊括监察法学基本知识的前提下，启发监察法学学生对于监察法学学习的跨学科、综合性、发散性的研究思路。

最后，立足于我国监察实践，传承我国优秀监察法律思想。一方面，监察法学与其他部门法学相比，具有较强的实践性，教材作为承载监察法学知识体系的重要支撑，不能脱离我国监察工作实践，在准确理解纪检监察工作内容的基础上对经验背后的规律进行准确总结，体现我国真实的监察实践现状；另一方面，我国历史上出现的多部成文监察法律规范构建了较为完备细密的古代监察制度，其中也蕴含着中华传统优秀的监察法律思想，如选任监察官要求德才兼备、强调政治素养、行使监察权要有法可依等，至今仍具有极强的借鉴价值，因此，教材体系建设也应传承我国古代优秀的监察法律思想文化，建设具有中国特色的监察法学教材体系。

（三）创新学科人才培养模式

1. 建立学术型与实务型相协同的本硕博培养模式

在监察法学学科体系的建构中，监察法学学科人才的培养是重要环节，不仅需要培养学术型的监察法学研究人才，助推监察法学知识体系的进一步完善，还需要培养实务型的监察部门工作人员，弥补监察体制改革后的监察机关人才缺口。因此，笔者认为，应建立科学合理、层次分明、各有侧重的监察法学本硕博培养模式，根据培养阶段的不同，针对性地调整培养方案，以满足我国监察体制改革全面铺开后对于监察法学研究人员和监察机关工作人员的需求。具体来说，可从本科及研究生阶段各有侧重进行培养。

第一，在本科阶段，可在法学专业设置监察法学方向，以现有的法学专业基本课程为本，开设监察法学方向的课程及教学环节，兼顾基础知识掌握和应用能力培养，同时培育学生的监察法治素养，提升"廉政敏感"和"腐败嗅觉"，形成独属于监察法学专业学生的综合监督素养观，[1]为当前人员缺口较大的监察实务部门输送人才。

---

〔1〕 参见张震、廖帅凯：《一级学科视域下纪检监察学体系论》，载《新文科教育研究》2022年第2期。

第二，在研究生阶段，一方面，可拓宽监察法学专业学生的知识背景，吸纳具有哲学、侦查学、政治学、马克思主义理论等专业背景的学生，从而更好地适应监察法学跨学科的学科特征；另一方面，可对监察法学硕士研究生按照"学术型"和"实务型"进行分流，对于"学术型"研究生进行"硕博贯通"培养，硕士阶段强调写作素养的训练以及知识体系的复合，博士阶段则注重理论政策研究、专业实践及教学能力的加强，从而为我国监察法学理论研究及进一步的人才培养助力；对于"实务型"研究生，则可在本科教育的基础上，提升监察法学实践教学的深度和广度，设置更多的监察实践课程及实践训练，从而培养政治立场坚定、德才兼备的高水平监察法治实务人才。

2. 建立校地联合培养模式

监察法学要培养政治立场坚定、理论知识扎实、实践技能过硬的监察法治人才，就不能局限于教室的单纯讲授，其学科建设与人才培养应与科研机构、党政机关、社会企业等开展深度合作，共建教育教学平台，实现资源共享、人才共育、优势互补。[1]

然而，由于监察机关作为政治机关的特殊属性，监察法学学生难以像其他部门法学专业学生到法检调研、实习一样深入纪检监察实务部门，也难以接触具有丰富监察实践经验的实务人员讲授监察实务经验，导致其学习、研究与我国监察实践脱节。究其原因，主要在于各级纪委监委并没有形成较为明确的方针意见指导如何开展同高校的教研合作，再加上监察机关办案保密性较强、业务更繁忙，从客观情况上相较于法检更"排斥"与高校教学工作的交流与合作。因此，为促进监察法学人才的培养，各级纪委监委、教育行政部门、政府部门等应起到统筹协调作用，主动推动监察实务部门与高校监察法学教学团队的深入交流，建立监察实务部门与高校的联合培养模式。具体来说，可从以下两个方面着手推进。

第一，可建立监察法学核心课程学术、实务双导师制度。此处的学术、实务双导师制度，即该门课程的高校讲授老师是学术导师，负责监察法学理

[1]　参见刘怡达、张文博：《纪检监察学：特质、设计与建设路径》，载《新文科教育研究》2022 年第 2 期。

论知识的传授，除此之外，在监察实务部门选拔经验丰富的纪检监察实务专家作为实务导师，为学生讲授该门课程的监察实践知识及经验，并向学生渗透清正廉洁、公道正派的监察思想，着力解决当前监察法学学生难以接触监察实务的困境。

第二，可建设一批监察法学专业实习基地。对于监察专业的学生来说，深入监察部门实习是最快了解我国监察实践情况、增长专业知识的渠道，然而监察机关的保密性使得学生很难到监察委员会实习。因此，纪委监委可与当地高校联合建设一批监察法学实习基地，在不干扰监委工作的前提下，最大程度拓宽实习项目的内涵，扩展实习项目的类别，使学生对我国监察实践工作进行全方位了解，努力消弭理论与实践的距离。

第二节　监察法学研究生培养方案实施的创新路径[*]

作为"事关全局的重大政治体制改革"，国家监察体制改革不仅是推进全面从严治党向纵深发展的重大战略举措，也是全面依法治国的重要组成部分。第十三届全国人大第一次会议召开之后，《监察法》全面施行，各级监察委员会也逐次成立并履行相应的职权职责，这是国家法治的大事。为适应当前党和国家反腐败工作对于监察人才的需要，中国政法大学 2020 年在研究生"诉讼法学"专业招生目录中增设"监察法学"方向，[1] 以培养应用型、复合型、创新型、兼顾国际型的"四型"高层次精英监察人才为目标，制定《监察法学培养方案》，构建了内容完整、切实可行的监察法学教学体系。

一、《监察法学培养方案》实施的现实意义

《监察法学培养方案》以创新性的科学研究为基础，充分考虑国家经济建设、社会发展和法治建设对人才多样化的需求，形成了系统完备的监察法

＊　原载《中国法学教育研究》2021 年第 4 期，与张淇合作，有改动。
〔1〕　参见王希鹏、罗星：《纪检监察学科的发展现状、学科建构与实现路径》，载《西南政法大学学报》2020 年第 2 期。

学教学体系。实施《监察法学培养方案》，对于适应监察法学教学特点、培养党和国家反腐败工作亟需的高素质监察法治人才、完善监察法律体系具有重要的现实意义。

（一）适应监察法学学科特点

监察法学教学需要适应其学科特点。总体来说，监察法学学科主要有以下三个特点。第一，监察法学学科具有特色性。国家监察体制改革重新配置了国家权力，形成了"一府一委两院"的国家机构组织架构，监察机关被定位为独立于一府两院的新型政治机关，并且形成了纪委监委合署办公，由纪委进行党内监督、监委进行国家监察的监察体制，这种双重主体的特质决定了监察法学学科是具有中国特色的学科。第二，监察法学学科具有交叉学科性。纪检监察学、法学是两个相邻的学科，监察法学处于纪检监察学和法学两个相邻学科的交叉地带，学科交织、渗透和融合形成了监察法学特有的知识体系和方法论。第三，监察法学学科具有实践性。法学学科是实践性很强的学科，法学教育要处理好知识教学和实践教学的关系。监察法学学科作为程序法与实体法兼具的学科，毫无疑问也具有较强的实践性。

《监察法学培养方案》依据中国特色监察制度、立足于中国特色社会主义法治体系，突出了监察制度、监察证据、监察程序等学科优势与特色，强调建立监察理论与监察实践相结合的培养方式，构建内容完整、切实科学的教学体系。实施《监察法学培养方案》，有助于适应监察法学学科的特色性、交叉学科性与实践性，提升监察法学的教学效果。

（二）培养监察法治人才

当前，国家监察体制改革进一步深化，局限于监察理论知识的学习无法适应党和国家对高素质监察法治人才的需求。《监察法学培养方案》按照监察人才所需的知识、能力、素质等进行科学设计，强调根据《监察法》在监察实践中运行涉及的重点、难点、争议点开展有针对性的教学活动，并探索在高校引进监察实务工作部门的优质实践教学资源，打破高校和社会之间的体制壁垒。实施《监察法学培养方案》，可促使学生直观、生动地了解监察制度的具体运行情况，培养纪检监察观念以及监察实践能力，逐步成长为党和国家需要的监察法治人才。

（三）完善监察法律体系

在法学学科建设的过程中，高校需要充分利用学科齐全、人才密集的优势，加强法治及其相关领域基础性问题的研究，对复杂现实进行深入分析、做出科学总结，提炼规律性认识，为完善中国特色社会主义法治体系、建设社会主义法治国家提供理论支撑。《监察法学培养方案》强调对学生科研能力的培养，贯彻实施这一培养方案，可使得监察法学学生通过学习监察理论、了解监察实践，开阔视野，形成自己独到的学术观点和体系，成为监察法学科研机构后备优势力量，从而促进监察法学理论体系、法律体系的完善，进而完善中国特色社会主义法治体系。

二、《监察法学培养方案》实施状况的分析

《监察法学培养方案》包括监察法学学科简介、培养目标、研究方向、学制年限、课程设置、培养方式等十一项内容，是中国政法大学对于诉讼法学专业监察法学方向硕士学位研究生培养的具体方案，涵盖了培养的所有过程。通过对其实施状况进行分析，可明确其取得的成效及存在的问题，从而不断完善《监察法学培养方案》，提高监察人才的培养水平。

（一）《监察法学培养方案》的主要内容

《监察法学培养方案》对监察法学方向研究生的培养作了详细的阐述与说明。首先，从个人品质、综合素质、学术素养、实践能力以及外语水平五个方面较为具体地提出了对监察法学学科人才的培养目标。其次，介绍了监察法学方向主要研究职务犯罪的实体处理与程序、职务违法的实体处理与程序、违反党纪的实体处理与程序等五点研究内容。再其次，提出了四点切实可行的培养方式，第一，实施以科研为主导方式的导师负责制，并探索建立学术、实务双导师制；第二，专业课程采用教师讲授和课堂讨论相结合的方式进行；第三，积极开展研讨课、案例课、课后读书小组等多种形式的教学方式；第四，采取以校内系统学习为主和参与社会实践相结合的方法进行培养。最后，明确了必修课采取考试和论文的考核形式，选修课和其他环节可以采用考查形式的考核方式。除此之外，《监察法学培养方案》还介绍了监察法学方向研究生学制、年限、质量标准等内容，方案明确具体，为培养21世纪的监察干部以及监察法学的教学与研究人员指引了方向。

（二）《监察法学培养方案》实施中取得的成效

总体来说，《监察法学培养方案》在实施中取得了初步的成效。在监察法学的教学过程中，通过采用教师讲授与课堂讨论相结合的教学方式、研讨课的课堂形式以及多样的考核方式等，对学生了解监察法学学科的理论体系、系统学习监察法学学科的基本原理、提高和深化对监察法学学科的理论框架的认识起了重要作用，提高了学生的专业素质、语言表达和写作能力，为学生逐步成长为党和国家亟需的高素质监察法治人才打下了基础。

（三）《监察法学培养方案》实施中存在的问题

在《监察法学培养方案》实施过程中，因《监察法学培养方案》在培养方式上的部分内容尚未有效落实，教学实践中仍然存在监察法学学科的实践性与当前监察法学教学偏重监察法学理论的矛盾，导致学生缺乏将理论知识应用于实践中、转化到实践中的能力，不利于培养职业型、复合型监察人才。《监察法学培养方案》中未落实的内容主要有以下几个方面。

1. 案例课教学方式尚未开展

在中国政法大学监察法学方向研究生教学中，以讲授式和课堂讨论的教学形式为主，尚未形成案例课的教学方式。除了有纪检监察案例较其他案例来源匮乏的原因，最主要的是在监察案例教学中，往往会出现法律性、监察实务性内容相互交织的复杂问题，仅用传统的法律解释方法并不能让学生信服，无法让法治思维与监察思维共融是目前尚未形成案例课教学方式的主要原因。

2. 学术、实务双导师制尚未建立

《监察法学培养方案》明确监察法学方向研究生培养探索建立学术、实务双导师制，但是双导师制度目前还未发展成熟，在一些已经推行双导师制的培养单位中仍存在因校外导师定位不清、缺少权利义务规范，而导致双导师制形同虚设的问题，再加上中国政法大学监察法学方向研究生设置时间较短，因此《监察法学培养方案》中的学术、实务双导师制培养方式尚未探索建立。

3. 监察社会实践尚未进行

《监察法学培养方案》中强调监察法学教学要注重理论与实践相结合，培养学生进行监察工作的能力。但是因监察机关与检察机关、审判机关不同，不属于司法机关，而是独立于一府两院的政治机关，定位较为特殊，暂时难以找到促使学生进行监察实践的渠道，因此在当前监察法学研究生的培养中，仍是以理论知识传授为主，学生监察社会实践尚未进行。

三、《监察法学培养方案》实施的创新路径

（一）嵌入式双导师案例教学法的内涵

所谓"嵌入式"教学，原本是理工、高职院校在信息类、工程类以及计算机类等实践性较强的专业教学中惯常采用的一种教学手段，以目标设定来督促学生提升实际操作能力，使在校学生毕业后进入工作岗位的"调整期"大大缩减，从而增强就业成功的机率或竞争力。[1] 因为在教学中取得了良好效果，法学教育中也逐渐引入了"嵌入式"教学法。监察法学课程中的"嵌入式"双导师制度，是指在涉及监察制度具体实践的课程内容时，建立双导师教学模式，通过邀请校外实务专家到校内作为校外导师，帮助学生对监察实务工作有一个具体的认识，较为直接地触碰到监察实务部门的工作内容，更为深刻地理解监察法律。

嵌入式双导师案例教学法是在传统案例教学法的基础上进行创新和突破，将嵌入式双导师制度和案例教学法恰到好处地结合在一起，由一位校内导师和一位校外实务专家作为校外导师对学生进行案例教学的模式。[2] 具体来说，就是由校内导师负责引导学生分组进行案例展示和研讨，之后由其从理论角度对学生的展示及研讨过程进行补充与升华，然后由校外导师从实践角度对学生的展示及研讨过程予以点评，并针对案例中涉及的问题及学生的提问结合实践经验进行解答。

（二）嵌入式双导师案例教学法的特点

嵌入式双导师案例教学法引入了校外监察实务专家作为校外导师，弥补了监察教学中学生无法近距离接触监察实践的不足，与传统的案例教学法相比，嵌入式双导师案例教学法主要具有如下特点。

---

〔1〕 参见盖玉莲：《嵌入式课程教学改革的探索与实践》，载《价值工程》2011年第4期。

〔2〕 参见陶乾、樊美辰：《论双导师讨论式工作坊教学法在知识产权法教学中的应用》，载《中国法学教育研究》2019年第2期。

1. 教学目标的全面性

嵌入式双导师案例教学法既注重理论知识，又兼顾实践经验。学生通过准备、展示、讨论案例，不仅可以提高其语言表达能力、推理能力、将理论与实践相结合的能力，而且可以在与校内、校外导师的交流过程中，深刻领会理论知识，深入了解监察实践，培养纪检监察观念，最终实现知识传授、能力培养、素养提升的三维教学目标。

2. 教学过程的互动性

在嵌入式双导师案例教学模式中，注重师师互动、师生互动、生生互动。首先，在教学及准备过程中，两位导师需要就案例教学进行深入的协调沟通，校内导师可了解实务界的最新发展动态，校外导师则可丰富监察理论知识。其次，在教学过程中，校内导师会与学生就案例所涉理论知识进行探讨，校外导师会将案例所涉监察实践经验与学生交流，可提升学生学习的主动性、积极性。最后，学生通过分组进行案例展示，也增强了学生之间的学习与合作。

3. 教学讲授的专业性

通过采用嵌入式双导师案例教学，由校内导师对案例进行理论上的讲解，由监察实务专家作为校外导师对案例进行点评、与学生交流实践经验，可增强案例教学讲解的说服力、专业性，帮助学生理解监察案例中法律性与监察实务性交织的问题，促进其法治思维与监察思维的共融。

（三）嵌入式双导师案例教学法的引入

将嵌入式双导师案例教学法引入监察法学课程中，可有效解决《监察法学培养方案》实施中存在的问题。第一，明确了校外导师的定位以及教学负责内容，避免了因校外导师定位不清、负责内容不明而导致双导师制度流于形式。第二，通过校外导师提供实务资源、讲解监察实践经验，解决了监察案例来源匮乏、校内导师仅用法律知识讲授说服性弱的问题。第三，学生通过与校外导师进行交流可促进其对监察实践进行深入了解，培养纪检监察意识，提高纪检监察素养。

目前，因监察机关的性质是政治机关，学生难以去监察实务部门实习、参与监察实践工作，采用嵌入式双导师案例教学法，可提升学生将理论运用于监察实践的能力、增长实践经验、深入了解监察实务工作，不失为学生参与监察实践的替代之策。

（四）嵌入式双导师案例教学法的实施路径

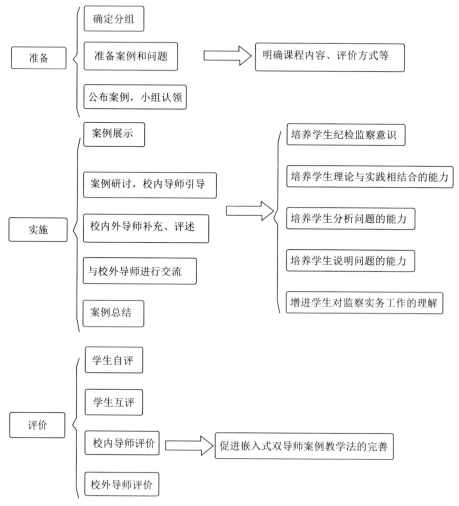

图3　嵌入式双导师案例教学法的实施路径

1. 嵌入式双导师案例教学的准备

校内导师在嵌入式案例教学中发挥主导作用，负责制定并公布嵌入式案例教学的课程内容和评价方式、在课前对学生进行分组、与校外导师一起准备案例和问题，并且需要在课程的第一堂课上公布案例，由小组进行认领。

（1）确定分组

在案例教学过程中，学生需要分组进行案例展示和研讨，因此在正式教学之前，校内导师需要对学生进行分组。可采用学生自愿组队与统一调配相结合的分组方式，每个案例展示小组一般以 4~6 名同学为宜，小组的展示顺序可以抽签的方式决定。为推进小组的准备，每个小组应选出一名负责人，来统筹分工本小组的各项事宜。

（2）准备案例和问题

嵌入式双导师案例教学法要求两位导师通过充分的协调沟通，以选择合适的案例并准备需要讨论的问题。让学生带着问题去学习可以提升学生的学习效果，调动学生学习的积极性，增加课堂上的师生互动频率，由此教学效果也会有质的提升。

在案例选取上，校外导师具有工作上获取材料的资源优势，因此在准备阶段由其根据学生小组的数量，选取一些可以覆盖多个监察知识点的典型性、疑难性的案例，并且将所选案例涉及的所有能公开的资料提前提供给校内导师。

在准备问题上，校内导师对于监察法学研究更加深入，对于学界争议问题更加了解，因此应由其根据校外导师提供的案例提出具有开放性、思辨性、挑战性的问题，使学生可以展开充分的讨论，并对案例所涉及的全部理论内容进行全面准备，以便对学生的展示结果进行补充与升华。

（3）公布案例，小组认领

校内导师需要在正式案例教学前将案例和问题向学生公布，可依次对案例和问题进行简单介绍，适当地对学生进行点拨，打开学生的思路，之后学生通过自愿选择与抽签相结合的方式认领案例，在课下进行准备。

2. 嵌入式双导师案例教学的实施

在嵌入式双导师案例教学的实施中，校内导师的任务是主导案例教学的全程，包括主持案例展示活动、引导学生根据案例进行讨论、鼓励学生从不同角度发表见解、对学生的展示与讨论从理论层面进行补充与升华等；学生则负责分工合作，通过与小组成员协调配合，对案例进行分析并回答老师课前根据案例所提出的问题；校外导师则负责对学生的展示及讨论作出点评、对案例所涉及的实践问题进行阐释并与学生进行深入的沟通与交流，培养学生的纪检监察意识。简单来说，双导师案例教学模式的实施包括以下几个环节。

（1）案例展示

这一环节要求每组学生对其选择的案例进行介绍和展示，由组内的每位同学展示自己准备的部分。为了保证课堂效率和课堂效果，案例展示需要在限定的时间内完成，每位同学以 10～15 分钟为宜。[1]案例展示的形式可以灵活多样，如配合 PPT 讲述、辩论会、情景剧、观看视频等形式。[2]但是学生无论采用何种形式展示案例，最终都要将案情描述清楚，并将监察机关的监督、调查、处置过程，监察程序与刑事诉讼程序的衔接，监察证据的转化等监察法中重要的内容体现在展示中，同时要对老师根据该案例提出的问题进行回应，表达清楚本小组的观点，并在回答完之后将老师的问题以及该小组认为本案例中其他可供讨论的问题抛给在场其他小组的同学进行思考。

（2）案例研讨，校内导师引导

案例研讨是嵌入式双导师案例教学模式的中心环节，在这个环节体现出了与传统课堂讨论的区别。传统的课堂讨论环节存在两点弊端。

第一，传统的课堂讨论环节容易形成"马太效应"。在班级中，学生的性格各不相同，有的学生表达能力较强、善于交流，有的学生自信心较弱、不善于表达。在传统的课堂讨论环节中，前者往往占据讨论的主导地位，锻炼了思辨能力，达到了课程教学的目的，后者则很少表达自己的观点，或者因发言被打断就退出讨论，无法培养自己的语言表达能力及分析问题的能力。

第二，传统的课堂讨论环节形式化现象严重。在多数情况下，教师布置完讨论的题目后就不再参与小组讨论的过程，最后由小组派出代表汇报其讨论成果，这种讨论模式很容易出现部分小组成员应付了事的情况，不能保证

---

〔1〕 参见屈新、吴红颖：《参与式案例教学的实践路径——以刑事诉讼法学案例教学为视角》，载《中国法学教育研究》2019 年第 4 期。

〔2〕 参见潘高峰、陈露：《论法学教学中案例选择和展示的技巧》，载《天中学刊》2011 年第 2 期。

小组的每个成员都积极参与到讨论中。此外，在小组讨论遇到疑难问题时，由于没有老师的参与，很容易形成讨论僵化的局面，大大降低讨论学习的效果。[1]

而嵌入式双导师案例教学模式的案例研讨环节则避免了传统课堂讨论环节的弊端，不仅将课堂时间更多地交还给了学生、让学生可以自主地讨论学习，而且也强调校内导师在讨论中的作用。具体来说，在案例研讨环节中，校内导师需要全程参与到学生的讨论中，对每组学生的讨论过程都要有所了解，并且根据需要随时和学生进行互动，及时引导学生讨论的方向，若学生讨论陷入了僵局，校内导师可以针对学生在讨论过程中没有注意到的地方进行适当的提醒，启发其从不同角度进行思考、切入题目，从而促进讨论继续进行。讨论结束后，由各小组推选出代表进行发言，讲述本组对案例所涉问题的理解、分析和判断过程，并针对问题提出解决的思路或结论。在这个过程中，校内导师可以通过提问引导组内其他学生积极发言，针对沉默寡言、不善言辞的学生，校内导师应鼓励其表达观点，并针对其观点进一步提问，促进其对自己观点进行补充。在各小组汇报结束之后，若有小组的观点不一致，小组之间可以展开辩论，就小组间不一致的焦点问题进行二次讨论。总之，在整个案例研讨的过程中，校内导师要主导学生讨论的方向、进度和节奏，充分调动学生讨论的积极性，注意调节讨论气氛，保证讨论有序而热烈地进行。

（3）校内外导师补充、评述

在讨论结束之后，先由校内导师对学生讨论和展示所运用的方法、思路以及观点进行总结，给出该研讨案例所涉问题的参考答案，并针对学生案例展示和讨论中未涉及但与该案例相关的监察法理论知识问题，结合学界研究及自己的观点进行补充、升华，最大限度地深化学生对该案例及相关知识的理解。在校内导师补充完毕之后，由校外导师从实践角度对案例展示及讨论过程及结果进行评述，并根据其在实务中的经验发表看法，针对案例中的问题从实践层面进行回应，对监察制度的完善提出更具指向性的建议，促进学

〔1〕 参见陶乾、樊美辰：《论双导师讨论式工作坊教学法在知识产权法教学中的应用》，载《中国法学教育研究》2019 年第 2 期。

生问题意识的培养。

（4）与校外导师进行交流

校外导师评述完毕之后，学生可就校外导师的评述提出监察实践的相关问题，由校外导师进行解答，从而与校外导师进行深入的沟通。与来自监察工作一线老师的深入交流，不仅会使学生对监察实践中的问题有更为深刻的理解，而且可促使其对监察职业有更多的认识，更为理性地规划自己将来的工作计划，打开学生的思路，开阔学生的视野，培养纪检监察意识，树立廉政道德观念。

（5）案例总结

课程结束后，校内导师应当根据学生的展示及讨论情况、两位导师的补充与评述情况、学生与校外导师的交流情况进行教学成果的总结，关注学生应用知识的弱区和盲区，改进本次课程教学不完善的地方，通过总结，全方位优化本门课程这一阶段的教学过程。

此外，小组展示及研讨结束后，每位小组成员都需要撰写一份案例分析报告，作为对所展示案例的学习总结。报告中应体现其准备、展示及研讨过程中的思考与体会，以深化学生对案例所涉监察知识的理解。

3. 嵌入式双导师案例教学的评价

评价是嵌入式双导师案例教学的重要环节，它直接反映了案例教学的效果和学生的表现。评价体系可由校内导师引导制定，包括评价主体、评价指标和权重两部分。[1]

（1）参与评价主体

参与评价主体由校内导师、校外导师和学生组成，校内导师负责制定评价体系以及指导监督班级学生评价的工作，除此之外，校内导师还需与校外导师一起对小组案例展示及讨论情况进行评分。全班学生也要对小组的案例展示及讨论情况打分，学生打分结果交由各组组长汇总整理取平均分，小组的最终成绩则为各组组长所取分数以及两位导师分数加总后的平均分。

---

〔1〕 参见范玉琴、李艳飞：《基于应用能力导向的西方经济学参与式案例教学实践探索——以独立学院为例》，载《山东农业工程学院学报》2017 年第 12 期。

（2）评价指标和权重

评价指标体系设置的合理性关系到学生进行案例展示及讨论的积极性，与教学效果密切相关。评价指标选取应灵活掌握，可由案例展示思路的逻辑性、展示包含知识的全面性、团队合作度、课堂讨论积极性等构成，也可根据教学的需要增减指标的评项，其各项分值权重应根据校内导师的教学意图分项设定，各小组的最终成绩和学生后期提交案例分析报告的成绩将综合纳入学生本课程的期末成绩中。[1]

当前党和国家正在持续推进反腐败建设，而促进我国反腐败工作高质量发展的前提之一就是高素质的理论与实践能力兼具的监察法治人才的培养。通过采用嵌入式双导师案例教学法有效实施，《监察法学培养方案》从理论分析上来看，既可以保证学生具有扎实的理论基础，也可以提高学生的监察实践能力，避免理论与实践的脱节，对培养 21 世纪的监察干部以及监察法学的教学与研究人员，具有现实的创新意义。另外，嵌入式双导师案例教学法在具体实施过程中还具有一定的局限性，如存在校外导师时间协调、合同签订等现实问题，尚待进一步研究。

第三节　监察法学案例教学的综合改善

一、监察法学案例教学综合改善的现实意义

2022 年 9 月，国务院学位委员会、教育部印发了《研究生教育学科专业目录（2022 年）》和《研究生教育学科专业目录管理办法》，"纪检监察学"正式被列入一级学科。纪检监察学科的发展，面临着培养新学科人才、产出理论成果、支持纪检监察事业等重大课题。随着《监察法》、《监察官法》和《政务处分法》等法律的通过，我国监察法律制度体系已经初步形成，对监察法治人才的规范标准也逐步明确。提高监察法学教学质量，培养符合要求的监察法治人才，成为助力国家反腐事业、回应监察实践需求、推

---

〔1〕　参见屈新、吴红颖：《参与式案例教学的实践路径——以刑事诉讼法学案例教学为视角》，载《中国法学教育研究》2019 年第 4 期。

进监察法学学科建设的应有之义。案例教学作为法学专业培养的重要方式，是实现法学专业人才培养目标的重要路径，在监察法学授课中进行案例教学有助于学生深入理解监察法律知识、培养纪检监察意识。

中国政法大学作为国家"双一流"建设高校，在建校之初就非常重视案例教学，长期以来着力培养学生的法律实务技能，开设了一系列法学案例课程。通过对学生进行案例教学，不仅实质性地提高了学生分析、推理和概括能力，而且在师生互动、生生讨论的形式下，充分发挥了老师与学生在教学过程中的主观能动性，进而促进了德法兼修人才培养体系的形成。随着全面从严治党深入推进、纪检监察体制改革不断深化，党和国家亟需大量纪检监察理论研究人才和实务人才。为回应实践需要，中国政法大学在 2019 年前后陆续开设了《监察法学》《监察法规研讨》等相关课程。然而，尽管中国政法大学案例教学取得了一定的成效，监察法学案例教学仍因难以适应学科特点而存在缺乏深度、范围狭窄、内容单一、形式单调等诸多问题。

鉴于此，本节拟立足纪检监察学为监察法治化提供学科保障和理论支撑的新时代要求，结合中国政法大学"双一流"高校建设背景，以中国政法大学为例，分析其监察法学案例教学存在的问题及制约因素，在借鉴国内外案例教学经验的基础上，提出优化监察法学案例教学的具体路径，以期对监察法学案例教学进行综合改善，推进监察法学学科建设，培养新时代监察法治人才，进而推动监察体制改革向纵深发展。

二、监察法学案例教学的现状分析

（一）监察法学案例教学的运行现状

1. 监察法学案例教学的培养目标

中国政法大学监察法学案例教学的培养目标主要有以下几个方面：第一，系统全面地掌握监察法学基础知识；第二，对监察法学原理、价值和理念有深刻理解，了解监察法的发展趋势；第三，把握立法精神与意旨，准确理解监察法律法规的内容；第四，从法理和实践两个层面对监察实践中的典型案例作出客观评析，能够利用监察法学理论知识有效解决实际问题；第五，了解当前监察体制改革的方向和主要内容，能够运用监察法学原理解读相关的监察体制改革措施。

开设监察法学案例研习课程，旨在通过理论阐释与案例研讨相结合的综合教学方法，培养学生"动脑"和"动手"的能力。一方面，使学生系统全面地掌握监察法学基础知识，监察法的基本原则、原理和价值精神，了解监察立法相关内容，熟悉监察程序；另一方面，能够娴熟运用监察法学原理、价值、原则、制度等来评析具体个案，将监察理论与实践相结合，有效解决实践问题。

2. 监察法学案例教学的运行模式

（1）教师讲授、介绍课程

在案例教学的第一次课程中，第一，由教师从宏观上讲授监察法律制度的改革与发展，向学生引入当前监察法学的前沿问题，使学生从整体上了解监察法学的发展现状及趋势，深刻理解我国监察体制改革的重要内容；第二，由老师介绍本门课程的主要内容、课程要求及评价方式，并公布课前拟定的分组名单，对学生进行分组，要求学生从第二次课程起分组展示案例。

（2）学生自主选择案例并展示

由学生在课下自主选择其小组准备展示的案例素材，并在每次课上轮流以 PPT、辩论会、情景剧等方式介绍、讲述案例。学生需要在描述案情的同时，将监察机关的监督、调查、处置过程，监察证据的转化、法法衔接等监察法学重要的知识点体现在展示中，最大程度挖掘案例内容。

（3）案例研讨、教师点评

在学生展示案例完毕后，由教师对案例中涉及的争议问题组织学生进行讨论，并在讨论结束后对学生展示和讨论所运用的方法、思路以及观点进行总结，给出该研讨案例所涉问题的参考答案，并针对学生案例展示和讨论中未涉及但与该案例相关的监察法理论知识问题，结合学界研究及自己的观点进行补充、升华，最大限度地深化学生对该案例及相关知识的理解。

（4）布置作业、进行考核

课程的评价方式由平时成绩与期末成绩共同构成，分别占总成绩的30%和70%。在小组展示案例完毕后，学生需要撰写一份案例分析报告作为平时作业，案例分析报告的水平是平时成绩评价的重要指标。期末考核方式则是学生根据教师给定的题目撰写一篇涉及监察法学的小论文，由教师进行评阅，最终将平时成绩与期末成绩按照占比权重得出每位学生本门课程的总成绩。

3. 监察法学案例教学的方法与手段

中国政法大学监察法学案例教学采用了多元化的教学方法，其中主要的教学方法有三种：第一，案例分析的方法。通过以案释法、以案说理，从监察实践中发生的典型案例入手引出监察法学的主要知识点；第二，理论阐释的方法。通过对监察法学所涉及的主要知识点进行监察法学原理以及立法、司法层面的深入解读，使学生不只是了解个案存在的问题，更重要的是理解具体案例所体现的监察法学原理、原则、制度和规则等；第三，集体讨论和重点讲解的方法。主要采取老师引导、学生集中讨论的方式来进行，同时对于主要的知识点，老师要进行重点和深入的讲解。在教学手段上，则丰富多样，包括口头讲授、互动教学、PPT 课件等多种方式。

4. 监察法学案例教学的开展成效

总体来说，中国政法大学监察法学案例教学在实施中取得了初步的成效。在监察法学案例教学过程中，通过采用学生展示、教师讲授与课堂讨论相结合的教学方式、研讨课的课堂形式，调动了学生参与课堂的积极性，对学生了解监察法学学科的理论体系、系统学习监察法学学科的基本原理、提高和深化对监察法学学科理论框架的认识起了重要作用，提高了学生的专业素质、语言表达和写作能力，提升了学生的监察素养，为学生逐步成长为党和国家亟需的高素质监察法治人才打下了基础。

（二）监察法学案例教学的问题及原因

1. 监察法学案例素材选取困难

案例是案例教学的研究对象，对于案例教学来说，案例素材本身的科学性、典型性至关重要，任何一门案例教学课程，合适的案例素材都是取得良好教学效果的前提。《监察法》作为 2018 年出台的一部法律，监察法学作为一门新兴法学学科，其案例教学素材本身就不似其他部门法如刑法学、民法学等传统法学丰富，再加上监察法所具有的强政治性特征，导致其案例教学素材的选取存在困难。

第一，教程类案例素材缺乏针对性与时效性。目前出版的监察法学相关案例教程，如《纪检监察案例指导》《中华人民共和国纪检监察法律法规全书》等，其编写目标为帮助广大纪检监察干部有效提升政治素质和履职本领、掌握执纪执法实践中的业务难点，受众多为监察机关实务人员，侧重实务经验及业务办理。对于监察法学专业的学生来说，案例教学的目标是提升其将理论知识运用于实践的能力，而非单纯的业务办理，因此这类案例素材对于教学来说缺乏针对性，且因其出版的时间问题，多具有滞后性，案例的更新难以满足教学的需要。

第二，指导性案例等判决书过于范式化。中央纪委国家监委发布的执纪执法指导性案例也是监察法学案例素材的来源之一，但是这些指导性案例重要旨而轻论证、重结论而轻过程，缺乏对案件全貌的阐述，很少涉及举证质证、证据采信等程序信息。而案例教学是一个抽丝剥茧的学习过程，其目标之一是培养学生的论证与分析能力，案例办理的全过程都应最大程度成为学生学习的素材。因此指导性案例的范式化使其难以在案例教学中有效使用。

第三，获取监察法学案例的其他渠道匮乏。除通过监察法学案例教程、指导性案例获取案例教学素材之外，部分老师可能通过其他渠道获取案例，如向监察实务部门工作人员了解、在互联网中搜索等。然而前者限于监察案件办理的保密性、政治性，即使获取到典型的、有价值的案例，可能也不适合在课堂中讲授，后者则因网上信息错综复杂，更是难以窥见案件全貌，不符合作为教学案例的条件。

2. 案例教学系统性不够

案例教学具有实践性、趣味性的特点，能够提升学生的案例分析能力、实践能力，但是也因案例教学的"教学工具"为一个个孤立的案例，学生需要从多个没有关联的案例中学习监察法学知识，相比传统的讲授式教学缺乏了教学的系统性，不仅体现在教学内容上，也体现在教学阶段上。

第一，监察法学案例教学中缺乏教学内容的系统性。当前中国政法大学监察法学案例教学课程多是由学生自主搜索、选择案例，很多监察法学理论知识很有可能在所选案例中无法涉及，而部分带有相同理论知识的案例很有可能被多个学生选择，为了课程讲授最大程度覆盖监察法学的全部内容，很多时候需要授课教师补充案例中未提到的理论知识，导致课程讲授缺乏系统性；而且教师难以掌握学生自主选择案例的难度，要么案例对于学生来说太过复杂，要么过于简易和破碎，使得学生学习难以形成系统，有"只见树木，不见森林"之感，不利于学生搭建监察法学知识体系。

第二，监察法学案例教学中缺乏教学阶段的系统性。案例教学是一个由浅入深的过程，尤其对于监察法学这样一门强政治性、实践性的部门法学来说，更应体现出案例教学的规律。当前我校案例教学在案例素材的选取上并未区分教学阶段，即教师并未根据学生的接受程度选择不同的引导方式，这不符合案例教学的规律，对于案例教学阶段系统性的缺乏，导致案例教学效果不佳。

3. 课程评价机制不科学

监察法学案例教学效果在很大程度上取决于课程评价机制，大部分学生出于对课程分数的追求，对这门课程的精力投入以及学习方向，往往以课程的教学评价机制为标准，根据评价的权重分配自己努力的方向及投入度。然而我国的课程评价机制多适应于传统的教学方法，案例教学作为"舶来品"，其课程评价机制出现了明显的水土不服现象，导致影响了案例教学的实际效果。

如上文所述，中国政法大学目前案例教学课程的成绩分为平时成绩和期末成绩，分别占总成绩的30%和70%。平时成绩的评价指标包括课堂考勤、小组案例展示、案例分析报告等，期末成绩的评价方式为小论文。这样的评价机制有很多弊端：一方面，平时成绩占比过低。在这样的课程评价机制中，小组案例展示只占很小的比例，案例研讨过程中的表现占比更低，很可能削弱学生参与课堂的积极性，导致学生在监察法学案例教学中重视期末的小论文，忽视对案例教学过程中的探索、分析、研讨过程；另一方面，平时成绩考核内容、标准量化程度低。主要体现在课程的考核标准中缺乏客观性的硬性指标，考核的总体方式太过笼统，导致成绩评定较为随意。

总体而言，当前对于平时成绩的评定难以较为精准、客观地反映学生学习过程的表现，由此产生的案例教学课程效果很可能形式大于内容。

4. 教师监察实践经验不足

法学学科是实践性很强的学科，法学教育要处理好知识教学和实践教学的关系，法学案例教学更是需要将理论知识与实践经验相结合。因此，在监察法学案例课程的教学中，授课教师本身必须具备较为充足的监察实践经验，才能对学生在案例研讨与分析中进行有效的引导，并对其表现作出正确的评价。但在我国的职称评价体系中，科研占了相当大的比重，许多教师很难有精力与机会参与监察实践，因此，当前既具有监察法学理论基础，也具有监察实践经验的教师寥寥无几，这直接影响了监察法学案例教学的效果。如在监察法学案例教学中，往往会出现法律性、监察实务性内容相互交织的复杂问题，仅用传统的法律解释方法并不能让学生信服，如何让法治思维与监察思维共融是目前监察法学案例教学面临的主要问题之一。

教师在案例教学中的作用毋庸置疑，案例课程的教学效果在很大程度上取决于教师对案例的选取、分析及讲解，因此，要想达到案例教学的最佳效果，教师不仅需要具有深厚的理论功底，而且要有相关的实务经验。

5. 学生对案例学习投入度不高

根据法学教育的国际经验，法学案例教学不仅需要对过往的认知经验进行复现，还要求学生主动参与来进行"知识建构"。在监察法学案例教学过程中，学生的投入度与主体性发挥程度无疑决定着案例教学的最终质量。然而，在当前监察法学案例教学课程中，学生的投入度并未达到应有的标准。

一方面，部分老师的教学方式是学生分组选择案例进行 PPT 展示，这种教学方法的好处在于可以激发学生学习的主动性，提升学生自主选择案例、探索思考的能力。然而，其弊端也是显而易见的，即不能调动课上所有学生的积极性，很多学生在不轮到自己讲解、展示案例时，在课上对于其他学生的展示并不集中注意力认真思考，甚至可能会"走神"，认为自己展示完自己的案例就"万事大吉"，导致学生投入度不足，最终在案例课上学习到的内容往往局限于自己自主选择的案例中的知识。

另一方面，一直以来，很多学生习惯于传统教学的"填鸭式"教学模式，并不习惯案例教学中学生自主研讨的学习模式，部分学生对于教师安排的课前熟悉案情、查找相关法律法规、课上讨论案件等较为消极，对于老师提出的问题、学生案例展示中存在的争议点的讨论参与度不高，师生互动性不够，甚至出现课堂沉闷的现象，难以激发学生参与的兴趣和热情；或者部分同学难以突破自身的心理障碍，缺乏表达勇气，导致案例研讨过程成为少数同学的主场，其他同学只是"搭便车"，使得研讨课在实质意义上成为了讲授课，难以达到理想中的案例教学效果。

三、国内外法学案例教学的比较借鉴

(一) 国内法学案例教学的比较借鉴

我国其他高校案例教学实践各有特色，探索发展了不同的模式，效果显著。笔者选取了较具有代表性的几所高校，对其案例教学模式进行介绍，希望探索其有益经验，为我国监察法学案例教学的综合改善提供借鉴。

1. 国内其他高校法学案例教学的实践模式

在北京大学的案例教学中，不同部门法学的教学实践模式并不完全相同。如刑法案例课程采取鉴定式、论辩式和实战式的三阶段开设方式。鉴定式阶段主要是按照三阶层的体系反复训练基础知识，提高说理的体系性和逻辑性。第二阶段是在鉴定式的基础上开展论辩，由学生针对同一个点分别撰写控辩双方的多个理由，从各个层面去训练正反说理的能力。第三阶段则由授课教师联系律师获取原始卷宗，要求学生提前阅读原始笔录和证据，自己形成意见，最后把承办律师请来现身说法，以供同学们对照、反思；在刑事诉讼案例研习课程中，教师会穿插讲座、旁听、模拟法庭等活动，讲座的时间一般安排在期中，模拟庭审安排在最后，旁听审判是在模拟庭审之前的预备活动，以提高学生参与的积极性，增强其对刑事诉讼实务的认识；在民法、民诉法学案例教学中，主要以助教会、小班讨论课、大班讲授课逐次递进来联动讲解、回顾知识点，助教的定位是"主持人"而非"老师"，在课程最后还会为优秀作业颁发奖品；宪法案例研习的定位是理论型案例课程，使学生在案例中领会法政治学、法经济学的理论，以法政平衡为培养目标，培养学生从法律到政治的能力；在财税法案例研习中，若涉及跨学科的交叉问题时，教师通常会邀请其他专业的老师一同参与课程，就交叉问题发表真知灼见。

武汉大学探索了从案例教学到案卷教学的实践方式，教学主体为一位主讲教师加多位"教学合伙人"，教学合伙人包括本单位的教师、检察官、法官、律师等。该课程由一起真实且有一定难度和代表性的刑事案件为素材，师生共同研习，与传统案例教学不同的是，该课程侧重培养学生的阅卷能力，每个学生对应分发该案的整套刑事卷宗，以达到对案件事实的全面把握。除此之外，教师还极为重视贯彻学生刑事一体化的观念，在授课时，教

师将实体与程序融贯一体，强调培养学生的一体化思维。

西南政法大学则采取刑事疑难案例双师同堂教学模式，其特色在于师师、师生与生生之间的沙龙式研讨。其一，在教学主体上，一般为刑法学与刑事诉讼法学专业的老师合作教学、共同主持，除此之外，还会邀请具有丰富经验的实务人员；其二，刑事疑难案例双师同堂教学模式不仅注重师师之间的有效互动，也着力培养学生自主思维的能力，鼓励学生大胆提问，推崇"不唯师、不唯上、不唯权"的学习理念。[1]

另外，中央财经大学法学院采取了"案例研习+模拟实训+规范化学习"三位一体的实践课程体系；华东政法大学的民法案例研习课程分为初阶、中阶、高阶三个阶段，分别由不同年级的本科生和研究生进行学习；西北政法大学案例教学分为鉴定式案例研习和论辩式案例研习两种方式，教学过程主要包括理论教学、分组讨论、对抗练习三个部分等。

2. 国内其他高校法学案例教学的有益经验

（1）教学主体多元化

国内其他高校在案例教学中多采用多元的教学主体，如武汉大学的"教学合伙人"、西南政法大学的双师同堂教学模式吸收了法官、检察官、律师等作为教学主体辅助案例教学；北京大学的财税法案例课程重视交叉学科之间的交流与探讨，在涉及交叉学科问题时，邀请其他学科教师一同参与授课等。教学主体多元化有助于学生更深刻地学习案例背后所蕴含的知识，更直观地感受案例承载的实务经验，取得了良好的教学效果。

（2）贯彻实体、程序一体化思维

武汉大学极为重视培养学生实体、程序一体化的思维能力，在刑事案例授课时会反复提醒、贯彻刑事一体化的角度和内容，促使学生将实体与程序内容灵活掌握；西南政法大学的刑事案例教学主体包括刑法学和刑事诉讼法学专业的老师也反映了其对学生将实体、程序知识融贯一体的要求。在教学中贯彻实体、程序一体化思维有助于学生将学过的实体与程序相关知识融会贯通，提升学生分析案例的综合能力。

---

〔1〕 参见陈伟：《刑事疑难案例双师同堂教学模式的反思与改革》，载《海峡法学》2017 年第2 期。

（3）在案例教学中穿插讲座、旁听、模拟法庭等活动

国内其他高校大多将案例教学与讲座、模拟法庭等活动一同开展，如北京大学的刑事诉讼法学案例研习中穿插讲座、旁听、模拟法庭等活动，中央财经大学开设了实践课程教学体系等。在案例教学之外，辅之以讲座、旁听、模拟法庭等多元化的实践活动，有助于调动学生学习的积极性，使学生近距离接触、了解司法实践，提升案例教学效果。

除此之外，北京大学的民法案例研习将助教作为案例教学的"主持人"协助教学、武汉大学探索的案卷教学模式都可为我国监察法学案例教学的综合改善提供经验参考。

（二）国外法学案例教学的比较借鉴

在法学的实践性教学中，目前世界影响最大的案例教学模式主要是以美国为代表的"个案教学法"、起源于美国并风靡全球的"法律诊所教育"以及以德国为代表的"鉴定式案例研习"。[1]

1. 国外法学案例教学的实践模式

（1）个案教学法

美国殖民地时期采用最主要的法学教学方法是起源于英国的师徒式方法，[2]当时的师徒式主要是通过法律实践的过程中对相应的受教育者进行教育，让其身体力行，学习相应的法律技巧。[3]随着美国工业化在 19 世纪的飞速发展以及社会的快速变迁，美国法院制定的案例层出不穷，以个案教育为主的传统学徒制越来越无法满足社会的要求，在这一背景下，1870 年，哈佛大学法学院院长兰德尔（Christopher Columbus Langdell）开创了影响深远的个案教学法（Cases Method）。

个案教学法的原理是在众多判例的基础上，通过归纳推理，将法律原则和理论提炼出来，从而组成一门作为科学的法学。兰德尔指出：有效掌握法

---

〔1〕 参见章武生：《"个案全过程教学法"之推广》，载《法学》2013 年第 4 期。

〔2〕 参见 [美] 罗伯特·斯蒂文斯：《法学院：19 世纪 50 年代到 20 世纪 80 年代的美国法学教育》，阎亚林等译，中国政法大学出版社 2003 年版，第 3~9 页、24~26 页。

〔3〕 参见 [美] 丹尼斯·劳埃德：《法理学》，许章润译，法律出版社 2007 年版，第 2~3 页。

学原则和原理的最好最快方法，就是学习那些包括着原理的判例。[1]这种教学方式的宗旨在于通过对法律原则和规则的来源进行探究，培养学生思考问题的能力，同时，个案教学法还重视教学与实践的结合，采用苏格拉底式的提问方法，要求学生在课下阅读相关的案例材料，在课堂上教师不直接讲授法律知识内容，而是就学生课下所阅读的材料向学生提问，学生通过教师的引导，从相关法理出发自主探究应当学习的内容。

然而，尽管在美国的案例教学过程中，教学主体由教师本位向学生本位转移，提升了课堂活跃度与互动性，激发了学生的学习热情，其案例教学法仍存在以判例为主体，对大量的制定法关注不够；案例教学耗时太多，复杂繁琐，浪费学生大量时间；过于重视逻辑推理而轻视生活的真实经验等弊端。

（2）法律诊所教育

法律诊所教育（Clinical Legal Education）最早出现于 1893 年的宾夕法尼亚大学法学院，该院学生创办的"法律医务室"被公认为第一个诊所雏形。20 世纪 60 年代，诊所法律教育模式开始在全美盛行，至今大多数美国法学院都建立了各种各样的法律诊所，涉及法律的多个领域。[2]法律诊所教学方法通过借鉴医学院利用诊所实习培养医生的形式，使学生在诊所教师的指导下参与法律的实际运用，促进其深入理解法律，进而缩小学校内部知识教育与社会职业技能的距离。

在师资方面，美国法律诊所要求指导老师具有丰富的实践经验，但法学院的教师数量难以满足对诊所教师人数的要求，因此在美国，担任法律诊所指导教师的人员主要由作为兼职律师的法学专业教师、具有丰富实践经验的执业律师以及有一定社会地位的退休法官、检察官、律师等构成；在法律诊所对学生的评价方面，美国法律诊所教育对学生的评价主要包括教师对学生的综合评价、小组成员评价、当事人评价以及学生自我评价，并将定向评价与定量评价有机结合。

---

〔1〕　See Amy Raths McAninch, *Teacher Thinking and the Case Method: Theory and Future Directions*, Teachers College Press, 1993, p. 64.

〔2〕　参见孟涛：《美国法学教育模式的反思》，载《中国政法大学学报》2017 年第 4 期。

（3）鉴定式案例研习

所谓鉴定式（Gutachtenstil）案例研习，是指德国法学院在教学中所采用的一种案例分析方法。"鉴定式"系"判决式"的对称，用于强调此种方法先假设所有可能的情况、再逐一进行论证、最后得出结论的特点。[1]鉴定式案例研习方法要求学生对于法律问题严格遵循设问—定义—涵摄—结论的步骤，从实证法出发解答案例，若无法通过三段论得出结论，则要求学生根据公认的法学方法论解释法律乃至填补漏洞；并且在涉及相关的法学理论争议时，鉴定式案例研习要求学生尽可能展现所有相关学说，给出选择并说明理由。鉴定式案例研习的重要特点就是任何结论都必须通过逻辑推导出来，注重论证过程，环环相扣，言必有据。德国法学院的学生通过旷日持久地进行鉴定式案例研习训练，熟悉并体系化理解了实证法规定、加深了对理论知识的理解、提高了法律思维能力以及输入和输出能力。

2. 国外法学案例教学的有益经验

（1）教学本身应与实践相结合

在案例教学过程中，教学本身就应与实践相结合。如美国的"个案教学法"，强调学生像律师一样思考，老师通过提问引导学生，由学生对问题进行自主探究，让学生在探索中学、在思考中学，而非老师直接将结论告诉学生。由此，在教学过程中培养学生的法律思维、探索精神，促进学生自主学习。

（2）注重培养学生的职业素养

案例教学不应只承担实践教学的功能，还应通过学生对真实案例的分析与理解，培养学生的职业素养。如美国的法律诊所教育，就格外重视对学生职业责任的培养，通过让学生身临其境地感受真实案件的运行过程，对法律职业进行深入的了解，进而培育学生的职业伦理，提升法律素养。

（3）重视案例的分析推导过程

案例教学过程最重要的是得出结论的过程而非结论，如德国的鉴定式案例教学方法，就将法律的适用、法律思维的形成、对法理的理解相互融合，

---

〔1〕 参见夏昊晗：《鉴定式案例研习：德国法学教育皇冠上的明珠》，载《人民法治》2018年第18期。

重视案例的分析推导过程。德国这种要求学生论证有据、重视逻辑推理的教学方法，有助于提升学生的法律分析能力，使其形成严谨的法律思维。

四、监察法学案例教学的综合改善

（一）推动监察法学教学案例库的建设

如上文所述，当前监察法学案例教学受限于监察实务部门的保密性、政治性，符合教学条件的案例较少，案例来源渠道匮乏，难以达到教学要求。笔者认为，可推动监察法学教学案例库的建设，为监察法学案例教学提供条件。具体来说，可从以下两个方面进行建设。

第一，明确建设主体。监察法学教学案例的产生需要联结两大主体，即监察实务部门与国内开设监察法学案例课程的高校，若要达到监察法学案例课程教学的要求，用于教学的案例首先应产生于监察实务部门对案件的具体办理，赋予案例时效性、真实性，由此，可使得用于教学的监察案例呈现各种状态。如有需要分析是否属于监察对象的，有需要分析如何处置的，有需要对证据进行论证的，有办理过程中碰到的法律适用疑难的等，促进学生从各个角度进行论证，针对性培养学生对于事实的探究能力、法律思维能力以及监察实践素养；进而由高校监察法学教师根据监察法学知识结构与课程体系对案例进行筛选、整合以及改编，将需要学生掌握的监察法学理论知识糅合进案例中，确保案例教学切实发挥出将理论知识与监察实践相结合的重要作用。

第二，明确建设方式。为给尽可能多的高校提供监察法学教学案例素材，监察法学教学案例库可以利用网络平台，采取高校与监察实务部门联合搭建、资源共享的方式搭建。其一，可由各省监察机关在不影响案件办理与保密性的前提下，将经办的监察案件，以及监察案件的最终处理结果上传至监察法学教学案例系统，形成监察实务案例库；其二，各高校监察法学教师登录系统查看最新的实务案例，然后由教师根据自身授课需求与安排，对案例进行改编，并将改编后的案例上传至监察法学教学案例库。如此一来，经过一段时间的建设，监察法学教学案例库就会收集一大批由多名监察法学教师改编的实务案例教学素材，为监察法学案例教学创造条件。

除此之外，为保证监察法学教学案例库的良性运转，还可建立监察实务部门与高校监察教师的定期案例研讨制度，促进监察实务部门与理论界的相互交流，形成课堂教学—法律实践的相互指导机制。

（二）突出案例的系统性教学

监察法学案例教学，除了培养学生的思辨能力、表达能力、探索精神，增进其对监察实务的了解，还应将监察理论知识寓于案例教学中，在案例教学过程中深化学生对于监察理论的理解。然而当前中国政法大学由学生选择案例进行展示的自由度过大，导致案例所涉监察理论知识碎片化，难以培养学生对于监察法学理论的系统思维。因此，为加强案例教学课程的系统性，应由教师选择适宜的案例发放给学生，在选择时，应注意以下几个方面。

第一，教师应根据监察法学理论知识的体系选择案例。尽管该门课程属于案例研习课程，但是这同时也是将监察法学理论知识运用于实践的过程，在案例研习课程中按照涉及的监察法学理论体系选择案例，可以培养学生的体系性思维，在学生的脑海中逐渐搭建起监察法学知识体系，真正达到将理论学习与实践学习相结合的效果。

第二，教师选择案例应贯彻实体、程序一体化思维，根据重点难点有侧重地选择案例。《监察法》集实体法与程序法于一体，监察法学案例教学自然不能将实体与程序割裂开来，因此，教师在选择案例时应有意识地选择集监察实体与监察程序于一身的案例，培养学生监察实体与程序一体化思维。除此之外，教师选择时还应在知识点覆盖范围尽可能大的基础上具有侧重，可根据学生掌握情况及对于案例的分析效果多次选择涉及监察法学重点难点的案例，对于学生掌握较好的知识点，则可有意识地减少出现次数，从而达到查漏补缺、巩固知识的效果。

第三，教师应根据教学阶段由易到难、由浅入深选择案例。案例教学应由浅入深，尤其是对于学生之前并不了解、也从未接触过的监察法学，若是案例在一开始就较为复杂或者案例难度参差不齐，无疑是不符合教学规律的，也容易打击学生的积极性。因此，教师选择教学案例应层层递进，根据学生的学习基础以及学习阶段选择案例，可借鉴其他高校教学实践模式，根据本科生和研究生设置"初阶—中阶—高阶"不同难度的案例教学，在学生对于该难度层次的案例分析较好时，可考虑在下一次分析时提升案例难度，达到教学目标。

（三）完善案例课程评价机制

监察法学案例教学的目的是培养学生运用法学与监察思维分析并解决监察法学专业问题的能力，激发学生自主性和创新意识，提升学生监察素养。课程评价机制的完善与否决定了学生课程努力的方向以及课堂学习的效果，应当以学生监察法学理论学习的深入以及监察实践经验的成长为目的，强调学生的参与感与自我体验，即案例教学过程不是评价者对被评价者进行控制，而是学生作为案例学习的主体主动参与和提升的过程。笔者认为，监察法学案例课程评价机制可从以下两个方面进行完善。

第一，增加评价主体。当前监察法学案例教学课程的评价主体单一，主要由授课教师进行评价，然而对于小组分工展示案例的课程，小组内部可能会进行多次讨论，他们对彼此的评价也不可忽视，而且小组是面对整个班级进行展示，班级其他同学对于小组展示案例的好坏的评价也可以在某种程度上反映小组展示的水平。因此，监察法学案例教学课程的评价主体应为授课教师以及全体学生。

第二，提高平时成绩占比权重，量化评价内容，细化评价标准。平时成绩占比过低必然导致学生不重视案例准备及展示、课堂讨论不积极，因此应提高平时成绩占比权重，如占总成绩的 50%，甚至更高。而且还应量化评价内容、细化评价标准。可由授课教师制定平时成绩的评价体系，将小组展示案例思路的逻辑性、回答问题的积极性、小组分工的科学性等指标作为平时成绩的评价内容，其各项分值权重根据其教学意图分项设定，[1]并将评价体系在课程开课前告知学生，使其明白平时成绩的重要性。

（四）创新校内外监察案例实践教学机制

监察法学案例教学与其他部门法学案例教学不同，其他部门法学案例教学即使采用传统的案例教学方式，由高校教师进行讲授，都能达到案例教学所具有的实践教学效果，因为讲授其他部门法学的高校教师可以通过到法院、检察院、律师事务所等实务部门调研了解相关司法实践，甚至有的高校教师本身就是兼职律师，具有丰富的实务经验，对所讲授的案例实践部分较

---

〔1〕　参见屈新、吴红颖：《参与式案例教学的实践路径——以刑事诉讼法学案例教学为视角》，载《中国法学教育研究》2019 年第 4 期。

为了解，因此由高校教师单独对其他法学案例课程进行讲授并无问题。然而，监察法学案例课程的讲授老师不仅大多没有监察实务部门的从业经验，而且限于监察实务部门的封闭性、保密性，他们也很难到监察机关调研、了解监察案件的办理流程，因此，若仍采用传统的高校教师"单师"教学无疑难以适应监察法学案例课程开展现状，无法增进学生对监察实践的深入了解。

笔者认为，监察法学案例教学可采用"学术—实务双师"教学模式，由原本的高校教师担任学术导师，传授监察法学教学案例中的理论知识，在监察实务部门选拔经验丰富的纪检监察实务专家作为实务导师，为学生讲授该门课程的监察实践知识及经验，并向学生渗透清正廉洁、公道正派的监察思想。另外，监察法学具有交叉学科性，在涉及交叉问题的讲解时，还可参考其他高校教学实践模式，邀请政治学、哲学、党内法规、宪法与行政法学等专业的教师一同参与授课，从而使学生全方位、多角度了解监察法学前沿问题。

在具体实施中，可将监察法学案例教学流程分为三个部分，分别为案例选择—案例研讨—案例总结。首先，应由学术导师与实务导师共同选择适宜的教学案例，并在课前进行充分的交流，明晰彼此该次课程的授课重点；其次，在案例研讨过程中，由具有丰富教学经验的学术导师进行引导，掌控案例讨论节奏，推进研讨流程，调动学生研讨积极性，确保研讨的顺利进行；最后，在案例总结过程中，应充分发挥两位导师的优势，先由学术导师从监察法学理论的角度，总结案例中涉及的监察法学理论知识，深化学生对于相关问题的理解；再由实务导师从监察实践的角度，对教学案例中涉及的实践经验、疑难问题、办理时的注意事项等进行讲解，对监察制度的完善提出更具指向性的建议，促进学生问题意识的培养。[1]

另外，若部分地区因监察实务部门繁忙而无法实现"双师"教学，可建立高校教师到监察实务部门挂职制度，丰富高校教师的监察实务经验，进而解决传统"单师"教学中的监察实践教学不足、案例目标难以达到的问题。

（五）改进教师的教学方法、手段

当前学生对案例学习投入度不高的主要原因就是学生的积极性并没有被

---

〔1〕 参见屈新、张淇：《监察法学研究生培养方案实施的创新路径》，载《中国法学教育研究》2021 年第 4 期。

很好地调动出来，在没有需要自己发言"紧迫感"的时候，很容易对于其他学生的展示出现课堂"开小差"的情况；另外，还有一部分学生并不习惯通过自主研讨的方式进行学习，导致案例教学没能达到应有的效果。笔者认为，若要从根本上提升学生的投入度，使学生从被动接受者变为主动学习者，自主地深度参与案例学习，提升学生的探索精神、研究兴趣和创新能力，应从"以教师为中心"转变为"以学生为中心"，发挥教师的引导作用，改进教师的教学方法、手段，激发学生学习兴趣。

第一，巧设问题，引导学生探索思考。在监察法学案例教学中，教师与学生的地位应为"教师主导，学生主体"，学生在案例课程中主体性的发挥取决于教师是否进行了有效的引导，因此，教师在案例教学过程中应注重启发性教学。一方面，在课前发布案例时，教师应将案例所涉焦点问题一同发布，焦点问题要有递进性，能引导学生由浅入深进行思考。对该案例进行展示的小组在准备过程应将这些焦点问题进行思考，并将其看法在展示时一并提出；对于并非展示该案例的小组，则引导其在课前进行思考，待上课时带着问题或者自己的看法观看其他小组的展示，防止其他同学在课前对案例没有了解，课上丧失兴趣，缺少思考动力；另一方面，教师还应引导学生提问。对于监察法学这样一门具有政治性、实践性、交叉性的新兴法学学科，需要学生主动深入钻研，才能达到良好的教学效果。若学生有时提不出问题，教师就要发挥其主导作用，通过"制造矛盾"引导学生提出有价值的问题。

第二，因材施教，激发学生讨论热情。在案例研讨时，最重要的是尽可能多地调动学生参与课堂讨论。因为传统的课堂讨论极易形成"马太效应"，即表达力强、具有较强自信心的学生很容易成为讨论的主体，而缺乏发言勇气、性格较为内向或者不适应案例研讨的学生则很容易成为其他发言学生的"听众"，难以对案例进行深入剖析。因此，教师应注意分析不同学生的个性特征，区别不同学生的学习基础，因材施教，运用不同的引导方式，使不同性格、不同学习基础的学生都能主动参与进案例研讨的过程当中，如对于沉默寡言、不善言辞或者学习基础稍弱的学生，教师可多与其进行互动，在案例研讨过程中鼓励其表达观点，并针对其观点进一步提问，促进其对自己观点进行补充。

总之，教师在组织案例研讨时，应善于把控讨论氛围和节奏，在关键问题或焦点问题上，要组织学生进行深入而细致的讨论，引导学生主动从多层面、多角度、多维度讨论案件。另外，还可借鉴其他高校的实践教学模式，在教学中穿插多种教学活动如讲座、旁听、模拟法庭等，让学生"身临其境"地接触监察案件，进而激发学生兴趣，活跃课堂气氛。

参考文献

一、中文著作

[1] 张晋藩主编:《中国近代监察制度与法制研究》,中国法制出版社 2017 年版。

[2] 卞建林、刘玫主编:《外国刑事诉讼法》,中国政法大学出版社 2008 年版。

[3] 马怀德:《国家赔偿法的理论与实务》,中国法制出版社 1994 年版。

[4] 马怀德主编:《中华人民共和国监察法理解与适用》,中国法制出版社 2018 年版。

[5] 马怀德:《监察法学》,人民出版社 2019 年版。

[6] 陈瑞华:《程序性制裁理论》,中国法制出版社 2017 年版。

[7] 宋英辉等:《刑事诉讼原理》,北京大学出版社 2014 年版。

[8] 张建伟:《刑事诉讼法通义》,北京大学出版社 2016 年版。

[9] 甄贞等:《法律监督原论》,法律出版社 2007 年版。

[10] 秦前红等:《国家监察制度改革研究》,法律出版社 2018 年版。

[11] 秦前红主编:《监察法学教程》,法律出版社 2019 年版。

[12] 陈春龙:《中国国家赔偿论》,中国社会科学出版社 2015 年版。

[13] 谭宗泽等主编:《监察法学》,高等教育出版社 2020 年版。

[14] 王炳林等:《中共党史学科基本理论问题研究》,北京人民出版社 2021 年版。

[15] 高家伟:《国家赔偿法》,商务印书馆 2004 年版。

[16] 贺海仁:《谁是纠纷的最终裁判者:权利救济原理导论》,社会科学文献出版社 2007 年版。

[17] 张曙:《刑事诉讼管辖制度研究》,法律出版社 2020 年版。

[18] 彭勃主编:《中华监察大典》,中国政法大学出版社 1994 年版。

[19] 董坤:《监察与司法的衔接:理论、制度与机制》,北京大学出版社 2022 年版。

[20] 刘明波主编:《国外行政监察理论与实践》,山东人民出版社 1990 年版。

[21] 王潇编著:《走向司法公正的制度选择》,中国法制出版社 2005 年版。

［22］张云霄：《监察法学新论》，中国政法大学出版社 2020 年版。

［23］李六如：《各国检察制度大纲》，载闵钐编：《中国检察史资料选编》，中国检察出版社 2008 年版。

［24］王以真主编：《外国刑事诉讼法学》，北京大学出版社 2004 年版。

［25］翁岳生编：《行政法（下册）（2000）》，中国法制出版社 2002 年版。

［26］中共中央纪律检查委员会、中华人民共和国国家监察委员会法规室编写：《〈中华人民共和国监察法〉释义》，中国方正出版社 2018 年版。

［27］中国特色社会主义国家监察制度研究课题组：《国家监察制度学》，中国方正出版社 2021 年版。

二、译著

［1］［英］霍布斯：《利维坦》，黎思复、黎廷弼译，商务印书馆 2017 年版。

［2］［英］洛克：《政府论（下篇）》，瞿菊农、叶启芳译，商务印书馆 1982 年版。

［3］［英］阿克顿：《自由与权力——阿克顿勋爵论说文集》，侯健、范亚峰译，商务印书馆 2001 年版。

［4］［英］威廉·韦德：《行政法》，徐炳等译，中国大百科全书出版社 1997 年版。

［5］［美］斯蒂芬·布雷耶：《法官能为民主做什么》，何帆译，法律出版社 2012 年版。

［6］［美］丹尼斯·劳埃德：《法理学》，许章润译，法律出版社 2007 年版。

［7］［美］罗伯特·斯蒂文斯：《法学院：19 世纪 50 年代到 20 世纪 80 年代的美国法学教育》，阎亚林等译，中国政法大学出版社 2003 年版。

［8］［法］卢梭：《社会契约论》，李平沤译，商务印书馆 2011 年版。

［9］罗结珍译：《法国刑事诉讼法典》，中国法制出版社 2006 年版。

［10］张凌、于秀峰编译：《日本刑事诉讼法律总览》，人民法院出版社 2017 年版。

三、论文

［1］陈光中：《完善的辩护制度是国家民主法治发达的重要标志》，载《中国法律评论》2015 年第 2 期。

［2］陈光中、兰哲：《监察制度改革的重大成就与完善期待》，载《行政法学研究》2018 年第 4 期。

［3］张晋藩：《中国古代监察思想、制度与法律论纲——历史经验的总结》，载《环球法律评论》2017 年第 2 期。

［4］卞建林：《监察机关办案程序初探》，载《法律科学（西北政法大学学报）》2017

年第 6 期。

[5] 卞建林：《职务犯罪监检管辖之分工与衔接》，载《法学评论》2021 年第 5 期。

[6] 马怀德：《〈国家监察法〉的立法思路与立法重点》，载《环球法律评论》2017 年第 2 期。

[7] 马怀德：《国家监察体制改革的重要意义和主要任务》，载《国家行政学院学报》2016 年第 6 期。

[8] 龙宗智：《监察与司法协调衔接的法规范分析》，载《政治与法律》2018 年第 1 期。

[9] 陈瑞华：《论国家监察权的性质》，载《比较法研究》2019 年第 1 期。

[10] 卫跃宁：《监察法与刑事诉讼法管辖衔接研究》，载《法学杂志》2022 年第 4 期。

[11] 谭世贵：《论对国家监察权的制约与监督》，载《政法论丛》2017 年第 5 期。

[12] 左卫民、唐清宇：《制约模式：监察机关与检察机关的关系模式思考》，载《现代法学》2018 年第 4 期。

[13] 叶青、王小光：《监察委员会案件管辖模式研究》，载《北方法学》2019 年第 4 期。

[14] 姚莉：《〈监察法〉第 33 条之法教义学解释——以法法衔接为中心》，载《法学》2021 年第 1 期。

[15] 汪海燕：《论刑事庭审实质化》，载《中国社会科学》2015 年第 2 期。

[16] 刘计划：《监察委员会职务犯罪调查的性质及其法治化》，载《比较法研究》2020 年第 3 期。

[17] 姜明安：《论监察法的立法目的与基本原则》，载《行政法学研究》2018 年第 4 期。

[18] 张明楷：《司法上的犯罪化与非犯罪化》，载《法学家》2008 年第 4 期。

[19] 刘艳红、夏伟：《法治反腐视域下国家监察体制改革的新路径》，载《武汉大学学报（哲学社会科学版）》2018 年第 1 期。

[20] 刘艳红：《〈监察法〉与其他规范衔接的基本问题研究》，载《法学论坛》2019 年第 1 期。

[21] 刘艳红、刘浩：《政务处分法对监察体制改革的法治化推进》，载《南京师大学报（社会科学版）》2020 年第 1 期。

[22] 刘艳红、冀洋：《"反腐败基本法"建构初论》，载《行政法学研究》2016 年第 2 期。

[23] 周佑勇：《对监督权的再监督：地方人大监督地方监察委员会的法治路径》，载《中外法学》2020 年第 2 期。

[24] 周佑勇：《监察权结构的再平衡——进一步深化国家监察体制改革的法治逻辑》，载《东方法学》2022 年第 4 期。

[25] 徐汉明：《国家监察权的属性探究》，载《法学评论》2018 年第 1 期。

[26] 秦前红、刘怡达：《监察全面覆盖的可能与限度——兼论监察体制改革的宪法边

界》，载《甘肃政法学院学报》2017 年第 2 期。

[27] 秦前红、底高扬：《从机关思维到程序思维：国家监察体制改革的方法论探索》，载《武汉大学学报（哲学社会科学版）》2017 年第 3 期。

[28] 秦前红、石泽华：《目的、原则与规则：监察委员会调查活动法律规制体系初构》，载《求是学刊》2017 年第 5 期。

[29] 秦前红：《监察法学的研究方法刍议》，载《河北法学》2019 年第 4 期。

[30] 秦前红、石泽华：《新时代监察法学理论体系的科学建构》，载《武汉大学学报（哲学社会科学版）》2019 年第 5 期。

[31] 秦前红：《人大监督监察委员会的主要方式与途径——以国家监督体系现代化为视角》，载《法律科学（西北政法大学学报）》2020 年第 2 期。

[32] 李建国：《关于〈中华人民共和国监察法（草案）〉的说明——2018 年 3 月 13 日在第十三届全国人民代表大会第一次会议上》，载《中华人民共和国全国人民代表大会常务委员会公报》2018 年第 2 期。

[33] 陈国权、周鲁耀：《制约与监督：两种不同的权力逻辑》，载《浙江大学学报（人文社会科学版）》2013 年第 6 期。

[34] 朱福惠：《论检察机关对监察机关职务犯罪调查的制约》，载《法学评论》2018 年第 3 期。

[35] 朱福惠：《检察机关对监察机关移送起诉案件的合法性审查——〈人民检察院刑事诉讼规则〉解读》，载《武汉大学学报（哲学社会科学版）》2020 年第 5 期。

[36] 蒋德海：《法律监督需要一部〈法律监督法〉》，载《求是学刊》2010 年第 4 期。

[37] 李晓明、韩冰：《纪检监察学的性质及其学科体系》，载《河北法学》2023 年第 5 期。

[38] 柳经纬：《从权利救济看我国法律体系的缺陷》，载《比较法研究》2014 年第 5 期。

[39] 王守安、田凯：《论我国检察权的属性》，载《国家检察官学院学报》2016 年第 5 期。

[40] 谭宗泽：《论国家监察对象的识别标准》，载《政治与法律》2019 年第 2 期。

[41] 王旭：《建构中国自主的纪检监察学知识体系》，载《求索》2022 年第 6 期。

[42] 江国华、王冲：《监察委员会留置措施论析》，载《湖北社会科学》2018 年第 9 期。

[43] 江国华、张硕：《监察过程中的公安协助配合机制》，载《法学研究》2019 年第 2 期。

[44] 艾永明：《古代监察官员的激励制度》，载《人民论坛》2019 年第 32 期。

[45] 房清侠：《职务犯罪案件中被调查人的权利救济》，载《河南财经政法大学学报》2020 年第 1 期。

［46］舒绍福：《党领导下的纪检监察合署办公的历史变迁与实践探索》，载《理论视野》2022年第5期。

［47］吴建雄、马少猛：《构筑监察法统一话语的学科讨论平台》，载《行政管理改革》2019年第6期。

［48］吴建雄：《监察法学学科创立的价值基础及其体系构建》，载《法学杂志》2019年第9期。

［49］吴建雄、杨立邦：《论监察学学科创建的价值目标、属性定位与体系设计》，载《新疆师范大学学报（哲学社会科学版）》2022年第2期。

［50］刘峰：《十八大以来反腐败国家立法研究的回顾与展望》，载《法学评论》2017年第5期。

［51］谢小剑、李鹏云：《以审判为中心改革中监察案件的办理》，载《江西社会科学》2020年第12期。

［52］牟军、张青：《刑事诉讼的立法模式与立法技术批判——以〈刑事诉讼法第二修正案〉为中心》，载《法制与社会发展》2012年第6期。

［53］蒋红珍：《比例原则适用的范式转型》，载《中国社会科学》2021年第4期。

［54］韩旭：《监察委员会办理职务犯罪案件程序问题研究——以768份裁判文书为例》，载《浙江工商大学学报》2020年第4期。

［55］李蓉：《监察机关非罪化处置权及其限制》，载《北方法学》2019年第4期。

［56］沈松勤：《北宋台谏制度与党争》，载《历史研究》1998年第4期。

［57］詹建红、崔玮：《职务犯罪案件监察分流机制探究——现状、问题与前瞻》，载《中国法律评论》2019年第6期。

［58］童德华、王一冰：《纪检监察学学科建设的路径选择》，载《新文科教育研究》2022年第2期。

［59］王春业：《论我国监察损害赔偿法律制度的构建》，载《中共天津市委党校学报》2020年第3期。

［60］王青斌：《论监察赔偿制度的构建》，载《政法论坛》2019年第3期。

［61］刘锦：《监察委纳入国家赔偿体系及其路径选择》，载《广西政法管理干部学院学报》2019年第5期。

［62］杨小君：《国家赔偿的归责原则与归责标准》，载《法学研究》2003年第2期。

［63］封利强：《监察法学的学科定位与理论体系》，载《法治研究》2020年第6期。

［64］曹鎏：《论监察法治的核心要义及发展图谱》，载《行政法学研究》2022年第5期。

［65］王建学：《论监察法学的学科建设与人才培养——以新文科建设为背景》，载《新文科教育研究》2022年第2期。

［66］陈伟、郑自飞：《监察机关职务犯罪调查案件的检察衔接及其制约》，载《湖北社会科学》2020 年第 6 期。

［67］张红：《监察赔偿论要》，载《行政法学研究》2018 年第 6 期。

［68］刘忠：《读解双规侦查技术视域内的反贪非正式程序》，载《中外法学》2014 年第 1 期。

［69］姚秀兰：《南京国民政府监察制度探析》，载《政法论丛》2012 年第 2 期。

［70］修晓波：《中国古代的监察官》，载《中国社会科学院研究生院学报》1996 年第 3 期。

［71］万毅、林喜芬：《现代刑事诉讼法的"帝王"原则：程序法定原则重述》，载《当代法学》2006 年第 1 期。

［72］李伟：《建立行政申诉制度的意义及其制度设计》，载《广州大学学报（社会科学版）》2006 年第 11 期。

［73］焦宝乾：《法律人思维不存在吗？——重申一种建构主义立场》，载《政法论丛》2017 年第 6 期。

［74］刘练军：《监察官立法三问：资格要件、制度设计与实施空间》，载《浙江社会科学》2019 年第 3 期。

［75］褚宸舸：《论纪检监察学的研究对象和学科体系》，载《新文科教育研究》2022 年第 2 期。

［76］周新：《论检察机关提前介入职务犯罪案件调查活动》，载《法学》2021 年第 9 期。

［77］刘静坤：《以审判为中心的诉讼制度改革之立法思考》，载《中国刑事法杂志》2019 年第 1 期。

［78］张书铭：《制约与监督辨析——以刑事诉讼为视角》，载《河南社会科学》2012 年第 1 期。

［79］谭波、赵智：《论"法治中国"的特色之"治"——监察法治》，载《理论导刊》2022 年第 7 期。

［80］雷磊：《法律程序为什么重要？反思现代社会中程序与法治的关系》，载《中外法学》2014 年第 2 期。

［81］马俊军、江怡：《从"两规"到"留置"——宪法视域中的国家监察法留置制度探析》，载《广东行政学院学报》2018 年第 6 期。

［82］朱全宝：《论检察机关的提前介入：法理、限度与程序》，载《法学杂志》2019 年第 9 期。

［83］魏晓娜：《依法治国语境下检察机关的性质与职权》，载《中国法学》2018 年第 1 期。

［84］刘怡达、张文博：《纪检监察学：特质、设计与建设路径》，载《新文科教育研究》

2022 年第 2 期。

[85] 虞浔：《职务犯罪案件中监检衔接的主要障碍及其疏解》，载《政治与法律》2021年第 2 期。

[86] 孙远：《"分工负责、互相配合、互相制约"原则之教义学原理——以审判中心主义为视角》，载《中外法学》2017 年第 1 期。

[87] 潘高峰、陈露：《论法学教学中案例选择和展示的技巧》，载《天中学刊》2011 年第 2 期。

[88] 徐红：《北宋弹劾制的异变——以对宰相的弹劾为例》，载《求索》2018 年第 1 期。

[89] 周磊：《中国监察官制度的构建及路径研究》，载《国家行政学院学报》2018 年第 4 期。

[90] 周磊、焦利：《构建中国特色国家监察官制度：背景与建议》，载《北京行政学院学报》2019 年第 3 期。

[91] 阳平：《我国监察管辖制度体系的构成及完善》，载《法治研究》2020 年第 6 期。

[92] 阳平：《中国特色监察管辖制度：生成逻辑与法治化发展》，载《暨南学报（哲学社会科学版）》2023 年第 1 期。

[93] 张震、张义云：《论监察权行使对象之权利保障》，载《学习论坛》2019 年第 7 期。

[94] 张震、廖帅凯：《一级学科视域下纪检监察学体系论》，载《新文科教育研究》2022 年第 2 期。

[95] 褚福民：《以审判为中心与国家监察体制改革》，载《比较法研究》2019 年第 1 期。

[96] 钱小平：《监察管辖制度的适用问题及完善对策》，载《南京师大学报（社会科学版）》2020 年第 1 期。

[97] 魏小伟：《论刑事审判对监察机关职务犯罪调查的制约》，载《安徽大学学报（哲学社会科学版）》2021 年第 6 期。

[98] 翟志勇：《监察委员会与"八二宪法"体制的重塑》，载《环球法律评论》2017 年第 2 期。

[99] 陶乾、樊美辰：《论双导师讨论式工作坊教学法在知识产权法教学中的应用》，载《中国法学教育研究》2019 年第 2 期。

[100] 卢希起：《监察法学学科建设若干问题初探》，载《北外法学》2019 年第 1 期。

[101] 王晓天：《孙中山的监察思想》，载《求索》2007 年第 12 期。

[102] 徐小庆：《完善党和国家监督体系的创举——国家监察体制改革的回溯与展望》，载《政治学研究》2021 年第 4 期。

[103] 桂梦美：《刑事诉讼管辖异议之诉的模式选择》，载《政法论坛》2018 年第 6 期。

[104] 桂梦美、刘成江：《构建刑事诉讼管辖权异议制度之逻辑展开》，载《河北法学》

2019 年第 5 期。

[105] 吴美满、王延延：《纪检监察学的历史沿革、学科建设与发展路径》，载《青少年犯罪问题》2023 年第 1 期。

[106] 徐航：《监察官法：构建中国特色监察官制度》，载《中国人大》2021 年第 17 期。

[107] 曹志瑜：《监察官亦当通过法律资格考试》，载《学习论坛》2019 年第 2 期。

[108] 贾志强：《整合与回应：〈监察法实施条例〉对监察法制困境的纾解》，载《中外法学》2023 年第 3 期。

[109] 戴芳：《达摩克里斯之剑——评监察体制改革的法治进路》，载《云南行政学院学报》2020 年第 1 期。

[110] 王一超：《刑事诉讼管辖的"不确定"危机及矫正——兼对管辖制度价值的检讨》，载《财经法学》2016 年第 1 期。

[111] 张红哲：《论监察法学的研究论域》，载《行政法学研究》2022 年第 1 期。

[112] 王译：《论国家监察赔偿的立法模式与事项范围》，载《温州大学学报（社会科学版）》2022 年第 6 期。

[113] 王希鹏、罗星：《纪检监察学科的发展现状、学科建构与实现路径》，载《西南政法大学学报》2020 年第 2 期。

[114] 孟军：《国家侵权、国家责任与权利救济———以刑事侦查为视角》，载《行政与法》2008 年第 6 期。

[115] 张云霄：《〈监察法〉与〈刑事诉讼法〉衔接探析》，载《法学杂志》2019 年第 1 期。

[116] 程衍：《纪监融合视域下监察职权配置之再优化》，载《法学》2021 年第 11 期。

[117] 胡杰：《论权力的权利性》，载《法制与社会发展》2013 年第 2 期。

[118] 丁方旭、任进：《国家监察体制改革视域下中国特色监察官制度的构建》，载《行政管理改革》2021 年第 1 期。

[119] 蒋来用：《实现"高效"目标：打造国家监察体制改革"升级版"》，载《河南社会科学》2018 年第 7 期。

[120] 王明星、倪庆富：《如何保障被调查人的合法权益——20 多个条文保障其人身权和财产权等》，载《中国纪检监察》2018 年第 9 期。

[121] 陈辉：《审判中心主义视域下监察权审判监督的方式与限度》，载谭宗泽主编：《监察法论丛（第二辑）》，法律出版社 2022 年版。

[122] 王昭华、江国华：《法理与逻辑：职务违法监察对象权利救济的司法路径》，载《学术论坛》2020 年第 2 期。

[123] 吴建永、谢江平：《国家监察体制改革的理论逻辑》，载《中共天津市委党校学

报》2019 年第 4 期。

[124] 何旗：《新时代中国治理腐败的显著成效、制度优势与世界意义——基于海外观察家的视角》，载《探索》2021 年第 5 期。

[125] 张锐、葛滨：《中国古代监察官制度的背景、沿革及特点》，载《中国机构改革与管理》2019 年第 9 期。

[126] 李雪：《中国古代监察官的权力制约机制及当代启示》，载《行政科学论坛》2018 年第 2 期。

[127] 韦嘉燕：《国家治理现代化之监察委员会案件管辖立法考量——以监察机关获得授权制定监察法规为背景》，载《河南社会科学》2021 年第 1 期。

[128] 孟松：《监察法与刑事诉讼法衔接中的监察管辖问题探讨》，载《理论探索》2021 年第 3 期。

[129] 杨伦华等：《关于推进检察监督法治化现代化的思考——以国家监察体制改革为背景》，载徐汉明主编：《社会治理法治前沿年刊（2017）》，湖北人民出版社 2017 年版。

[130] 仇赟：《程序正义：理论、内涵与独立价值》，载《学理论》2021 年第 12 期。

[131] 黄攀：《国家监察赔偿必要性之证成与立法路径探讨》，载《新疆社科论坛》2021 年第 1 期。

[132] 王鸯鸯：《监察委纳入国家赔偿义务机关的证成与路径》，载《行政与法》2017 年第 12 期。

[133] 李吉映：《论〈监察法〉中国家赔偿问题——以〈监察法〉第 67 条为对象》，载《东北农业大学学报（社会科学版）》2019 年第 5 期。

[134] 郑智超：《国家监察委自身监督与制约的内外途径——兼论香港廉政公署的自身监察与制衡机制》，载《广东开放大学学报》2018 年第 2 期。

[135] 范玉琴、李艳飞：《基于应用能力导向的西方经济学参与式案例教学实践探索——以独立学院为例》，载《山东农业工程学院学报》2017 年第 12 期。

[136] 盖玉莲：《嵌入式课程教学改革的探索与实践》，载《价值工程》2011 年第 4 期。

[137] 刘毅：《"合法性"与"正当性"译词辨》，载《博览群书》2007 年第 3 期。

[138] 陈伟：《刑事疑难案例双师同堂教学模式的反思与改革》，载《海峡法学》2017 年第 2 期。

[139] 章武生：《"个案全过程教学法"之推广》，载《法学》2013 年第 4 期。

[140] 孟涛：《美国法学教育模式的反思》，载《中国政法大学学报》2017 年第 4 期。

[141] 夏昊晗：《鉴定式案例研习：德国法学教育皇冠上的明珠》，载《人民法治》2018 年第 18 期。

［142］陈尧:《从"三位一体"到"四位一体":监察体制改革对我国政体模式的创新》,载《探索》2018 年第 4 期。

［143］刘志刚、平凡:《法律监督体系与监督能力现代化进程中的检察监督》,载《河北法学》2022 年第 11 期。

［144］张杰:《〈监察法〉适用中的重要问题》,载《法学》2018 年第 6 期。

［145］孙健:《政府组织规模的内涵及其扩张》,载《西北师大学报(社会科学版)》2007 年第 6 期。

［146］伊士国:《论人大监督监察委员会的合理界限》,载《中南民族大学学报(人文社会科学版)》2023 年第 4 期。

［147］黎赐锦、郑毅生:《关于人大"个案监督"的专题研究(续上期)》,载《人民之声》2002 年第 6 期。

［148］杨留强:《人大监督监察工作的实践和思考》,载《公民与法治》2023 年第 5 期。

［149］李红勃:《迈向监察委员会:权力监督中国模式的法治化转型》,载《法学评论》2017 年第 3 期。

［150］张建伟:《法律正当程序视野下的新监察制度》,载《环球法律评论》2017 年第 2 期。

［151］任进:《宪法视域下的国家监察体制改革》,载《行政管理改革》2017 年第 3 期。

［152］史凤林:《行政管理体制创新的法治困境与维度》,载《行政法学研究》2015 年第 5 期。

［153］张明龙:《论我国刑事诉讼中被告人辩护权的获得》,载《郑州大学学报(哲学社会科学版)》1988 年第 2 期。

［154］吕云川:《认罪认罚从宽制度框架下的律师作用》,载《江苏科技大学学报(社会科学版)》2017 年第 2 期。

［155］夏金莱:《论监察体制改革背景下的监察权与检察权》,载《政治与法律》2017 年第 8 期。

［156］陈越峰:《监察措施的合法性研究》,载《环球法律评论》2017 年第 2 期。

四、英文

［1］Amy Raths McAninch, *Teacher Thinking and the Case Method: Theory and Future Directions*, Teachers College Press, 1993.

后　记

　　本书理论联系实际，针对监察法律制度改革与发展过程中亟待解决的重点、难点问题，提出了一系列监察法律制度改革与完善的建设性对策。本书各章重点突出，共同构成本书逻辑结构上的整体。

　　本书中的部分文章已发表在法学专业期刊中，部分文章还没来得及发表。收入本书时，作者对部分文章的结构和内容作了适当的调整和增删，对有些文章的部分文字进行了相应的改动。

　　作者阅读、参考和引用了许多专家、学者论著中的一些思想观点，他们著述的精华直接或间接地体现在本书之中，作者已在参考文献和注释部分列出，真诚感谢他们给作者以思想的启迪和为本书的完成所作的贡献。部分文章是与合作者共同完成的，在本书的注释中已进行了说明，在此一并向合作者表示感谢。如果由于粗心疏忽没有能够准确地加以注明和有遗漏的话，在此深表歉意。

　　作者的部分研究生帮助收集和整理了相关资料，与研究生们的学术交流、写作讨论给了作者诸多的启发，感谢他们为本书的完成所作的贡献。

　　真诚感谢彭江编审给予我的友谊和帮助。

　　由于笔者学术水平有限，书中难免存在不少缺陷和错误，敬请批评指正。

屈　新